Johannes Jungbauer

Familienpsychologie kompakt

Johannes Jungbauer

Familienpsychologie kompakt

Anschrift des Autors:

Prof. Dr. Johannes Jungbauer
Kath. Hochschule Nordrhein-Westfalen
Abteilung Aachen
Robert-Schumann-Straße 25
52066 Aachen
E-Mail: j.jungbauer@katho-nrw.de

Haftungshinweis: Trotz sorgfältiger inhaltlicher Kontrolle übernehmen wir keine Haftung für die Inhalte externer Links. Für den Inhalt der verlinkten Seiten sind ausschließlich deren Betreiber verantwortlich.

1. Auflage 2009

© Beltz Verlag, Weinheim, Basel 2009
Programm PVU Psychologie Verlags Union
http://www.beltz.de

Lektorat: Dr. Heike Berger, Dr. Svenja Wahl
Herstellung: Grit Möller
Abbildungen: Mit Ausnahme der Abbildungen 8.1 (Diana Erichson), 6.1 und 13.1 (Johannes Jungbauer) sowie 11.1 (Stefan Schreiber) stammen alle Fotografien in diesem Buch von Bernd Weishaupt
Umschlagbild: Fotolia, New York, USA
Satz und Bindung: Druckhaus „Thomas Müntzer", Bad Langensalza
Druck: Druck Partner Rübelmann, Hemsbach

Printed in Germany

ISBN 978-3-621-27681-8

Inhaltsübersicht

Inhalt

Vorwort

Die Familienpsychologie ist als eigenständiges psychologisches Fachgebiet noch relativ jung. Eigentlich ist dies erstaunlich, denn sowohl in der Forschung als auch in der Praxis haben sich Psychologen schon immer mit typischen Familienthemen wie Partnerschaft, Elternschaft oder Erziehung beschäftigt. Doch anders als in der Soziologie hat dies lange Zeit nicht zur Herausbildung einer speziellen Lehr- und Forschungsdisziplin geführt. Familienpsychologische Fragestellungen wurden traditionell im Kontext anderer psychologischer Fachgebiete untersucht, etwa unter entwicklungspsychologischer, sozialpsychologischer oder klinisch-psychologischer Perspektive. Erst im Lauf der letzten 20 Jahre konnte sich die Familienpsychologie deutlicher als eigenständiges Fachgebiet profilieren, erkennbar an einer wachsenden Zahl von Publikationen, Forschungsprojekten und Tagungen mit explizit familienpsychologischer Thematik. Auch an Hochschulen und Universitäten ist Familienpsychologie „im Kommen". Es gibt im Zuge der Neugestaltung sozialwissenschaftlicher Bachelor- und Masterstudiengänge vielerorts Bestrebungen, familienpsychologische Lehrinhalte stärker zu akzentuieren oder die Familienpsychologie als Ausbildungsfach zu etablieren.

Vor diesem Hintergrund ist die Idee zu dem vorliegenden Lehrbuch entstanden. Das Buch fußt auf meiner Vorlesung „Familienpsychologie" an der Katholischen Hochschule Nordrhein-Westfalen in Aachen und eignet sich vor allem als grundständiges Lehr- und Arbeitsbuch für Studierende unterschiedlicher sozialwissenschaftlicher Studiengänge. Es ist so geschrieben, dass es Studierende der Sozialpädagogik/Sozialen Arbeit, der Psychologie, der Pädagogik oder auch künftige Lehrerinnen und Lehrer gleichermaßen mit Gewinn nutzen können. Der Anspruch dieses Buchs ist es, einen Einstieg in die Familienpsychologie zu ermöglichen, nicht jedoch, eine vollständige und systematische Übersicht über die akademische Disziplin der Familienpsychologie zu geben. Letzteres hätte bei weitem den konzeptionellen Rahmen eines einführenden Lehrbuchs gesprengt. Fortgeschrittenen Leserinnen und Lesern, die sich eingehender mit der Materie beschäftigen möchten, sei das vorzügliche Standardwerk von Klaus A. Schneewind (2005) empfohlen.

Entsprechend der Idee der *kompakt*-Reihe ist dieses Buch als leicht verständliche und praxisnahe Einführung konzipiert. Das wichtigste Anliegen war es, den Lesern einen Überblick zu zentralen Themen und Fragestellungen der Familienpsychologie zu geben und zu einer selbstständigen Weiterbeschäftigung anzuregen. Dabei habe ich mich bemüht, der heutigen Pluralität familiärer Lebensentwürfe gerecht zu werden und auf die wachsende Bedeutung nicht-normativer Familienformen hinzuweisen. Zu Beginn werden zunächst einige wichtige theoretische und konzeptuelle Grundlagen der Familienpsychologie erläutert, auf die im weiteren Verlauf des Buchs immer wieder Bezug genommen wird. Im Mittelpunkt der folgenden Kapitel stehen familiäre Beziehungen und Entwicklungsprozesse sowie ausgewählte Belastungen und Probleme in Familien. Den Abschluss bilden zwei Kapitel zu exemplarischen Anwendungsfeldern der Familienpsychologie.

Im Hinblick auf die wichtigsten Qualitätsmerkmale eines Lehrbuchs sind sich Studierende meist ziemlich einig: Es sollte übersichtlich strukturiert sein und komplexe Zusammenhänge „auf den Punkt bringen", ohne allzu sehr zu vereinfachen. Es sollte leicht verständlich geschrieben sein und sowohl stilistisch als auch optisch Lust aufs Lesen machen. Gleichzeitig sollte es die Relevanz für die angestrebte Berufstätigkeit deutlich machen und Möglichkeiten des Lerntransfers in die Praxis aufzeigen. Bei der Arbeit am Manuskript dieses Buchs habe ich versucht, einiges von dem umzusetzen, was Studierende – meiner Meinung nach zu Recht – von einem guten Lehrbuch erwarten. Unter anderem weist das vorliegende Lehrbuch eine Reihe von didaktischen Elementen auf, die einer lebendigen Darstellung dienen und den Lernprozess unterstützen sollen.

▶ **Kapiteleinführungen und Zusammenfassungen.** Allen Kapiteln sind kurze Einführungen (Preorganizer) vorangestellt, die eine erste inhaltliche Orientierung gestatten und zum Weiterlesen motivieren sollen. Die Zusammenfassungen am Ende der Kapitel dienen der Rekapitulation der wichtigsten Inhalte und der Lernkontrolle.

▶ **Fallvignetten und Praxisbeispiele.** Um den Text aufzulockern und die dargestellten Inhalte zu illustrieren, finden sich in sämtlichen Kapiteln Fallbeispiele über reale Menschen und Klienten. Die Studierenden sollen dadurch auch angeregt werden, sich selbst passende Fallbeispiele aus dem eigenen Lebensumfeld zu überlegen.

▶ **Abbildungen und Fotos.** Als „zusätzliche Stimulanz" lockern Visualisierungen (Abbildungen und Fotos) den Text auf und regen die Phantasie an; sie helfen, die dargestellten Inhalte komplexer zu verarbeiten und besser im Gedächtnis zu verankern.

▶ **Denkanstöße und Prüfungsfragen.** Die Fragen am Ende der Kapitel haben unterschiedliche Funktionen. Rückblicksfragen unterstützen die Studierenden dabei, die eigenen Lernfortschritte zu überprüfen. Reflexionsfragen und Anregungen sollen hingegen zu einer eigenständigen Weiterbeschäftigung motivieren. Die breite Randspalte gestattet es dem Leser und der Leserin, individuelle Anmerkungen zum Lehrbuchtext zu notieren.

▶ **Praxisübungen.** Am Ende jedes Kapitels findet sich eine Übung, bestehend aus Fallvignette und darauf bezogene Arbeitsaufgaben. Viele dieser Übungen basieren auf authentischen Fällen. Sie dienen der Anwendung, Vertiefung und Reflexion des Gelernten. Erfahrungsgemäß ist es besonders effektiv, diese Übungen in einer Lerngruppe gemeinsam zu bearbeiten und zu diskutieren.

▶ **Online-Materialien.** Auf der Homepage des Beltz-Verlags (www.beltz.de) steht eine Reihe ergänzender und weiterführender Materialien zum Download bereit. Dieses „Bonus-Paket" umfasst u. a. ausdruckfähige Dateien der Zusammenfassungen und Literaturhinweise, ein umfangreiches Glossar sowie kommentierte Weblinks zu sämtlichen Kapiteln dieses Buchs. Darüber hinaus finden sich dort Anmerkungen und Tipps zur Bearbeitung der Übungen sowie Hinweise zur Durchführung von Rollenspielen.

Gute Lehrbücher und gute Lehrveranstaltungen leben auch von den Rückmeldungen der Studierenden und der Leserinnen und Leser. Anregungen, Kommentare und Ergänzungen sind mir deswegen sehr willkommen. Sie können Ihre Anmerkungen gerne an mich persönlich senden oder aber an den Beltz-Verlag, der sie an mich weiterleiten wird.

Zum Gelingen dieses Buchs haben viele Personen beigetragen, bei denen ich mich an dieser Stelle herzlich bedanken möchte. Frau Dipl.-Soz. Päd. Ute Gäs-Zeh sei für ihre Mitarbeit bei der Abfassung des Kapitels über häusliche Gewalt und erhellende Diskussionen zu diesem komplexen Thema gedankt. Das Kapitel über Regenbogenfamilien wurde von Frau Dipl.-Soz. Päd. Christina Göttgens engagiert mitgestaltet; Frau Dr. Miriam Vock und Frau Dipl.-Psych. Anneke Häger verdanke ich ebenfalls viele Anregungen und Verbesserungsvorschläge im Hinblick auf die Darstellung von queer families. Frau Renate Bock hat das Kapitel über Sterben, Tod und Trauer sorgfältig korrekturgelesen und wertvolle Ergänzungen beigesteuert. Auch dem Beltz-Verlag bin ich sehr zu Dank verpflichtet, insbesondere Frau Dr. Heike Berger, die das Buch als damalige Verlagsleiterin mit auf den Weg gebracht und als Lektorin bis zum Ende begleitet hat.

Dieses Lehrbuch wäre nicht vorstellbar ohne meine eigene Familie. Meiner Frau Kirsten und meinen Kindern Oskar und Edith verdanke ich viele Erfahrungen und Erkenntnisse, die meine innere Haltung zum Thema Familie geprägt haben und die in dieses Buch eingegangen sind. Meine Frau hat mich in allen Arbeitsphasen des Buchprojekts intensiv begleitet und mich in vielen Gesprächen sowohl fachlich als auch emotional unterstützt. Dafür und für alles Andere: Vielen, vielen Dank!

Aachen, im Februar 2009   Johannes Jungbauer

1 Grundlagen der Familienpsychologie

Was Sie in diesem Kapitel erwartet

Familie – was ist das eigentlich? Diese Frage ist gar nicht so leicht zu beantworten. Im folgenden Kapitel werden wir deswegen zunächst verschiedene Alltagsvorstellungen und Definitionen von Familie unter die Lupe nehmen. Dass Familie heutzutage für die meisten Menschen etwas anderes bedeutet als noch vor wenigen Jahrzehnten, liegt an den rasanten soziodemographischen und kulturellen Veränderungen unserer Gesellschaft. Weil junge Leute heute seltener und später heiraten und tendenziell weniger oder gar keine Kinder haben, ist in den Medien oft vom „Zerfall der Familie" die Rede. Diese düstere Diagnose trifft jedoch keineswegs zu. Im Leben der allermeisten Menschen hat Familie auch heute noch eine wichtige Bedeutung. Allerdings ist die heutige Familienrealität bunter und vielgestaltiger geworden.

Familienpsychologie beschäftigt sich mit dem Erleben und Verhalten von Menschen im Kontext ihrer Familien. Grundlegende Familienmerkmale sind das Erleben von Nähe und Verbundenheit sowie das Vorhandensein von Eltern-Kind-Beziehungen. Wir werden sehen, warum gerade familienpsychologische Kenntnisse speziell für Sozialpädagogen und Sozialarbeiter wichtig sind und welche Relevanz Familienpsychologie in psychosozialen Praxisfeldern besitzt.

1.1 Sichtweisen und Definitionen von Familie

Wenn in Gesprächen oder Medienberichten von „Familie" die Rede ist, fühlen sich die meisten Menschen spontan angesprochen. Dies liegt vermutlich daran, dass jeder von uns eigene Erfahrungen mit Familie hat. Viele denken dabei als erstes an ihre Herkunftsfamilie, also die Familie, in der sie aufgewachsen sind. Zur Herkunftsfamilie werden vor allem die Eltern und Geschwister gezählt, vielfach auch noch weitere Personen wie z. B. Großeltern, Onkel und Tanten oder andere Angehörige. Darüber hinaus denken viele Menschen an die Familie, die sie selbst als Erwachsene gegründet haben – also an den (Ehe-)Partner und die gemeinsamen Kinder, eventuell auch an die Enkel. Kompliziert kann es nach einer Scheidung werden, z. B. wenn nach einer erneuten Eheschließung noch weitere Familienmitglieder hinzukommen. Insofern sind die meisten Menschen in doppelter, wenn nicht sogar in mehrfacher Hinsicht Familienmitglied.

Im alltäglichen Sprachgebrauch existieren sehr unterschiedliche Ansichten darüber, was eine Familie ist. Die meisten Menschen stimmen noch dem Satz des ehemaligen Bundespräsidenten Richard von Weizsäcker zu: „Familie ist da, wo Kinder sind." Doch damit enden oft die Gemeinsamkeiten. Während z. B. die einen davon überzeugt sind, dass zu einer Familie in jedem Fall ein verheiratetes Elternpaar gehört, halten dies andere keineswegs für eine notwendige Voraussetzung. Andere sehen die Blutsverwandtschaft als entscheidendes Kriterium dafür an, ob man zu einer Familie gehört oder nicht. Oder man ist der Auffassung, dass Menschen vor allem durch ihr Zusammenleben und die Verantwortung, die sie füreinander übernehmen, zu einer Familie werden – unabhängig von ihren verwandtschaftlichen Beziehungen.

Die Vielfalt der Alltagsvorstellungen von Familie spiegelt sich auch in der Fachliteratur wider. In Anlehnung an Petzold (1999) unterscheiden wir eine Reihe von Familiendefinitionen.

Rechtliche Definition von Familie. Sie findet sich in Gesetzestexten, etwa dem Bürgerlichen Gesetzbuch. Laut Artikel 6 des Grundgesetzes steht die Familie unter besonderem Schutz des Staates. Im Familienrecht wird die Familie über die auf Lebenszeit geschlossene Ehe sowie die Kinder der Ehepartner definiert. Der rechtliche Elternstatus kann sowohl biologisch als auch durch Adoption erworben werden. Seit 2001 gibt es für gleichgeschlechtliche Partner die Möglichkeit, eine eingetragene Lebenspartnerschaft einzugehen, die rechtlich in vieler Hinsicht der Ehe gleichgestellt ist. So ist es auch möglich, das Kind des Lebenspartners zu adoptieren (Stiefkindadoption). Nach der rechtlichen Familiendefinition sind viele quasi-familiäre Lebensformen keine Familien im juristischen Sinn, z. B. unverheiratete Partner mit Kindern oder Pflegeeltern mit Pflegekindern.

Biologische Definition von Familie. Sie orientiert sich am Kriterium der Blutsverwandtschaft und fasst zur Familie nicht nur Eltern und Kinder, sondern auch Großeltern, Onkel, Tanten, Cousins, Cousinen etc. Nach dieser Definition ist der Grad der Verwandtschaft maßgeblich für die Zugehörigkeit zu einer Familie. Die biologische Familiendefinition stößt an ihre Grenzen, wenn z. B. geschiedene Partner und deren Kinder zu neuen Familien zusammenfinden (Patchworkfamilien) oder wenn Kinder mit Hilfe eines anonymen Samenspenders gezeugt werden (In-vitro-Fertilisation).

Funktionale Definition von Familie. Sie sieht die Familie als Wirtschaftseinheit von Erwachsenen und Kindern an. Die wichtigsten Kriterien sind das dauerhafte Zusammenleben im selben Haushalt und der gemeinschaftliche Lebensvollzug – unabhängig davon, ob die Familienmitglieder durch Heirat oder Blutsverwandtschaft miteinander verbunden sind. Die funktionale Familiendefinition hat den Nachteil, dass nicht im Haushalt lebende Personen (z. B. Kinder, die nach einer Scheidung beim anderen Elternteil leben) nicht als Familienmitglieder gewertet werden.

Psychologische Definition von Familie. Sie betrachtet das subjektive Erleben der Familienmitglieder als wesentliches Kriterium: Inwieweit definieren sich Menschen selbst als Familie, fühlen sie sich einer Familie zugehörig und erleben emotionale Nähe zu den Mitgliedern ihrer Familien. Die psychologische Familiendefinition ist am flexibelsten, weil sie unabhängig von Blutsverwandtschaft, Trauschein oder dem Führen eines gemeinsamen Haushalts ist. Sie impliziert einen sehr breiten Familienbegriff und schließt z. B. auch unverheiratete Partner (mit oder ohne Kinder), Patchworkfamilien, SOS-Kinderdorf-Familien usw. nicht aus. Allerdings beinhaltet auch die psychologische Definition Unklarheiten, etwa wenn die neue Lebenspartnerin eines Witwers von dessen Kindern und Enkeln als neues Familienmitglied betrachtet wird, diese selbst aber keinen Wert auf engeren Kontakt zur Familie des Partners legt.

Nach der psychologischen Familiendefinition ergibt sich eine enorme Vielfalt von Beziehungskonstellationen, die als Familie gelten können, z. B. auch kinderlose Paare oder Wohngemeinschaften erwachsener Personen – sofern sie dies selbst so sehen. Es gibt durchaus Sozialwissenschaftler, die für eine solche Sicht von Familie plädieren (vgl. z. B. Schulze & Scheuß, 2007). Für ein tieferes Verständnis von Familie ist dieser weite Familienbegriff aber wenig brauchbar. Im vorliegenden Lehrbuch der Familienpsychologie wählen wir deswegen eine engere Definition, bei der die individuelle Sicht der Betroffenen mit dem Vorhandensein von Eltern-Kind-

Beziehungen verknüpft ist. In Anlehnung an soziologische Konzepte wird davon ausgegangen, dass intergenerationelle Beziehungen eine wesentliche Grundlage von Familie sind (Beck-Gernsheim, 1998). Familien zeichnen sich somit durch zwei wesentliche Merkmale aus:

(1) das subjektive Erleben von Nähe und Verbundenheit,

(2) biologische bzw. soziale Elternschaft und die Sorge für die nachfolgende Generation.

Definition

Im vorliegenden Lehrbuch der Familienpsychologie definieren wir **Familie** als soziale Beziehungseinheiten, die sich durch

► erlebte Intimität und

► intergenerationelle Beziehungen

auszeichnen (vgl. Petzold, 1999).

Das Spektrum möglicher Familienformen ist bei dieser Familiendefinition immer noch sehr groß. Es reicht von verheirateten oder unverheirateten Paaren mit Kindern über Ein-Eltern-Familien, Patchworkfamilien, Adoptivfamilien, Pflegefamilien, Wochenend-Familien bis hin zu gleichgeschlechtlichen Partnerschaften mit Kindern (Regenbogenfamilien).

Abbildung 1.1. Eine ganz normale Familie – oder? Wohl nur auf den ersten Blick, denn heutzutage haben über 90 % aller Familien nur ein oder zwei Kinder. Großfamilien mit drei oder mehr Kindern sind selten geworden. Vielleicht handelt es sich hier aber auch um eine Patchworkfamilie, und die Kinder stammen aus früheren Beziehungen der Partner

1.2 Familie im Wandel

Zum Einfluss gesellschaftlicher Veränderungsprozesse

Familie als soziales Lebensumfeld hat sich im Vergleich zu früheren Zeiten stark gewandelt. Hierfür spielen soziodemographische und soziokulturelle Veränderungsprozesse in der Gesellschaft eine wichtige Rolle. Hinsichtlich des Wandels der Familie lassen sich eine Reihe eng miteinander zusammenhängender Entwicklungen beschreiben.

Gestiegene Lebenserwartung. In den letzten 100 Jahren ist die mittlere Lebenserwartung in Deutschland um mehr als 30 Jahre gestiegen. Altersforscher gehen davon aus, dass dieser Trend weiter anhält (Oeppen & Vaupel, 2002). Die gestiegene Lebenserwartung hat zur Folge, dass Familienmitglieder längere gemeinsame Lebensphasen haben. Noch zu Beginn des 20. Jahrhunderts erlebte das jüngste Kind einer Familie die Mutter meist nur bis ins Jugendalter;

Kontakte zu den Großeltern waren eher die Ausnahme. Heute dagegen haben die Generationen häufig eine gemeinsame Lebensspanne von mehreren Jahrzehnten. Dadurch sind die Beziehungsstrukturen in Familien komplexer geworden und hochbetagte Menschen sind mit erhöhter Wahrscheinlichkeit pflegebedürftig, was für die Familienangehörigen Belastungen und erhöhte Anforderungen mit sich bringt.

Gesunkene Heiratsneigung. Die Zahl der Eheschließungen hat stark abgenommen und stagniert seit etwa zehn Jahren bei knapp 400.000 pro Jahr. Nach Angaben des Statistischen Bundesamtes ließen sich im Jahr 2007 in Deutschland 368 929 Paare standesamtlich trauen. Gleichzeitig heiraten die Menschen später: Während 1975 das mittlere Heiratsalter bei Männern noch 25,3 Jahre und bei Frauen 22,7 Jahre betrug, heiraten Männer heute erst mit 32,6 und Frauen mit 29,6 Jahren.

Hohe Scheidungsrate. Die Zahl der Ehescheidungen hat seit den 1960er Jahren kontinuierlich zugenommen und sich auf einem relativ stabilen Niveau von ca. 200.000 pro Jahr eingependelt. Als Faustregel kann man sich merken, dass heute auf zwei Eheschließungen etwa eine Scheidung kommt. Insgesamt ist davon auszugehen, dass etwa 40 % aller Ehen scheitern, wobei das Scheidungsrisiko in der Stadt höher ist als auf dem Land. Etwa 170.000 Kinder sind pro Jahr von der Scheidung ihrer Eltern betroffen; Schätzungen zufolge wird in den kommenden 10 Jahren jedes dritte Kind unter 18 Jahren erleben, dass seine Eltern sich scheiden lassen (vgl. Largo & Czernin, 2003).

Partnerschaften ohne Trauschein. Parallel zum Trend der sinkenden Heiratsneigung ist die Zahl der unverheiratet zusammenlebenden Paare stark angestiegen. Schätzungen gehen von einer Zahl nichtehelicher Lebensgemeinschaften in Millionenhöhe aus. Insbesondere junge Erwachsene zwischen 20 und 30 Jahren leben zusammen, ohne verheiratet zu sein: In dieser Altersgruppe sind Lebensgemeinschaften ohne Trauschein etwa genauso häufig wie eheliche Partnerschaften (Schneider et al., 2000). Solche „wilden Ehen", früher stigmatisiert, erfahren heute ein hohes Maß an gesellschaftlicher Akzeptanz.

Geburtenrückgang. Die Zahl der Geburten ist in den letzten Jahrzehnten enorm zurückgegangen. Während 1965 in Deutschland (BRD und DDR) noch 1,3 Millionen Kinder zur Welt kamen, waren es 2007 nur noch rund 680.000. Dies bedeutet zum einen, dass es immer mehr Erwachsene gibt, die kinderlos bleiben möchten. Heute geben bis zu 25 % der jüngeren Männer und 15 % der Frauen an, keine Kinder zu wollen (Höhn, Ette & Ruckdeschel, 2006). Zum anderen hat der Geburtenrückgang bewirkt, dass die Kinderzahl pro Familie stark abgenommen hat. Seit 1965 ist die durchschnittliche Kinderzahl von 2,37 auf 1,32 pro Frau gefallen. Insbesondere bei jüngeren Müttern zeigt sich ein Trend zur Ein-Kind-Familie. Um die Elterngeneration zu ersetzen, müssten es jedoch 2,1 Kinder pro Familie sein (vgl. Dorbritz et al., 2008).

Neue Lebensperspektiven von Frauen. Im Vergleich zu früheren Generationen haben sich die Biographien von Frauen stark verändert. Bei weitgehend gleichem Ausbildungsniveau wie Männer haben Frauen nicht nur bessere berufliche Chancen als früher, sondern auch den Anspruch einer eigenen Berufstätigkeit. Für die wenigsten Frauen ist heutzutage ein Leben als Hausfrau und Mutter noch eine attraktive Lebensperspektive. Zwei Drittel aller Mütter mit Kleinkindern nehmen eine Doppelbelastung in Kauf und bemühen sich bereits wenige Jahre nach der Geburt um einen beruflichen Wiedereinstieg (Petzold, 1999). Die Bedeutung partnerschaftlicher Familienmodelle und verschiedener Formen der außerfamiliären Kinderbetreuung haben daher sehr zugenommen.

Bedeutungswandel der Eltern-Kind-Beziehung. Die ökonomische Funktion, die Kinder früher für ihre Eltern hatten (z. B. im Hinblick auf die Altersversorgung), hat durch die sozialen Sicherungssysteme weitgehend an Bedeutung verloren. Hingegen haben Geburtenrückgang und veränderte Lebenseinstellungen eine Entwicklung bewirkt, die die Soziologin Elisabeth Beck-Gernsheim (1998) als „Emotionalisierung der Eltern-Kind-Beziehung" bezeichnet: Kinder sind heute eine „knappe Ressource" und genießen in weit höherem Maße als früher die Aufmerksamkeit ihrer Eltern. In der heutigen Zeit, in der vieles unsicher und beliebig erscheint, haben Kinder oft die Funktion, dem Leben der Eltern Struktur, Sinn und Inhalt zu geben.

Veränderte Erziehungswerte. In den letzten Jahrzehnten haben sich elterliche Erziehungs- und Wertvorstellungen deutlich gewandelt. Repräsentative Untersuchungen haben gezeigt, dass traditionelle Werte wie Pflichtbewusstsein, Gehorsam und Fleiß bei Eltern immer weniger Zustimmung finden, das Eingehen auf kindliche Bedürfnisse und die Förderung der individuellen Entwicklung sind hingegen als wichtige Erziehungsaufgaben anerkannt. Diese „stille Revolution der Erziehung" (Schneewind, 2005) stellt Eltern vor neue Herausforderungen und hat enorme Veränderungen im Lebensalltag von Familien bewirkt.

Traditionelle und alternative Familienmodelle. Trotz der Diskussion zum „Zerfall der Familie" zeigen differenziertere Analysen, dass Familie keineswegs ein Auslaufmodell ist. Zutreffender ist die Feststellung, dass die Familienrealität in Deutschland bunter und vielfältiger geworden ist. Das traditionelle Familienmodell hat seine Monopolstellung verloren, nicht-traditionelle Alternativen haben an Bedeutung gewonnen (vgl. Tabelle 1.1).

Tabelle 1.1. Traditionelle und nicht-traditionelle Familienmerkmale (vgl. Schneewind, 2005). Wenn man die traditionellen Merkmale der linken Spalte miteinander kombiniert, so ergeben sich traditionelle Familienvarianten (z. B. ein verheiratetes Ehepaar mit mehreren Kindern). Nicht-traditionelle Familienvarianten ergeben sich durch die Kombination von Merkmalen der linken und/oder rechten Spalte (z. B. ein nicht-verheiratetes Paar mit Kindern aus früheren Beziehungen)

Traditionelle Familienmerkmale	Nicht-traditionelle Alternativen
Partner sind legal/kirchlich verheiratet	Singles; Partnerschaft ohne Trauschein
Elternschaft	Bewusste Kinderlosigkeit
Zwei Elternteile	Alleinerziehende Eltern
Lebenslange Ehe	Trennung/Scheidung; mehrere Ehen im Lauf des Lebens; Fortsetzungsfamilien (Patchworkfamilien)
Ehemann als Hauptverdiener	Gleichgewichtige ökonomische Rollen; Hausmänner; Dual Career Couples
Sexuelle Exklusivität	Außereheliche Beziehungen; offene Paarbeziehungen; Partnertausch
Heterosexualität; Mutter und Vater	Gleichgeschlechtliche Partnerschaft/Elternschaft
Haushalt mit zwei Erwachsenen	Haushalt mit mehreren Erwachsenen (z. B. erweiterte Familien, Wohngemeinschaften)

Aufgrund der gesunkenen Heiratsneigung gibt es mehr Familien, in denen die Eltern nicht miteinander verheiratet sind. Die hohen Scheidungsraten führen zu mehr alleinerziehenden Eltern. Die Zahl der Fortsetzungsfamilien nach Wiederheirat eines Partners ist gestiegen. Hinzu kommen neue Familienformen, die durch die Einführung des Lebenspartnerschaftsgesetzes für gleichgeschlechtliche Paare möglich geworden sind. Insgesamt hat nicht nur die Häufigkeit alternativer Familienformen zugenommen, sondern auch die gesellschaftliche Akzeptanz für nicht-traditionelle Familienmodelle.

Dennoch ist das traditionelle Familienmodell auch heute noch dominierend. Derzeit machen Ehepaare mit Kindern immer noch ca. drei Viertel der Familien in Deutschland aus (Pötzsch, 2007). Neuere Umfragen zeigen zudem, dass sich die meisten jungen Menschen eine „klassische" Familie mit (Ehe-)Partner und mehreren Kindern wünschen – auch wenn die als ideal angesehene Kinderzahl im Gesamtdurchschnitt nur bei 1,7 liegt (Höhn, Ette & Ruckdeschel, 2006).

1.3   Familienpsychologie – eine sozialwissenschaftliche Disziplin

Gegenstandsbereich und Fragestellungen

Womit beschäftigt sich die Familienpsychologie, was unterscheidet die Perspektive der Familienpsychologie von anderen sozialwissenschaftlichen Zugängen? Ganz allgemein kann man sagen, dass sich die Familienpsychologie für das Verhalten und Erleben von Menschen im Kontext ihrer Familie interessiert. Konkrete familienpsychologische Fragestellungen können sowohl aus Sicht der Familienforschung als auch aus Sicht der psychosozialen Praxis formuliert werden, z. B.: Was passiert in einer Partnerschaft, wenn aus Paaren Eltern werden? Wie gehen Paare oder Familien mit Belastungen und Krisen um (z. B. Krankheit, Konflikte, Trennung)? Welche besonderen Herausforderungen müssen in Familien bewältigt werden, die nicht dem traditionellen Familienmodell entsprechen? Wie wirkt sich eine Scheidung auf die Entwicklung der Kinder aus? Aus welchen Gründen kommt es in manchen Familien zu Gewalt und Vernachlässigung?

Familienpsychologie im Kontext benachbarter Disziplinen

Die Familienpsychologie weist enge Bezüge zu anderen Gebieten der Psychologie auf. Im Hinblick auf die für Sozialarbeiter und Sozialpädagoginnen relevanten psychologischen Teilgebiete sind vor allem folgende **intradisziplinären** Querbezüge bedeutsam:

▶ **Entwicklungspsychologie.** Die Familie ist vor allem in Kindheit und Jugend, aber auch in späteren Lebensphasen ein wichtiger Entwicklungskontext. Wenn man Entwicklungsprozesse umfassend verstehen will, muss man die einzelne Person immer in ihren sozialen und familiären Bezügen sehen.

▶ **Sozialpsychologie.** Familien können als ein Spezialfall sozialer Gruppen aufgefasst werden (Schneewind, 2005); insofern finden sich viele sozialpsychologische Konzepte (z. B. Kommunikation, Gruppendynamik, soziale Unterstützung) in der Familienpsychologie wieder.

▶ **Klinische Psychologie.** Heute wissen wir, dass viele psychische Störungen und Erkrankungen (z. B. Essstörungen, Suchtverhalten, Depression etc.) im Kontext von Familienbeziehungen entstehen und aufrechterhalten werden. Oft ist es auch sinnvoll, die Familienangehörigen in eine Psychotherapie oder andere Hilfemaßnahmen einzubeziehen (v. Schlippe & Schweitzer, 2007).

Auch außerhalb der Psychologie existieren zahlreiche **interdisziplinäre** Querbezüge zur Familienpsychologie.

▶ **Medizin.** In der modernen Medizin setzt sich zunehmend die Erkenntnis durch, dass die Familie enorm wichtig für die Bewältigung körperlicher und psychischer Erkrankungen ist. Heute beziehen viele Ärzte die Familienangehörigen in die Behandlung und die Rehabilitation der Patienten ein.

▶ **Familienrecht.** Bei Ehescheidungen und anderen Familiensachen benötigen Juristen familienpsychologisches Wissen. So müssen bei gerichtlichen Entscheidungen über das elterliche Sorge- und Umgangsrecht Fragen der Erziehungskompetenz und des psychischen Kindeswohls berücksichtigt werden.

▶ **Familiensoziologie.** Soziologen betrachten die Familie aus einer gesellschaftlichen, „makrosozialen" Perspektive und interessieren sich primär für soziokulturell bedingte Veränderungen der Familie. Vor allem bei Themen, die den Alltag von Familien betreffen, gibt es zahlreiche inhaltliche „Schnittmengen" mit der Familienpsychologie.

1.4 Praxisrelevanz der Familienpsychologie

In vielen psychosozialen Arbeitsfeldern ist die Familienpsychologie eine wichtige Grundlage für professionelles Handeln. Gerade Sozialpädagogen und Sozialarbeiterinnen, die ja traditionell viel mit Familien arbeiten, benötigen ein solides familienpsychologisches Grundlagenwissen. So gelten etwa in der Sozialpädagogischen Familienhilfe (SPFH) Kenntnisse über psychologische Prozesse und Zusammenhänge in Familien als Basis für die Planung und Umsetzung individuell angemessener Hilfemaßnahmen. Auch in der Ehe- bzw. Paarberatung sowie in der Erziehungsberatung wird in der Regel die Familie als Ganzes berücksichtigt. Viele Sozialpädagogen streben eine Tätigkeit als Familientherapeut an und absolvieren eine entsprechende Weiterbildung, die zu einem wesentlichen Teil familienpsychologische Kenntnisse beinhaltet.

Die wachsende Praxisrelevanz der Familienpsychologie wird auch daran deutlich, dass bei der Besetzung von Stellen in psychosozialen Einrichtungen immer häufiger der Nachweis familienpsychologischer Kenntnisse und Qualifikationen vorausgesetzt wird. Diese werden vielfach im Rahmen von Zusatzqualifikationen (z. B. Systemische Beratung) und zertifizierten Fortbildungen erworben.

In den letzten Jahren sind neue Aufgabenbereiche und Tätigkeitsfelder für Sozialpädagoginnen und Sozialarbeiter entstanden, in denen familienpsychologische Kenntnisse benötigt werden:

▶ Neben den zumeist von Hebammen geleiteten Geburtsvorbereitungskursen werden heute zunehmend psychologische Kurse angeboten, die auf den Übergang zur Elternschaft und das Leben mit Kindern vorbereiten. Professionell geleitete Gruppenangebote für Eltern von Babys und Kleinkindern (z. B. PEKiP) erfreuen sich wachsender Beliebtheit.

▶ In der Familienbildung gibt es bereits seit längerem vielfältige Angebote für Eltern, die ihre Erziehungskompetenz verbessern möchten (Elterntraining, Seminare zu speziellen Erziehungsproblemen/Entwicklungsphasen, Angebote speziell für Eltern aus „schwierigen" sozialen Milieus etc.).

▶ Nach dem Willen des Gesetzgebers sollen Kindertageseinrichtungen zunehmend zu Familienzentren ausgebaut werden, mit dem Ziel, Bildung und Erziehung der Kinder mit Unterstützungsangeboten für die ganze Familie zu verbinden. Dadurch entstehen zahlreiche neue

Aufgabenbereiche mit familienpsychologischem Bezug, z. B. in der Beratung, Weiterbildung und Supervision der Mitarbeiterinnen von Familienzentren.

▶ Die hohen Scheidungsraten erfordern in der Paar- und Erziehungsberatung spezifische familienpsychologische Kenntnisse über Risiken und Chancen nach einer Scheidung. Viele Paare sind nicht in der Lage, die Probleme der Sorgerechts- und Besuchsregelungen befriedigend zu lösen, oder es ergeben sich Schwierigkeiten durch neue Familienkonstellationen nach einer Scheidung (z. B. Patchworkfamilien), die eine Familienberatung erfordern.

▶ Ein neues Anwendungsfeld der Familienpsychologie ist die Beratung von Angehörigen chronisch kranker Menschen. Gerade bei alten, pflegebedürftigen Patienten sind Familienangehörige meist die wichtigsten Unterstützungspersonen – kein noch so gutes professionelles Angebot kann diese Ressource ersetzen. Aber für die Angehörigen sind Pflege und Betreuung oft mit schweren psychischen und körperlichen Belastungen verbunden.

Zusammenfassung

▶ Bei der Definition des Begriffs Familie können rechtliche, biologische, funktionale und psychologische Sichtweisen unterschieden werden. Je nachdem, welche Familiendefinition zugrunde gelegt wird, können bestimmte Beziehungskonstellationen als Familie aufgefasst werden oder auch nicht.

▶ Im vorliegenden Lehrbuch werden zwei Merkmale als konstitutiv für Familien betrachtet, nämlich das subjektive Erleben von Nähe und Verbundenheit (erlebte Intimität) sowie das Vorhandensein von Eltern-Kind-Beziehungen (intergenerationelle Beziehungen).

▶ In den letzten Jahrzehnten hat sich die Familienrealität in Deutschland stark gewandelt. Besonders bedeutsame soziodemographische Entwicklungen sind die gestiegene Lebenserwartung, eine gesunkene Heiratsneigung bei gleichzeitig hohen Scheidungsraten und einem Trend zu nichtehelichen Partnerschaften, der nachhaltige Geburtenrückgang und die erhöhte Erwerbsneigung von Frauen. Hinzu kommen veränderte soziokulturelle Einstellungen im Hinblick auf Familie, wie veränderte Erziehungswerte und eine Tendenz zur Emotionalisierung der Eltern-Kind-Beziehungen.

▶ Obwohl in Deutschland das traditionelle Familienmodell immer noch deutlich dominiert, haben die Häufigkeit nicht-traditioneller Familienformen und deren gesellschaftliche Akzeptanz in den letzten Jahren stetig zugenommen.

▶ Gegenstand der Familienpsychologie ist das Erleben und Verhalten von Menschen im Kontext ihrer Familie.

▶ In der psychosozialen Praxis wird die Familienpsychologie immer wichtiger. Familienpsychologische Kenntnisse sind in der Sozialpädagogischen Familienhilfe seit jeher relevant. In unterschiedlichen Beratungs- und Therapiekontexten wird zunehmend die Familie als Ganzes berücksichtigt. Bei der Besetzung von Stellen wird vielfach der Nachweis familienpsychologischer Qualifikationen vorausgesetzt. Hinzu kommen neue familienbezogene Tätigkeitsfelder, die vielfältige berufliche Möglichkeiten für Sozialpädagogen und Sozialarbeiter bieten (z. B. Elterntraining, Familienbildung, Angehörigenarbeit).

Eine etwas ungewöhnliche Familie

Das Haus mit dem großen Garten war schon seit längerem zu verkaufen; nun sind junge Leute mit Kindern eingezogen: Der Musiktherapeut Matthias (37), seine Frau Anne (31) und ihre vierjährigen Zwillinge Emma und Leonie wohnen im ersten Stock. Im ausgebauten Dachgeschoss hat sich Jakob, der 16-jährige Sohn von Matthias, eingerichtet. Jakob ist der Halbbruder von Emma und Leonie. Seine Mutter Julia (42) und Matthias hatten sich im Studium kennen gelernt. Kurze Zeit später war Julia mit Jakob schwanger. Trotz des Drängens von Matthias wollte sie sich nicht auf eine „richtige" Partnerschaft einlassen. Julia spürte damals immer mehr, dass sie sich erotisch mehr zu Frauen hingezogen fühlte. Für Matthias war das eine sehr schwierige Zeit. Dennoch gelang es dem Paar, das gemeinsame Sorgerecht für Jakob partnerschaftlich auszuüben und befreundet zu bleiben. Bei der Hochzeit von Matthias und Anne war Julia sogar Trauzeugin.

Und als Matthias vorschlug, gemeinsam ein Haus auf dem Land zu kaufen, war Julia gleich Feuer und Flamme – unter einer Bedingung: Sie wollte die Erdgeschosswohnung mit der schönen Terrasse und dem separatem Eingang für sich – „dann störe ich Euch nicht, wenn ich nachts mal spät nach Hause komme und eine Freundin mitbringe", meinte sie augenzwinkernd . . .

▶ Welche spontanen Gedanken und Gefühle hatten Sie beim Durchlesen dieses Fallbeispiels?
▶ Welche traditionellen und nicht-traditionellen Merkmale weist die Familie von Matthias, Anne und Julia auf?
▶ Welchen Einfluss hat Ihrer Ansicht nach das ländliche Wohnumfeld auf die weitere Entwicklung der Familie? Glauben Sie, dass es in dieser Hinsicht grundlegende Unterschiede zum Leben in einer Großstadt gibt?

Prüfungsfragen und Denkanstöße

(1) Welche Definitionen für Familie kennen Sie? Welche Nachteile sind mit den unterschiedlichen Familiendefinitionen verbunden?
(2) Unter welchen Bedingungen kann eine Wohngemeinschaft, in der auch Kinder leben, als Familie betrachtet werden?
(3) Welche gesellschaftlichen Veränderungen sind dafür verantwortlich, dass heute Familie etwas anderes bedeutet als früher? Inwiefern?
(4) Mit welchen Fragestellungen beschäftigt sich die Familienpsychologie?
(5) In welchen psychosozialen Praxisfeldern sind Kenntnisse der Familienpsychologie wichtig? Warum?

Weiterführende Literatur

▶ Beck-Gernsheim, E. (1998). Was kommt nach der Familie? Einblicke in neue Lebensformen. München: C.H. Beck.
Die Autorin zeigt aus soziologischer Sicht, dass die traditionelle Familie im Begriff ist, ihr Monopol zu verlieren. Zugleich entstehen neue, quasi-familiäre Beziehungsmuster, mit denen die Konturen der „postfamilialen Familie" sichtbar werden.
▶ Schulze, M. & Scheuß, C. (Hrsg.). (2007). Alles was Familie ist. Die neue Vielfalt: Patchwork-, Wahl- und Regenbogenfamilien. Berlin: Schwarzkopf & Schwarzkopf.
Porträts, Interviews und Reportagen über nicht-traditionelle Familienmodelle: Patchworkfamilien und Senioren-WGs, allein erziehende Omas, alternative Hausgemeinschaften, schwule Paare mit Pflegekindern, Landkommunen und Dreierbeziehungen. Das Buch will zeigen, dass „Familie" vor allem die Bereitschaft voraussetzt, partnerschaftlich zusammenzuleben und Verantwortung füreinander zu übernehmen.

2   Die Familiensystemtheorie

Was Sie in diesem Kapitel erwartet

Die Familiensystemtheorie, die als wichtige theoretische Basis der Familienpsychologie gilt, betrachtet Familien als Systeme. Doch was genau ist eigentlich ein System? Was unterscheidet die systemische Perspektive von traditionellen Betrachtungsweisen in der Psychologie, worin besteht ihr Vorteil? In diesem Kapitel werden wir uns mit einigen systemtheoretischen Grundannahmen und Begriffen auseinandersetzen. Verschiedene Alltags- und Praxisbeispiele verdeutlichen, wie uns eine systemische Betrachtungsweise helfen kann, Familienbeziehungen besser und umfassender zu verstehen. Wir werden unter anderem einen Familienkonflikt analysieren, bei dem sich ein Vater und seine 16-jährige Tochter dauernd streiten. Am Ende des Kapitels gehen wir noch auf den Konstruktivismus ein – eine ursprünglich aus der Philosophie stammende Denkrichtung, die die Familiensystemtheorie stark beeinflusst hat. Wichtige konstruktivistische Grundbegriffe werden in knapper Form erklärt. Dies ist aber nicht nur „graue Theorie"! Wir werden vielmehr sehen, dass man aus dem Konstruktivismus sehr konkrete und nützliche Handlungsempfehlungen für die psychosoziale Praxis ableiten kann.

2.1   Systemtheoretische Grundannahmen

Die Familiensystemtheorie ist gleichsam ein „Ableger" der allgemeinen Systemtheorie. Diese geht auf den Biologen Ludwig von Bertalanffy (1901–1971) zurück, der in den 1950er Jahren eine neue Betrachtungsweise in den Naturwissenschaften einführte – die Kybernetik. Einzelphänomene sind demnach nicht isoliert voneinander zu betrachten, sondern in ihrem Zusammenwirken und in der Vernetztheit mit ihrer Umwelt. Der Begriff System bezeichnet ganz allgemein eine Menge von Elementen sowie ihrer Beziehungen und Wechselwirkungen untereinander, z. B. unser Sonnensystem: Hier sind die Sonne und die einzelnen Planeten Systemelemente, die durch physikalische Kräfte (z. B. Gravitation, Fliehkraft) miteinander verbunden sind. Systeme finden wir sowohl in der unbelebten als auch in der belebten Natur. Sehr viele und sehr unterschiedliche Dinge können systemisch betrachtet werden, z. B. ökologische und biologische Phänomene (Weltklima, menschlicher Organismus), technische Apparaturen (Zentralheizung, Verbrennungsmotor etc.), aber eben auch soziale Systeme wie z. B. eine Fußballmannschaft, das Team einer Beratungsstelle oder – eine Familie.

Definition

Das **Familiensystem** umfasst einerseits Subsysteme (z. B. Eltern, Geschwister, also Einzelpersonen) und ist andererseits eingebettet in übergeordnete Suprasysteme, z. B. Verwandtschaft, Freundeskreis, Wohngemeinde etc.

In der praktischen Arbeit mit Einzelklienten und Familien ist es nach Henning und Knödler (1998) nützlich, drei unterschiedliche Systemebenen zu berücksichtigen:

- **Personale Ebene.** Man betrachtet eine individuelle Person als körperlich-seelisches System, in dem unterschiedliche Motive, Einstellungen, Erfahrungen und Eigenschaften und Verhaltensdispositionen zusammenwirken.
- **Interpersonale Ebene.** Man betrachtet diese Person in einer wichtigen sozialen Beziehung (z. B. zum Ehepartner, zur Mutter etc.) und ihren Interaktionen mit diesen Personen.
- **Systemische Ebene.** Man betrachtet das Verhalten und Erleben der Person im Gesamtkontext des sie umgebenden Familiensystems oder anderer Rahmensysteme.

Je nach Kontext kann es aufschlussreich und sinnvoll sein, den Blick auf eine dieser Systemebenen „scharfzustellen". Diese bezeichnet man als multiperspektivische systemische Sichtweise. In der Praxis kann die multiperspektivische systemische Sichtweise ein umfassenderes Verständnis konkreter Fälle erschließen.

Unterschiedliche Systemebenen in der Familienberatung

Eine Mutter kommt mit ihrem 9-jährigen Sohn Leon in die Erziehungsberatung. Leons Leistungen in der Schule sind unterdurchschnittlich; seine Versetzung ist gefährdet. Er wirkt oft unkonzentriert und ist nicht bei der Sache; darüber hinaus fällt er immer wieder durch impulsives und aggressives Verhalten auf. Die Beraterin kann nun prinzipiell unterschiedliche Perspektiven einnehmen: Betrachtet sie das problematische Verhalten von Leon individuell auf der personalen Ebene, könnte sie z. B. eine gezielte Entwicklungsdiagnostik (etwa im Hinblick auf die Verdachtsdiagnose ADHS) empfehlen. Auf einer interpersonalen Ebene könnte sie die Beziehung zwischen Leon und seiner Mutter in den Blick nehmen – möglicherweise rückt dann zunehmend der wenig konsequente Erziehungsstil der Mutter in den Mittelpunkt der Beratung. Auf der systemischen Ebene könnte die gesamte Familiendynamik thematisiert werden: Möglicherweise gibt es z. B. schwere elterliche Konflikte, und das problematische Verhalten von Leon hat die Funktion, Vater und Mutter „zusammenzuhalten".

Weil der systemische Ansatz die Möglichkeit bietet, unterschiedliche Systemebenen gleichzeitig betrachten zu können, hat er eine wichtige Bedeutung für die moderne Familienpsychologie und die psychosoziale Praxis. Heute gilt es z. B. in Beratung und Psychotherapie, wo traditionell individuumszentriert gearbeitet wurde, fast schon als selbstverständlich, nicht nur den einzelnen Klienten, sondern darüber hinaus auch dessen Beziehungen zu Familienmitgliedern und anderen wichtigen Bezugspersonen in den Blick zu nehmen. In der Systemischen Familientherapie (vgl. Kapitel 12) rückt diese Perspektive in den Mittelpunkt des Therapieprozesses.

2.2 Zentrale Aspekte der Familiensystemtheorie

Die Beschäftigung mit den wichtigsten Grundannahmen und Begriffen der **Familiensystemtheorie** erleichtert es, konkrete Praxisfälle anders und besser zu verstehen. Eine Reihe von Beispielen aus dem Familienalltag und der psychosozialen Praxis wird dies jeweils verdeutlichen.

Ganzheitlichkeit

Die Familiensystemtheorie betrachtet die Familie ganzheitlich. Diese Sichtweise kennen wir aus der Gestaltpsychologie. Eine ganzheitliche Sichtweise der Familie bedeutet, nicht die einzelne Person, sondern die Beziehungskonstellationen der Familienmitglieder und das Funktionieren der Familie als Ganzes in den Blick zu nehmen. Konsequenterweise werden Probleme, vordergründig *eines* Familienmitglieds (z. B. Bettnässen, Essstörung, Alkoholprobleme eines Partners), nicht mehr als individuelles, sondern als Familienproblem verstanden und bearbeitet.

Offene und geschlossene Familiensysteme

Die Grenzen von Familien und ihren Subsystemen können unterschiedlich durchlässig sein – man spricht von mehr oder weniger offenen Familiensystemen. Relativ geschlossene Familiensysteme haben rigide Grenzen nach Außen: Möglicherweise gibt es in einer solchen Familie relativ selten Besuch, familiäre Veränderungen (z. B. ein neuer Partner der Tochter) werden misstrauisch betrachtet. Rigide Grenzen können auch daran zu erkennen sein, dass es Tabuthemen gibt, die mit Außenstehenden nicht besprechbar sind. Im Vergleich dazu haben relativ offene Familiensysteme zwar ebenfalls Grenzen, doch sind diese im Vergleich wesentlich durchlässiger. Dies kann z. B. durch häufige Besuchskontakte, spontane Verabredungen, Übernachtungen von erwachsenen Freunden oder Freunden der Kinder oder gemeinsame Unternehmungen mit anderen Familien zum Ausdruck kommen.

Grenzen sind wichtig und sinnvoll – sie können z. B. der Orientierung dienen oder eine Schutzfunktion im Familiensystem haben. Wenn die Grenzen von Familiensystemen bzw. familiären Subsystemen nur vage definiert oder sehr durchlässig sind, hat dies leicht negative Auswirkungen für einzelne oder sogar für alle Familienmitglieder. Wenn beispielsweise eine Mutter chronisch krank ist, kann die Grenze von Eltern- und Kindsubsystem undeutlich werden. Dies kann dazu führen, dass eine Tochter Rollen und Verantwortlichkeiten der Mutter, also eines erwachsenen Elternteils, übernimmt.

Zielorientierung von Familien

Familien richten ihr gemeinschaftliches Leben nach Zielsetzungen aus. Dies können explizite, nach außen klar definierte und angestrebte Ziele sein, aber auch Ziele, die den Familienmitgliedern nicht unmittelbar bewusst sind. Je nach Lebensumständen und Familienphase rücken unterschiedliche Ziele in den Vordergrund.

So sind etwa bei Eltern mit kleinen Kindern die Koordination von Kindererziehung und Berufstätigkeit bzw. Studium wichtige Familienziele. Diese Koordination erfordert im Familienalltag oft eine komplizierte Logistik und ein flexibles Management unterschiedlicher Anforderungen. Wer bringt die Kinder morgens in die Kita, wenn die Mutter um 8 Uhr eine wichtige Vorlesung besuchen will? Welcher Partner beantragt wie lange Elternzeit, wenn die Kinder noch klein sind? In Familien mit Jugendlichen rückt dagegen das Familienziel einer Balance zwischen elterlicher Verantwortlichkeit und der zunehmenden Autonomie der Kinder in den Vordergrund. Welche Freiräume sollten z. B. Eltern der 15-jährigen Tochter einräumen, die an Silvester gerne bei Freunden übernachten möchte? Wie kann sich ein Vater angemessen mit seinem 17-jährigen Sohn auseinandersetzen, der besonders gern „harte" Computerspiele spielt?

Regelhaftigkeit in Familiensystemen

In allen Familiensystemen lassen sich regelhafte Strukturen von Verhalten, Kommunikation und Rollenverteilungen beobachten. Wir unterscheiden explizite und implizite Regeln im familiären Umgang:

▶ **Explizite Familienregeln** sind offen und wurden von den Familienmitgliedern besprochen bzw. vereinbart und betreffen z. B. Ort und Zeit gemeinsamer Mahlzeiten, Gute-Nacht-Geschichten, Familienrituale bei bestimmten Anlässen (Geburtstag, Sonntag etc.) oder vereinbarte Konsequenzen bei Regelverstößen.

▶ **Implizite Familienregeln** sind unausgesprochen und den Familienmitgliedern häufig gar nicht bewusst. Sie können Abläufe im Familienalltag bestimmen, ohne dass dies offen besprochen wurde. Wer benutzt morgens als Erster das Bad? Wer ist zuständig, wenn das Baby schreit? Wer sitzt bei Familienausflügen hinter dem Steuer?

Zirkuläre Kausalität

Ein zentraler Aspekt der Familiensystemtheorie ist der Paradigmenwechsel von einer linearen zu einer zirkulären Auffassung von Kausalität. Damit haben wir eine grundlegend andere Sichtweise von Kommunikationsabläufen:

▶ **Lineare Kausalität** geht davon aus, dass sich eine Person in einer bestimmten Art und Weise verhält, weil ihr zuvor eine andere Person einen Grund dazu gegeben hat.

▶ **Zirkuläre Kausalität** berücksichtigt, dass sich die Verhaltensweisen von Interaktionspartnern wechselseitig bedingen: Deren Verhalten ist jeweils sowohl Ursache als auch als Auswirkung. Insofern wird nicht (bzw. nicht nur) nach der Ursache einer beobachteten Auswirkung gesucht. Zirkuläre Kausalität rückt den Kommunikationsprozess selbst in den Mittelpunkt des Interesses.

In der psychosozialen Praxis bedeutet dies häufig, dass es für ein bestimmtes Problem nicht eine einzelne Ursache gibt – vielmehr muss man das komplexe Zusammenwirken verschiedener Einflüsse berücksichtigen. Zum Beispiel haben Schüler mit Lese-Rechtschreib-Schwäche (LRS) häufig Probleme in der Schule (schlechte Schulleistungen, verlangsamtes Lerntempo etc.). Geht man von einem einfachen linearen Ursache-Wirkungs-Zusammenhang aus, werden schulische Probleme gern ausschließlich als Konsequenz einer diagnostizierten Lese-Rechtschreib-Schwäche betrachtet. Man übersieht dabei die zirkulären Zusammenhänge der Problematik: Schlechte Noten führen zu Misserfolgserlebnissen und Resignation; die betroffenen Schüler haben auf die Dauer eine geringere Lernmotivation oder entwickeln sogar eine Abneigung gegen die Schule. Das wirkt sich wiederum negativ auf die Schulleistungen aus.

Rückkoppelungsprozesse in Familien

Der Begriff der Rückkoppelung (Feedback) ist eng mit der zirkulären Kausalitätsannahme verknüpft. Von Rückkoppelung sprechen wir, wenn Verhaltensweisen verschiedener Familienmitglieder wechselseitig aufeinander zurückwirken. Dabei gibt es positive und negative Rückkoppelungsprozesse.

▶ **Positive Rückkoppelung:** Das Verhalten der Interaktionspartner bedingt und verstärkt sich wechselseitig – man spricht von einem „Teufelskreis". In zwischenmenschlichen Konflikten hat positive Rückkoppelung die Tendenz zur Eskalation, z. B. wenn sich ein Streit zwischen Ehepartnern durch gegenseitige Schuldzuweisungen und aggressives Verhalten immer weiter „aufschaukelt".

▶ **Negative Rückkoppelung:** Die Interaktionspartner tragen durch ihr Verhalten dazu bei, dass sich eine Deeskalationsdynamik etablieren kann. Man könnte daher auch von einem „Engelskreis" sprechen, z. B. in harmonischen Paarbeziehungen, in denen die Partner einfühlsam und respektvoll miteinander umgehen.

Teufelskreise und Engelskreise im Familienalltag

Die Stimmung zwischen einem Vater und seiner 16-jährigen Tochter ist seit einiger Zeit „auf dem Nullpunkt". Wenn er sich z. B. nach ihren Zukunftsplänen oder ihrem neuen Freund erkundigt, verdreht sie die Augen oder gibt unfreundliche Antworten. Einmal hat sie ihn aggressiv angezischt, er solle sich gefälligst um seine eigenen Angelegenheiten kümmern. Der Vater ärgert sich über dieses „patzige" Verhalten ihm gegenüber; gleichzeitig fühlt er sich hilflos. Zunehmend verhält er sich seinerseits kühl, distanziert und abweisend im Kontakt mit seiner Tochter. Diese fühlt sich dadurch wiederum abgelehnt und ungeliebt; sie hat das Gefühl, ihr Vater interessiere sich nicht wirklich für sie und kritisiere nur an ihr herum. Aus diesem Gefühl heraus verhält sie sich bei Gesprächen mit ihm trotzig, patzig und aggressiv etc. Beide, Tochter und Vater, denken, ihr Verhalten in diesem Teufelskreis sei nur eine Reaktion auf das Verhalten des jeweils anderen.

Wie kommen Vater und Tochter aus diesem Teufelskreis heraus? Systemtheoretisch gesehen wäre es notwendig, durch negative Rückkoppelung eine Deeskalation des Konflikts anzustoßen, indem z. B. der Vater den ersten Schritt macht, sich entschuldigt und Verständnis dafür signalisiert, dass sich seine Tochter von ihm gegängelt und ungerecht behandelt fühlt. Daraufhin würde diese sich eher in ihrer Befindlichkeit und ihrem Verhalten ernst genommen fühlen und wäre ihrerseits bereit, aus der „Deckung" zu kommen. Der Vater kann dies als Erfolg seiner Initiative erleben und vermutlich tatsächlich mehr Empathie entwickeln etc. Angesichts der vorausgegangenen Konfliktdynamik ist allerdings zu vermuten, dass es relativ lange dauert, bis sich ein stabiler „Engelskreis" in der Interaktion von Vater und Tochter etabliert.

Selbstorganisation und Homöostase in Familien

Rückkoppelungs- und Wechselwirkungsprozesse sind im Rahmen der kybernetischen Systemtheorie von zentraler Bedeutung. Systeme regulieren sich selbst, indem durch Rückmeldekreise ein definierter Zielzustand erreicht wird. Dieses allgemeine Prinzip wird als Regelkreis bezeichnet, einfach am Beispiel der Zentralheizung zu erklären: Die gewünschte Raumtemperatur wird auf dem Thermostat eingestellt (Soll-Wert). Sinkt die tatsächliche Temperatur im Raum (Ist-Wert) darunter, wird über einen Impuls des Thermostats die Heizung eingeschaltet. Ist sie erreicht oder liegt sie darüber, wird die Heizung automatisch ausgeschaltet. Auch Familiensysteme funktionieren in vieler Hinsicht wie ein technischer Regelkreis.

So wissen z. B. die meisten Eltern von Kleinkindern aus Erfahrung, dass der Nachtschlaf der Kinder stark beeinträchtigt ist, wenn sie tagsüber zu viel bzw. zu lange geschlafen haben. Daher sind die Eltern bestrebt, ein ausgewogenes Gleichgewicht von Tag- und Nachtschlaf herbeizuführen. Analog zum Prinzip des Regelkreises: Wenn das Kind müde, gereizt und weinerlich ist, wird es in sein Bettchen gelegt oder in den Schlaf gewiegt; hat es hingegen schon mehr als 2 Stunden Mittagsschlaf hinter sich, wird es geweckt. In beiden Fällen handelt es sich um negative Rückkoppelung, die sich normalisierend bzw. stabilisierend auf den kindlichen Schlaf-Wach-Rhythmus auswirkt – und damit auf das gesamte Familiensystem.

Wenn es Vätern und Müttern nicht gelingt, ein ausgewogenes Gleichgewicht im Schlaf-Wach-Rhythmus herzustellen, ist oft eine professionelle Beratung sinnvoll. So stellen Beraterinnen von Spezialambulanzen für Schreibabys bei Hausbesuchen oft fest, dass die Eltern angestrengt versuchen, ihre Kinder zu beruhigen, z. B. durch Herumtragen, Ablenken mit Spielzeug, Wippen, Musik-CDs oder Spieluhren. Doch die gut gemeinten Bemühungen führen dazu, dass die Kinder eher überstimuliert sind. Sie schlafen deshalb zu wenig und schreien aufgrund ihres Schlafdefizits noch mehr – ein Teufelskreis! Ein wichtiges Beratungsziel kann es in diesen Fällen sein, geeignete Handlungsalternativen zu finden und den Eltern zu vermitteln, wie sie durch negative Rückkoppelungsprozesse ein besseres Gleichgewicht herstellen können. Diese können z. B. initiiert werden, wenn sich die Eltern abwartender verhalten, nur wenige, ruhige Aktivitäten entwickeln und sanften Körperkontakt suchen (Hand auf den Bauch legen etc.).

Definition

Als **Homöostase** bezeichnet man die Aufrechterhaltung und Ausbalancierung eines Gleichgewichtszustands. Homöostase wird durch negative Rückkoppelungsprozesse hergestellt.

In jeder Familie gibt es eingespielte Handlungsabläufe, Regeln und Ziele, die als negative Rückkoppelungsimpulse funktionieren und mit denen eine familiäre Homöostase, ein Gleichgewicht des Familiensystems, erreicht wird. Allerdings müssen viele Regeln und Ziele im Lauf der Zeit immer wieder angepasst werden, damit sie weiterhin stabilisierend wirken. So würde ein starres Festhalten an der Familienregel, dass Kinder spätestens um 20 Uhr wieder zu Hause sein müssen, in Familien mit Jugendlichen wohl eher zu positiven Rückkoppelungsprozessen und Spannungen führen. Eine relative Stabilität dürfte es auf Dauer am ehesten in Familien geben, die sich flexibel an sich verändernde Gegebenheiten und Bedingungen anpassen können.

Grundsätzlich sind Familiensysteme sehr anpassungsfähig. Dies ist auch wichtig, weil sich jedes Familiensystem im Laufe der Zeit verändert und weiterentwickelt. So müssen Familien prinzipiell in der Lage sein, sich an veränderte Bedürfnisse älter werdender Kinder, Wohnortwechsel, Arbeitslosigkeit eines Elternteils, Scheidung, neue Familienmitglieder oder Todesfälle anzupassen. Solche Veränderungen sind oft sehr belastend für alle Beteiligten. Trotzdem brechen Familiensysteme unter dem Druck dieser Veränderungen meist nicht auseinander, sondern passen sich an und wandeln sich. Im Kontext der Familiensystemtheorie wird diese Anpassungsfähigkeit als Fähigkeit zur Selbstorganisation beschrieben.

Wandel erster und zweiter Ordnung

Familiensysteme verändern sich und entwickeln sich im Lauf der Zeit ständig weiter. Aus systemischer Sicht werden qualitativ unterschiedliche Arten von Veränderung beschrieben:

▶ **Wandel erster Ordnung.** Konstellationen und Abläufe in einer Familie verändern sich, aber das Familiensystem als Ganzes bleibt unverändert.
  Beispiel: Vera, 24 Jahre alt, studiert Sozialpädagogik. Sie telefoniert häufig mit ihren Eltern, die in einer anderen Stadt wohnen. Diese erkundigen sich regelmäßig nach Veras Studienfortschritten. Die Mutter hat bereits einen Praktikumsplatz für Vera organisiert. Im systemtheoretischen Sinne ein Wandel erster Ordnung: Die Konstellation im Familiensystem hat sich zwar hinsichtlich der Wohnsituation verändert, aber die fürsorgende Eltern-Kind-Beziehung ist weitgehend unverändert geblieben.

▶ **Wandel zweiter Ordnung.** Es sind Veränderungen geschehen, die das System selbst ändern.
  Beispiel: Veras gleichaltriger Kommilitone Markus hat die Entscheidung für sein Studienfach gegen den Wunsch seiner Eltern durchgesetzt. Deswegen kam es in der Vergangenheit häufig zu Auseinandersetzungen. Heute haben Markus und seine Eltern „Frieden geschlossen" und können ihre unterschiedlichen Standpunkte besser akzeptieren. Ein Wandel zweiter Ord-

nung: Das Rollenverständnis der Eltern und des erwachsenen Sohns sowie die Kommunikationsregeln in der Familie haben sich verändert.

Interne Erfahrungsmodelle: Der Einzelne im System

Aus psychologischer Sicht ist nicht nur zu fragen, welche gemeinsamen Regeln, Vorstellungen und Erwartungshaltungen (Familienmythen) in einer Familie existieren, sondern auch, wie die einzelnen Familienmitglieder sich selbst in dieses Bild einordnen. Die Wahrnehmungen und Bewertungen eines Familienmitgliedes können der kollektiven Familienrealität entsprechen, aber auch von ihr abweichen. Schneewind (2005) bezeichnet die individuellen Einschätzungen der Familienmitglieder als „interne Erfahrungsmodelle". Hier wird einmal mehr deutlich, dass eine systemische Betrachtungsweise der Familie immer den Blick auf unterschiedlichen Systemebenen umfassen sollte: Familienmitglieder sind nicht nur Elemente eines Familiensystems, sondern zugleich auch autonom denkende und handelnde Subjekte.

Dieser grundlegende Gedanke ist in der psychosozialen Praxis z. B. immer da relevant, wo die individuelle Verantwortlichkeit und/oder die Autonomie eines Klienten im Vordergrund stehen. So ist es z. B. in der therapeutischen Arbeit mit gewalttätigen Ehemännern zunächst wichtig, deren individuelle Sichtweisen, Motive und Verhaltensmuster zu bearbeiten. Ein wichtiges Ziel ist dabei, die Verantwortungsübernahme des Täters für sein Handeln zu erreichen. Eine Paartherapie, die (im Sinne zirkulärer Kausalität) die wechselseitige Bedingtheit des Verhaltens beider Ehepartner in den Mittelpunkt stellt, würde eine solche Verantwortungsübernahme eher behindern.

2.3 Der Beitrag des Konstruktivismus

Die Systemtheorie wird heute oft in einem Atemzug mit dem Konstruktivismus genannt. Manchmal werden konstruktivistische Konzepte sogar als Teil der Systemtheorie betrachtet. Dies ist zwar nicht ganz korrekt, doch gibt es einerseits zahlreiche gemeinsame Grundpositionen, andererseits eine Reihe integrativer Modelle und Theorien. In jedem Falle hat der Konstruktivismus eine außerordentlich wichtige Bedeutung für die moderne Familiensystemtheorie erlangt.

Der Konstruktivismus stammt ursprünglich aus der Philosophie und steht für eine bestimmte erkenntnistheoretische Position, die zentrale Frage lautet: „Wie wirklich ist die Wirklichkeit?" Der Kommunikationspsychologe Paul Watzlawick gibt hierauf folgende Antwort: Das, was wir für Wirklichkeit halten, ist nichts anderes als ein subjektives Konstrukt! Jeder Mensch konstruiert sich seine eigene subjektive Realität – die sich durchaus von der subjektiven Realität anderer Personen unterscheiden kann. So kann z. B. eine bestimmte Situation oder eine bestimmte Person von zwei Beobachtern sehr unterschiedlich wahrgenommen werden. Allerdings sind für die Konstruktion von Realität auch kollektive Prozesse bedeutsam: In der Kommunikation mit anderen Personen (dem so genannten „sozialen Referenzsystem") werden Wirklichkeitskonstruktionen überprüft, rekonstruiert und reproduziert. Realität kann daher im Sinne des Konstruktivismus auch als kollektive Sicht der Wirklichkeit aufgefasst werden, die von unterschiedlichen Personen akzeptiert wird (vgl. Watzlawick, 2005).

Der Grundgedanke des **Konstruktivismus** besagt, dass Realität nicht objektiv gegeben ist, sondern von erkennenden Subjekten subjektiv hergestellt, also „konstruiert" wird.

In diesem Zusammenhang ist Autopoeisis ein zentraler Begriff im Konstruktivismus. Wörtlich aus dem Griechischen übersetzt bedeutet Autopoeisis Selbst-Erschaffung. Der Soziologe Niklas Luhmann definiert Autopoeisis als „strukturierende Selbstorganisation selbstreferenzieller Systeme". Das bedeutet z. B., dass eine Person (als personales System) ihre Identität durch ein Netzwerk von Handlungen, Interaktionen, Beziehungen und deren Deutung selbst konstruiert (Luhmann & Baecker, 2006).

Für die Familienpsychologie ist wichtig, dass auch Familienrealität nicht objektiv gegeben ist: Einerseits konstruieren die einzelnen Familienmitglieder ihre subjektive Sicht der Familiensituation und der Familienbeziehungen. Andererseits gibt es in der Regel eine gemeinsame, von allen Familienmitgliedern weitgehend akzeptierte Familienrealität. Diese wird kollektiv durch Kommunikation in der Familie ständig produziert bzw. reproduziert. Die kollektive Familienrealität stellt somit ebenfalls ein „soziales Konstrukt" dar. Die gemeinsame Familienrealität wirkt sich nachhaltig auf das Erleben und Verhalten der einzelnen Familienmitglieder aus. Aber auch umgekehrt gilt: Wenn sich diese kollektiv konstruierte Familienrealität verändert, verändert sich sehr wahrscheinlich auch die Wahrnehmung und das Verhalten der einzelnen Familienmitglieder.

Konstruktivistische Konzepte gelten bei vielen Studierenden und interessierten Laien als schwer zugängliche theoretische Materie. Dabei ist der Konstruktivismus für die psychosoziale Praxis durchaus relevant, und für Beratung und Psychotherapie können eine Reihe ganz konkreter Handlungsempfehlungen abgeleitet werden. So sollten professionelle Helfer

▶ sich darüber im Klaren sein, dass ihre eigene Sicht (eines Klienten, einer Problematik etc.) eine subjektive Wirklichkeitskonstruktion ist,

▶ sich bemühen, die subjektive Realität und das Referenzsystem des Klienten zu verstehen und zu akzeptieren,

▶ nicht versuchen, ihren Klienten alternative Sichtweisen aufzuzwingen, denn die Veränderungsmotivation muss vom Klienten selbst kommen.

Professionelle Helfer sollten Hilfe- und Unterstützungsangebote danach konzipieren und überprüfen, ob sie im Hinblick auf die subjektive Realität von Klienten „anschlussfähig" sind. Lösungsvorschläge, Interventionsmaßnahmen und Hypothesen müssen nicht wahr, sondern nützlich sein. Sie sollten im Zuge des Hilfeprozesses immer wieder hinterfragt und ggf. angepasst werden.

Zusammenfassung

▶ Die Familiensystemtheorie ist einer der wichtigsten theoretischen Ansätze in der modernen Familienpsychologie. Familien können als „intime Beziehungssysteme" betrachtet werden. Die Familienmitglieder sind in diesem System durch Kommunikation und emotionale Bindungen miteinander verbunden.

▶ Aus systemischer Sicht lassen sich unterschiedliche Systemebenen unterscheiden, die einander umschließen wie die Schalen einer Zwiebel. Die Perspektive der Familiensystemtheorie beinhaltet die Möglichkeit, je nach Kontext personale, interpersonale und systemische Zusammenhänge zu betrachten.

► Systemisches Denken heißt keineswegs, dass wir uns auf die Betrachtung einer einzigen Systemebene beschränken! Vielmehr sollte eine multiperspektivische systemische Sichtweise mehrere unterschiedliche Systemebenen berücksichtigen.

► Die Familiensystemtheorie rückt die Familie als Ganzes in den Mittelpunkt der Betrachtung („Eine Familie ist mehr als die Summe ihrer Mitglieder").

► Die Familiensystemtheorie beschreibt vielfältige Formen von familiären Selbstorganisations- und Rückkoppelungsprozessen. Familiensysteme sind meist sehr anpassungsfähig im Hinblick auf Veränderungen, die die Familie betreffen. Anpassung bedeutet, dass sich das Familiensystem wandelt, statt zu zerbrechen.

► Die Familiensystemtheorie beinhaltet den Paradigmenwechsel von einer linearen zu einer zirkulären Auffassung von Kausalität. Zirkuläre Kausalität bedeutet, dass der Kommunikationsprozess in der Familie im Mittelpunkt des Interesses steht. Darüber hinaus werden Familienprozesse als multifaktoriell bedingte, interaktionelle Phänomene begreifbar.

► In Familiensystemen gibt es positive und negative Rückkoppelungsprozesse. Bei der positiven Rückkoppelung bedingt sich das Verhalten der Interaktionspartner wechselseitig (Teufelskreis; Tendenz zur Eskalation). Bei der negativen Rückkoppelung tragen die Interaktionspartner dazu bei, dass sich eine Deeskalationsdynamik etablieren kann (Engelskreis).

► Der Konstruktivismus hat wichtige Grundlagen zur modernen Familiensystemtheorie beigetragen, vor allem die Auffassung, dass die Familienrealität nichts „objektiv" Gegebenes ist, sondern subjektiv von den Familienmitgliedern gemeinsam konstruiert bzw. reproduziert wird. Konstruktivistische Konzepte spielen heute in familienpsychologischen Praxisfeldern wie z. B. der systemischen Familienberatung eine wichtige Rolle.

Praxisübung

Der ratlose Vater[1]

Der Vater des 11-jährigen Hans ist ratlos. Immer wieder frisst Hans etwas aus. Mal macht er in einem Supermarkt Fensterscheiben kaputt, bald klaut er irgendwo etwas, bald ist er in eine Schlägerei verwickelt. Immer wenn der Vater davon erfährt, reagiert er ganz entsetzt und streng: „Aus Dir wird noch ein Verbrecher – wenn Du so weitermachst, kommst Du in ein Heim!" Der Sohn hingegen fühlt sich von niemand geliebt und anerkannt; er fühlt sich von den Erwachsenen als krimineller Problemfall abgestempelt. Der Schulpsychologe hat dem Vater bei einem Elterngespräch geraten, sich an eine Erziehungsberatungsstelle zu wenden.

Der Vater ist als Fernfahrer tätig und deswegen unter der Woche oft unterwegs. Seine Frau – die Mutter von Hans – ist vor zwei Jahren bei einem Verkehrsunfall ums Leben gekommen. Seit dem Tod seiner Mutter lebt Hans bei den Großeltern, die ihn sehr liebevoll umsorgen. Der Vater meint aber auch, wahrscheinlich ließen sie ihm zu viel durchgehen.
Bitte stellen Sie sich vor, Sie sind als Berater/in in der Erziehungsberatungsstelle tätig. In der wöchentlichen Teambesprechung wird der oben skizzierte Fall vorgestellt. Die Teilnehmer der Teambesprechung werden gebeten, Erklärungsmöglichkeiten und Hypothesen für das Problemverhalten von Hans zu sammeln und zu diskutieren.

---

[1] Die Idee für das Fallbeispiel stammt von Schulz von Thun, F. (2002): Miteinander Reden/Bd. 2. Reinbek: Rowohlt (S. 35 ff.). Dort finden Sie auch weiterführende systemtheoretische und kommunikationspsychologische Analysen.

- ► Welche individuellen Ursachen könnte das Problemverhalten von Hans haben (personale Perspektive)?
- ► Welche Rolle könnte die Vater-Sohn-Beziehung für das Problemverhalten von Hans haben (interpersonelle Perspektive)? Welcher Teufelskreis ist vorstellbar?

- ► Wie könnte das Problemverhalten von Hans im Familiensystem aus systemtheoretischer Sicht erklärt werden?
- ► Welche Ideen haben Sie im Hinblick auf die Beratungsstrategie in diesem Fall? Welche Interventionen würden Sie vorschlagen?

Prüfungsfragen und Denkanstöße

(1) Nennen Sie drei wichtige Systemebenen, die bei der Analyse von Familienproblemen betrachtet werden können!
Warum ist eine multiperspektivische systemische Sichtweise in der psychosozialen Praxis hilfreich?

(2) Welche expliziten und welche impliziten Familienregeln gibt es in Ihrer eigenen Familie? Wie wirken sich diese auf das familiäre Zusammenleben aus?

(3) Bitte erläutern Sie anhand eines eigenen Beispiels, wie sich in einem Teufelskreis Verhaltensweisen von Familienmitgliedern gegenseitig bedingen, verstärken oder aufrechterhalten!

(4) Was ist – bezogen auf Familiensysteme – unter einem Wandel erster Ordnung und einem Wandel zweiter Ordnung zu verstehen?

(5) Welche Handlungsempfehlungen für die psychosoziale Praxis lassen sich aus dem Konstruktivismus ableiten?

Weiterführende Literatur

- ► Schneewind, K.A. (2005). Familienpsychologie (2. Auflage). Stuttgart: Kohlhammer.
„Der Schneewind" ist mittlerweile ein Klassiker der deutschsprachigen Literatur zum Thema Familienpsychologie. Im 3. Kapitel werden theoretische Grundlagen dargestellt; dabei geht der Autor u. a. auf die Familiensystemtheorie ein.
- ► Strunk, G. & Schiepank, G. (2007). Systemische Psychologie. München: Elsevier.
Dieses Buch kann Studierenden empfohlen werden, die sich intensiv mit dem Wesen nichtlinearer Systeme beschäftigen wollen. Es eröffnet dem Leser ein differenziertes Verständnis für eine systemische Perspektive naturwissenschaftlichen und speziell psychologischen Denkens.

- ► Watzlawick, P. (2005). Wie wirklich ist die Wirklichkeit? Wahn, Täuschung, Verstehen (6. Auflage). München: Piper.
Der Autor erläutert anhand anschaulicher Beispiele die Sichtweise des radikalen Konstruktivismus: Erst unser Geist schafft die Realität, in der wir leben. Diese These wird durch Erkenntnisse der modernen Hirnforschung und Psychologie untermauert.

3 Familienentwicklung

Was Sie in diesem Kapitel erwartet

„An den Kindern merkt man, wie die Zeit vergeht!"
Mit dieser Redewendung drücken viele Menschen ihre
Verwunderung darüber aus, wie stark sich die Kinder
von Verwandten oder Freunden seit ihrem letzten Besuch verändert haben. Zugleich wird ihnen oft bewusst, dass die Zeit auch an ihnen selbst nicht spurlos
vorüber gegangen ist. Nicht nur die Kinder, sondern
auch alle anderen Familienmitglieder werden ja älter
und verändern sich ständig. Im Lauf der Jahre müssen
Familien viele Veränderungen und Übergänge gemeinsam meistern. Dabei wandeln sich auch die Beziehungen zwischen Eltern und Kindern, unter Geschwistern,
zu Großeltern und Enkeln etc. in typischer Weise. Im
folgenden Kapitel werden wir diese familiären Entwicklungsprozesse genauer unter die Lupe nehmen. Es gibt
verschiedene Familienphasen, in denen die Familienmitglieder mit charakteristischen Anforderungen konfrontiert sind. Veränderungen im Familiensystem stellen die
verschiedenen Generationen einer Familie vor unterschiedliche Entwicklungsaufgaben. Ob und wie diese gemeinsam bewältigt werden können, hängt auch von den Ressourcen, Stärken und Kompetenzen einer Familie ab.

3.1 Familienphasen und Familienentwicklungsaufgaben

Die Mitglieder einer Familie leben in der Regel über viele Jahre hinweg zusammen. In dieser
Zeit werden Partner, Eltern, Kinder und Geschwister älter und verändern sich körperlich und
psychisch. Am augenfälligsten sind die Wachstums- und Entwicklungsprozesse bei Kindern und
Jugendlichen. Aber auch im Erwachsenenalter finden noch viele Veränderungen statt (Faltermaier et al., 1999). Darüber hinaus wandeln sich die Familienbeziehungen und die Familienrollen im Lauf der Zeit. Diese Veränderungen der Familie, ihrer Mitglieder und ihrer Beziehungen
zueinander sind Gegenstand der Familienentwicklungstheorie.

Der Ausgangspunkt der Theorie ist folgender: Wenn man Familien über einen längeren Zeitraum hinweg beobachtet, kann man immer wieder sehr ähnliche Phänomene und Verhaltensmuster feststellen. Denn trotz der Vielfalt moderner Familienformen gibt es typische Familienphasen, die in ähnliche Abfolge auftreten. Im Verlauf ihres Zusammenlebens müssen sich die
Familienmitglieder mit typischen Anforderungen auseinandersetzen, die man als Familienentwicklungsaufgaben bezeichnet.

Definition

Der **Familienlebenszyklus** setzt sich aus verschiedenen
Familienphasen zusammen, die zeitlich aufeinander
folgen. In Abhängigkeit von der jeweiligen Familienphase sind die Familienmitglieder mit typischen Familienentwicklungsaufgaben konfrontiert. Familienentwicklungsaufgaben sind Anforderungen, die Familienmitglieder im Lauf des Familienlebenszyklus gemeinsam bewältigen müssen.

In Analogie zu den individuellen Entwicklungsaufgaben einer Person (Havighurst, 1972) lassen
sich drei unterschiedliche Quellen von Familienentwicklungsaufgaben unterscheiden:

▶ **körperliche Veränderungen**, z. B. Pubertät, Schwangerschaft, Pflegebedürftigkeit, auf die sich
die Familienmitglieder einstellen müssen;

▶ **gesellschaftliche Erwartungen**, z. B. normative Vorstellungen über Elternrollen, Berufstätigkeit und Kindererziehung;

▶ **individuelle Wünsche und Ziele** der Familienmitglieder, wie z. B. im Hinblick auf eine gerechte Aufteilung der Familienarbeit zwischen Mutter und Vater.

Das bekannteste Familienentwicklungsmodell stammt von Carter und McGoldrick (1989). In diesem Modell wird der gesamte Familienlebenszyklus von der Familienbildung bis zu ihrer Auflösung beschrieben. Insgesamt werden sechs Familienphasen unterschieden, in denen die Familienmitglieder mit charakteristischen Familienentwicklungsaufgaben konfrontiert sind. Weil sich dabei die Familienrollen und Beziehungen qualitativ verändern, bedeutet dies einen Wandel zweiter Ordnung im Familiensystem. In Tabelle 3.1 sind die unterschiedlichen Familienphasen und die zugehörigen Familienentwicklungsaufgaben dargestellt.

Tabelle 3.1. Familienphasen und Familienentwicklungsaufgaben (Carter & McGoldrick, 1989). Die dargestellten Familienphasen (Stufe 1 bis 6) sind normative Veränderungen im Familienlebenszyklus

Phasen im Familienlebenszyklus	Familienentwicklungsaufgaben
Alleinstehende junge Erwachsene (Stufe 1)	▶ Selbstdifferenzierung in Beziehungen zur Herkunftsfamilie ▶ Entwicklung intimer Beziehungen zu Gleichaltrigen ▶ Eingehen eines Arbeitsverhältnisses und finanzielle Unabhängigkeit
Die Verbindung von Familien durch Heirat (Stufe 2)	▶ Bildung des Ehesystems ▶ Neuorientierung der Beziehungen mit den erweiterten Familien und Freunden, um den Partner einzubeziehen
Familien mit jungen Kindern (Stufe 3)	▶ Anpassung des Ehesystems, um Raum für ein Kind bzw. Kinder zu schaffen ▶ Koordinierung von Aufgaben der Kindererziehung, des Umgangs mit Geld und Haushaltsführung ▶ Neuorientierung der Beziehungen mit der erweiterten Familie, um Eltern- und Großelternrollen mit einzubeziehen
Familien mit Jugendlichen (Stufe 4)	▶ Veränderungen der Eltern-Kind-Beziehungen, um Jugendlichen zu ermöglichen, sich innerhalb und außerhalb des Familiensystems zu bewegen ▶ Neue Fokussierung auf die ehelichen und beruflichen Themen der mittleren Lebensspanne ▶ Hinwendung auf die gemeinsame Pflege und Sorge für die ältere Generation
Nachelterliche Phase (Stufe 5)	▶ Neuaushandeln des Ehesystems als Zweierbeziehung ▶ Entwicklung von Beziehungen mit Erwachsenenqualität zwischen Kindern und Eltern ▶ Neuorientierung der Beziehungen, um Schwiegersöhne/-töchter und Enkelkinder einzubeziehen ▶ Auseinandersetzung mit Behinderungen und Tod von Eltern (Großeltern)
Familien im letzten Lebensabschnitt (Stufe 6)	▶ Aufrechterhalten des Funktionierens als Person und Paar angesichts körperlichen Verfalls ▶ Unterstützung einer zentralen Rolle der mittleren Generation ▶ Im System Raum schaffen für die Weisheit und Erfahrung der Alten; Unterstützung der älteren Generation, ohne sich zu stark für sie zu engagieren ▶ Auseinandersetzung mit dem Tod des Partners, dem Tod von Geschwistern und anderen Gleichaltrigen sowie die Vorbereitung auf den eigenen Tod. Lebensrückschau und Integration

3.2 Nicht-normative Familienentwicklungsaufgaben

Das Modell des Familienlebenszyklus orientiert sich am traditionellen Leitbild eines Ehepaars mit Kindern. Die beschriebenen Familienentwicklungsaufgaben sind normativ – sie ergeben sich aus den typischen Anforderungen und Übergängen, die ein solches Paar im Lauf der Jahre meistern muss. Doch was ist mit Familien, die nicht diesem normativen Familienbild entsprechen? So sind z. B. allein erziehende Eltern, Patchworkfamilien oder Pflegefamilien zum Teil mit ähnlichen, zum Teil aber auch mit anderen Anforderungen als „normale" Familien konfrontiert. Aufgrund der Vielfalt moderner Familienformen muss das Modell des Familienlebenszyklus für nicht-traditionelle und alternative Familien erweitert werden.

Definition

Nicht-normative Familienentwicklungsaufgaben sind familiäre Anforderungen, die durch atypische Umstände oder Ereignisse im familiären Zusammenleben bedingt sind. Sie sind oft besonders schwierig zu meistern, weil biographische Vorbilder in der eigenen Familiengeschichte fehlen.

So haben Carter & McGoldrick (1989) ihr Basismodell um nicht-normative Familienentwicklungsaufgaben erweitert, die in Familien nach einer Scheidung zu bewältigen sind. Analog dazu lassen sich auch für weitere alternative Familienformen nicht-normative Familienentwicklungsaufgaben herleiten:

▶ **Eltern nach einer Scheidung.** Der alleinerziehende Elternteil steht vor der Herausforderung, Kindererziehung und Berufstätigkeit ohne die Unterstützung eines Ehepartners zu koordinieren. Eltern ohne das Sorgerecht müssen hingegen lernen, eine positive Beziehung zu ihren Kindern zu gestalten, auch wenn sie sie ggf. nur jedes zweite Wochenende sehen. Beide Elternteile müssen trotz ihrer Trennung und ihrer Konflikte lernen, eine förderliche Elternkoalition aufrecht zu erhalten.

▶ **Patchworkfamilien.** Bei einer erneuten Heirat nach einer Scheidung müssen die Familiengrenzen erweitert werden. Der neue Partner, dessen Kinder und ggf. weitere Personen müssen in das bestehende Familiensystem integriert werden. Alle Beteiligten stehen vor der Herausforderung, eine konstruktive bzw. erträgliche Form des Zusammenlebens und der Beziehungsgestaltung zu finden.

▶ **Regenbogenfamilien.** Gleichgeschlechtliche Eltern (queer families) haben eine Vielzahl nicht-normativer Familienentwicklungsaufgaben zu bewältigen. Neben den Schwierigkeiten, die die praktische Realisierung des Kinderwunsches aufwerfen kann, sind rechtliche und organisatorische Hindernisse zu überwinden. Weitere Probleme können Skepsis und fehlende Unterstützung in der eigenen Herkunftsfamilie oder auch des sozialen Umfelds sein. Nicht nur schwule bzw. lesbische Eltern, sondern auch ihre Kinder müssen lernen, mit Vorurteilen und stigmatisierenden Erfahrungen umzugehen.

▶ **Familien mit einem behinderten Kind.** Wenn ein Kind geistig oder körperlich behindert ist, bedeutet dies viele Einschränkungen und zusätzliche Anforderungen für die Eltern. Je nach Art und Schweregrad der Behinderung müssen sie damit rechnen, dass ihr Kind auf ihre Unterstützung angewiesen ist, so lange sie leben (permanente Elternschaft). Anders als andere Eltern können sie nicht auf Traditionen und Vorbilder aus der eigenen Herkunftsfamilie zurückgreifen, um sich zu orientieren. Der Familienalltag muss deswegen in einem mühsamen Prozess ganz neu erfunden werden.

▶ **Familien mit einem psychisch kranken Elternteil.** Eine psychische Erkrankung (z. B. Depression, Schizophrenie) bringt große Belastungen für die Partner und die Kinder des Betroffenen mit sich. Das Zusammenleben kann vor allem in akuten Erkrankungsphasen sehr schwierig sein. Für die Paarbeziehung bedeutet die Erkrankung auf Dauer eine immense Belastung. Der gesunde Partner übernimmt viele Aufgaben und Verantwortlichkeiten des erkrankten Elternteils. Die Definition der Paarbeziehung kann sich dadurch grundlegend verändern. Auch die Kinder müssen oft sehr belastende Erfahrungen verarbeiten und früher Verantwortung übernehmen als Kinder in anderen Familien (Jungbauer & Lenz, 2008).

3.3 Familienentwicklung aus systemischer Sicht

Aus der Systemtheorie wissen wir, dass sich Familiensysteme immer als Ganzes verändern. Familienentwicklung ist somit ein Prozess, der alle Familienmitglieder betrifft. Der Psychotherapeut Jürg Willi hat das gemeinsame und aufeinander bezogene Wachstum von Paaren und Familienmitgliedern als „Ko-Evolution" bezeichnet (Willi, 2007). Damit ist gemeint, dass individuelle Entwicklungsprozesse im Zusammenhang mit den Entwicklungen der anderen Familienmitglieder stattfinden. Familienentwicklungsaufgaben ergeben sich in der Regel an bestimmten Übergängen im Familienlebenszyklus (z. B. Geburt von Kindern, Einschulung, „empty nest", Krankheit und Tod eines Familienmitglieds). Sie müssen gemeinsam bewältigt werden, aber zugleich stellen sie unterschiedliche Anforderungen an Partner, Geschwister, Eltern, Kinder und Großeltern.

Wenn wir also familiäre Veränderungen systemisch verstehen wollen, müssen wir die Perspektiven aller beteiligten Familienmitglieder berücksichtigen. Sehr häufig handelt es sich hierbei um Generationenperspektiven. So kann z. B. die Ablösung Jugendlicher vom Elternhaus aus zwei unterschiedlichen Blickwinkeln betrachtet werden: Jugendliche stehen vor der Herausforderung, emotional und finanziell unabhängig von den Eltern zu werden und ihren eigenen Weg zu gehen. Die Eltern der Jugendlichen müssen es hingegen schaffen, diesen Abnabelungsprozess zuzulassen und zu unterstützen. Sie müssen nicht nur lernen loszulassen, sondern sie sollten optimalerweise den Ablösungsprozess ihrer Kinder aktiv unterstützen. Diese beiden Generationenperspektiven des Ablösungsprozesses werden in der amerikanischen Fachliteratur als „leaving" bzw. „launching" bezeichnet (Arnett, 2004).

Die Erkenntnis, dass Familienentwicklungsaufgaben aus (mindestens) zwei unterschiedlichen Perspektiven betrachtet werden müssen, führt uns zu einer differenzierteren Sichtweise des Familienlebenszyklus. In Anlehnung an Überlegungen von Schneewind (2005) können wir Familienphasen sowohl aus Sicht der Elterngeneration als auch aus Sicht der Kindergeneration beschreiben (vgl. Tabelle 3.2). Prinzipiell ist natürlich auch die Berücksichtigung weiterer Generationen und Familienbeziehungen möglich.

3.4 Die Bewältigung von Belastungen im Familienlebenszyklus

Biographische Übergänge und Veränderungen im Verlauf des Familienlebenszyklus sind zum Teil positiv und erwünscht, zum Teil aber auch negativ und belastend für alle Familienmitglieder. Hinzu kommt, dass manche Familienereignisse ambivalent erlebt werden und emotional

Tabelle 3.2. Familienentwicklungsaufgaben aus Sicht von Eltern und Kindern. Die Anforderungen, die Eltern und Kinder bewältigen müssen, sind unterschiedlich, stehen aber in einem engen Verweisungszusammenhang

Familienphasen	Familienentwicklungsaufgaben	
	Perspektive der Eltern ⇔	**Perspektive der Kinder**
Eltern mit Babys/ Kleinkindern	▶ Anpassung an triadische Familienbeziehung ▶ Neudefinition der Paarbeziehung ▶ Reorganisation des beruflichen und privaten Alltags	▶ Beziehungsaufbau zu unterschiedlichen Betreuungs- und Bindungspersonen ▶ Anpassung an die Abläufe und Gegebenheiten des Familienalltags
Eltern mit Vorschulkindern	▶ Bildung einer funktionsfähigen Elternkoalition ▶ Entwicklung einer erzieherischen Grundhaltung ▶ Ausbalancieren von Freiräumen und Grenzen in der Erziehung	▶ Erlernen familiärer Spielregeln und Normen ▶ Ertragen einer zeitweiligen Trennung von den Eltern (Kindergarten) ▶ Aktive Beziehungsgestaltung zu unterschiedlichen Familienmitgliedern
Eltern mit Schulkindern	▶ Bereitstellung von Möglichkeiten zu Eigeninitiative und Lernen ▶ Zulassen und Fördern zunehmender Autonomie der Kinder	▶ Ausdifferenzierung des Selbstkonzepts im Kontext der Familie und peer-group ▶ Ausdehnen der eigenen Beziehungen auf extrafamiliäre Sozialkontakte
Eltern mit Jugendlichen	▶ Unterstützung der Kinder bei der Identitäts- und Autonomieentwicklung ▶ Toleranz und Kompromissbereitschaft bei differierenden Wünschen und Zielen	▶ Emotionale Unabhängigkeit von den Eltern ▶ Identitätsentwicklung in Abgrenzung zu bzw. Identifikation mit den Eltern
Eltern mit jungen erwachsenen Kindern	▶ Kinder loslassen, Loslösung der Kinder unterstützen (launching) ▶ Bewältigung der empty-nest-Situation ▶ Entwicklung von Eltern-Kind-Beziehungen mit Erwachsenenqualität	▶ Räumliche und materielle Ablösung von den Eltern (leaving) ▶ Entwicklung von Beziehungen zu den Eltern mit Erwachsenenqualität
Alte Eltern mit erwachsenen Kindern	▶ Anforderungen der Großelternschaft ▶ Abgeben familiärer Verantwortung an die nächste Generation ▶ Akzeptieren von Betreuung und Pflege durch die Kinder („Rollenumkehr")	▶ Übergang zu eigener Elternschaft ▶ Verstärkte Übernahme familiärer Verantwortung ▶ Koordination von Kindererziehung, Berufstätigkeit und Pflege der alten Eltern

gesehen sowohl positive als auch negative Aspekte haben. Die Familienpsychologie interessiert sich besonders dafür, wie Familien mit belastenden Ereignissen und Problemen umgehen.

Wenn man verstehen will, wie Belastungen in Familien verarbeitet und bewältigt werden, ist es in einem ersten Schritt nützlich, objektive und subjektive Belastungsaspekte zu unterscheiden. In Anlehnung an die psychologische Stresstheorie (vgl. Kaluza, 2004) können wir Familienstressoren und Familienstress beschreiben.

Familienstressoren sind potenziell belastende Ereignisse und Veränderungen, die im Verlauf des Familienlebenszyklus auftreten. Die damit verbundene emotionale Belastung im Familiensystem wird als **Familienstress** bezeichnet. Inwieweit Familienstress auftritt, hängt von der Belastungsverarbeitung der Familienmitglieder ab.

Familienstressoren können sehr unterschiedlicher Art sein. Potenziell belastend für die Familie können z. B. folgende Ereignisse sein:

▶ Geburt des ersten Kindes
▶ Arbeitslosigkeit eines Elternteils
▶ Essstörung einer Tochter
▶ Trennung/Scheidung
▶ Auszug des jüngsten Kindes (empty nest)
▶ Pflegebedürftigkeit eines Familienmitglieds.

Diese Beispiele machen deutlich, dass manche Familienstressoren normativ und erwartbar sind (z. B. Veränderungen durch die Geburt eines Kindes). Daneben gibt es aber auch Belastungsfaktoren, die überraschend auftreten und die Familie unvorbereitet treffen (z. B. schwere Erkrankung eines Familienmitglieds).

Inwieweit Familienstress entsteht, hängt nicht primär von der Art des Stressors, sondern von der kollektiven Belastungsverarbeitung in der Familie ab. Dabei ist entscheidend, wie die Familienmitglieder den jeweiligen Stressor subjektiv erleben und bewerten. Im Sinne des Konstruktivismus sind dabei individuelle und familiäre Situationsdeutungen relevant:

▶ Wie bedrohlich wird das Ereignis wahrgenommen?
▶ Welche Auswirkungen befürchten die Familienmitglieder für sich selbst und die Familie?
▶ Wie werden diese Auswirkungen bewertet?
▶ Welche Möglichkeiten werden gesehen, mit dem Problem fertig zu werden?
▶ Wie zuversichtlich sind die Familienmitglieder, die belastende Situation zu meistern?

Für die Verarbeitung und Bewältigung von Belastungen spielen auch familiäre Ressourcen eine wichtige Rolle. Damit sind die Stärken, Fähigkeiten und positiven Eigenschaften der Familienmitglieder gemeint, aber auch soziale Kontakte und finanzielle Möglichkeiten.

Familiäre Ressourcen sind Kompetenzen, positive Eigenschaften und materielle Möglichkeiten, die dazu beitragen, dass belastende Ereignisse und Übergänge im Familienlebenszyklus besser bewältigt werden.

Je mehr Ressourcen in einem Familiensystem vorhanden sind, desto größer ist die Wahrscheinlichkeit, dass Belastungen erfolgreich gemeistert werden können. Auch familiäre Ressourcen können sehr unterschiedlicher Art sein, z. B.

- ▶ gute Kontakte zu Familienmitgliedern und Freunden
- ▶ robuste Gesundheit
- ▶ positive Lebenseinstellung, Humor
- ▶ Bildung, intellektuelle Fähigkeiten
- ▶ glückliche Paarbeziehung
- ▶ soziale Kompetenzen
- ▶ aktive, „zupackende" Grundhaltung; Willensstärke
- ▶ finanzielle Rücklagen
- ▶ eigene Wohnung.

In der modernen psychosozialen Praxis spielen ressourcenorientierte Ansätze eine wichtige Rolle. Ressourcenorientiertes Arbeiten bedeutet, dass Klienten und Familien in ihren vorhandenen Fähigkeiten und Stärken unterstützt werden, damit sie Probleme und Belastungen möglichst selbstständig und aus eigener Kraft meistern können. Diese Grundhaltung wird auch als „Empowerment" bezeichnet (Herriger, 2006). In der konkreten Arbeit mit Klienten bedeutet Ressourcenorientierung, dass nicht in erster Linie Belastungen, Probleme und Defizite thematisiert werden, sondern Ziele, vorhandene Möglichkeiten und eigene Kompetenzen der Problemlösung.

Beispiel

Ressourcenorientierte Beratungsstrategie: Der Kompetenzdialog

Der Kurzzeittherapeut de Shazer beschreibt eine Beratungsmethode (2003), die er „Kompetenzdialog" nennt. Dabei wird zunächst erarbeitet, was das Ziel der Klienten ist. Die Schritte zur Erreichung dieses Ziels sollen erreichbar, konkret und positiv formuliert sein. Es wird also nicht thematisiert, was im Moment belastend und problematisch für den Klienten oder die Familie ist, sondern wie ein positiver Zustand aussehen sollte. Beispielsweise äußert ein Klient, dessen Ehepartnerin vor kurzem verstorben ist, den Wunsch, wieder aktiver am Leben teilzunehmen und einer sinn-vollen Tätigkeit nachzugehen. Im zweiten Schritt werden Ressourcen gesammelt, die für die Erreichung des Ziels bedeutsam sein könnten. So könnte z. B. zusammengetragen werden, was der Klient in seinem bisherigen Leben als sinnhaft und ausfüllend erlebt hat. Die Biographie des Klienten wird dabei unter der positiven Perspektive des „Lebensgelingens" (Herriger, 2006) betrachtet. Der letzte Schritt bringt aktuelle Wünsche und lebensgeschichtliche Erfahrungen zusammen, indem besprochen wird, welche Ressourcen des Klienten für das formulierte Ziel genutzt werden können.

Der Münchner Familienpsychologe Klaus Schneewind hat eine weitere Differenzierung von Stressoren und Ressourcen vorgeschlagen, indem er horizontale und vertikale Ebenen unterscheidet, auf denen diese angesiedelt sind. Die horizontale Ebene bezieht sich auf Ereignisse im zeitlichen Verlauf des Familienlebenszyklus, die vertikale Ebene auf bestehende bzw. gewachsene Strukturen:

- ▶ **Vertikale Stressoren** sind bestehende ungünstige oder belastende Faktoren, z. B. die Behinderung eines Kindes, die chronische Erkrankung eines Elternteils, konflikthafte Familienbeziehungen oder geringe Problemlösekompetenzen in der Familie.
- ▶ **Vertikale Ressourcen** sind bestehende günstige Faktoren, z. B. eine robuste Gesundheit, eine stabile Partnerschaft, Unterstützung durch Freunde und Eltern, eine aktive Lebenseinstellung oder eine gesicherte finanzielle Situation.
- ▶ **Horizontale Stressoren** sind belastende Ereignisse im Familienlebenszyklus, z. B. Arbeitslosigkeit eines Familienmitglieds, Trennung/Scheidung, schwere Erkrankungen.

► **Horizontale Ressourcen** sind positive Ereignisse, die sich förderlich auf das Familiensystem auswirken, z. B. Kennenlernen neuer Freunde, Umzug in eine behindertengerechte Wohnung, Partner nimmt Elternzeit etc.

Unter Zugrundlegung dieser Unterscheidung hat Schneewind (2002) ein integratives Familienentwicklungsmodell vorgelegt. In diesem Modell werden alle bislang in diesem Buch dargestellten theoretischen Konzepte der Familienpsychologie zusammengeführt: Die Familiensystemtheorie, die Familienentwicklungstheorie und das Konzept der familiären Stressoren und Ressourcen.

Zusammenfassung

► Ungeachtet der Pluralität moderner Familienformen gibt es typische Familienphasen, die charakteristische Anforderungen und Rollenveränderungen mit sich bringen. Diese Abfolge der Familienphasen nennt man Familienlebenszyklus. Das bekannteste Modell des Familienlebenszyklus stammt von Carter und McGoldrick (1989) und beschreibt in sechs Stufen die Veränderungen des Beziehungssystems von seiner Entstehung bis zu seiner Auflösung.

► Die familiären Anforderungen, die im Familienlebenszyklus bewältigt werden müssen, werden als Familienentwicklungsaufgaben bezeichnet. Diese sind durch körperliche Veränderungen, gesellschaftliche Erwartungen und individuelle Ziele der Familienmitglieder bedingt.

► Normative Familienentwicklungsaufgaben entstehen bei häufigen, erwartbaren Übergängen und Ereignissen (z. B. Elternschaft, Eintritt in den Kindergarten, Auszug der erwachsenen Kinder). Nicht-normative Familienentwicklungsaufgaben sind durch atypische familiäre Umstände oder Ereignisse bedingt (z. B. Betreuung eines behinderten Kindes, Beziehungsgestaltung in Patchworkfamilien). Sie sind oft schwierig zu meistern, weil sich die Familienmitglieder nicht an biographischen Vorbildern oder Traditionen orientieren können.

► Das gemeinsame und aufeinander bezogene Wachstum von Paaren und Familienmitgliedern nennt man Ko-Evolution. Aus systemischer Sicht ist es notwendig, bei familiären Übergängen die Perspektiven aller beteiligten Familienmitglieder und Generationen zu berücksichtigen. Familienentwicklungsaufgaben sollten immer aus mindestens zwei Blickwinkeln betrachtet werden (z. B. Gegenüberstellung der Elternperspektive und der Kinderperspektive).

► Die Entstehung und Bewältigung familiärer Belastungen lässt sich durch das Zusammenwirken objektiv und subjektiv bestehender Faktoren erklären: Wenn Familienmitglieder einen gegebenen familiären Stressor (z. B. Pflegebedürftigkeit eines Elternteils) als bedrohlich bewerten und ihre Bewältigungsmöglichkeiten als nicht ausreichend einschätzen, erleben sie dies als emotional belastenden Familienstress.

► Familiäre Ressourcen sind Fähigkeiten, Eigenschaften und Möglichkeiten, die dazu beitragen, dass familiäre Belastungen besser gemeistert werden können (z. B. soziale Unterstützung; Optimismus; finanzielle Rücklagen). Je mehr Ressourcen in einem Familiensystem vorhanden sind, desto wahrscheinlicher ist es, dass Familienstress erfolgreich bewältigt wird.

► In der modernen psychosozialen Praxis wird eine ressourcenorientierte Grundhaltung gefordert. In Beratungsgesprächen und bei der Planung von Hilfemaßnahmen ist es oft nützlich, positive Ziele, vorhandene Möglichkeiten und Kompetenzen der Klienten zu thematisieren. Der Begriff „Empowerment" steht dabei für das Primat der „Hilfe zur Selbsthilfe": Klienten und Familien sollen darin unterstützt werden, ihre vorhandenen oder verschütteten Ressourcen zu nutzen, um ihr Geschick in die eigene Hand zu nehmen.

Sollen wir ein Pflegekind aufnehmen?

Helmut und Susanne sind seit 12 Jahren verheiratet. Sie sind beide Lehrer und leben in finanziell gesicherten Verhältnissen. Seit langem wünschen sie sich Kinder, doch Susanne wurde einfach nicht schwanger. Jetzt, wo sie beide Ende 30 sind, denken sie über Alternativen nach. Eine Freundin brachte sie auf die Idee, ein Pflegekind aufzunehmen und später eventuell zu adoptieren. Nun wollen sie sich konkret hinsichtlich dieser Möglichkeit informieren und beraten lassen. Bei der Sozialarbeiterin des Jugendamts erfahren sie Folgendes:

Die Unterbringung bei Pflegeeltern ist juristisch gesehen eine Hilfe zur Erziehung. Sie ist dann vorgesehen, wenn die leiblichen Eltern nicht in der Lage sind, ihr Kind alleine zu erziehen. Viele dieser Kinder stammen aus schwierigen sozialen Verhältnissen; oft haben sie sehr belastende Erfahrungen hinter sich. Pflegefamilien werden vom Jugendamt ausgewählt, unterstützt und

regelmäßig überprüft. Die leiblichen Eltern behalten meist das Sorgerecht. In der Regel haben sie die Möglichkeit, zu vereinbarten Terminen ihr Kind in der Pflegefamilie zu besuchen. Einer Adoption durch die Pflegeeltern müssen sie zustimmen, selbst wenn ihnen das Sorgerecht entzogen wurde. Während der gesamten Dauer des Pflegeverhältnisses werden sowohl die leiblichen Eltern als auch die Pflegefamilie vom Jugendamt betreut. Im Rahmen regelmäßiger Hilfeplangespräche mit allen Beteiligten wird die weitere Gestaltung der Hilfe besprochen.

▶ Welche Argumente sprechen dafür, dass Helmut und Susanne Pflegeeltern werden?

▶ Mit welchen Problemen müssen Helmut und Susanne rechnen, wenn sie ein Pflegekind aufnehmen?

▶ Welche nicht-normativen Familienentwicklungsaufgaben müssen die beteiligten Personen (Pflegeeltern, leibliche Eltern, Kinder) bewältigen?

Prüfungsfragen und Denkanstöße

(1) Welche Phasen des Familienlebenszyklus unterscheiden Carter und McGoldrick?

(2) Welche Familienentwicklungsaufgaben sind in Familien mit Jugendlichen (16 bis 18 Jahre) zu bewältigen? Bitte berücksichtigen Sie bei Ihren Überlegungen die Perspektiven unterschiedlicher Generationen!

(3) Welche nicht-normativen Familienentwicklungsaufgaben müssen von den Familienmitgliedern bewältigt werden, wenn ein Elternteil psychisch krank ist (z. B. Depression)?

(4) Welche Ressourcen gibt es in Ihrer eigenen (Herkunfts-)Familie? Gab es einmal ein belastendes Ereignis oder eine schwierige Familienphase, bei deren Bewältigung diese Ressourcen wichtig waren?

Weiterführende Literatur

▶ Herriger, N. (2006). Empowerment in der Sozialen Arbeit: Eine Einführung (3. Aufl.). Stuttgart: Kohlhammer.
Dieses Buch bietet eine leicht verständliche Einführung in Theorie und Praxis des Empowerment in der Sozialen Arbeit. Zahlreiche ressourcenorientierte Methoden werden praxisnah und ausführlich vorgestellt.

▶ Willi, J. (2007). Die Kunst gemeinsamen Wachsens: Ko-Evolution in Partnerschaft, Familie und Kultur. Freiburg: Herder.
In diesem Grundlagenwerk stellt der Autor sein Konzept der Ko-Evolution umfassend dar. Nicht nur in Partnerschaft und Familie, sondern prinzipiell in allen sozialen Systemen findet unter günstigen Bedingungen gemeinsames Wachstum statt. Dies wird in einem Prozess des Dialogs und der Auseinandersetzung möglich, zu dem auch Abgrenzung und Widerstand gehören.

4 Der Übergang zur Elternschaft

Die Geburt eines Kindes wird meist als sehr beglückendes, ja überwältigendes Ereignis erlebt. So berichtet eine junge Mutter ihrer Freundin mit leuchtenden Augen: „Die Geburt unserer Tochter ist das größte Glück, das ich in meinem bisherigen Leben erfahren habe!" Doch ein Baby verändert auch die gesamte Lebenssituation der Partner. Wenn Paare Eltern werden, ist dies biographisch und psychologisch gesehen ein tiefer Lebenseinschnitt – mit positiven und negativen Folgen. Im folgenden Kapitel werden wir den Übergang zur Elternschaft auf unterschiedlichen Beschreibungsebenen beleuchten. Schwangerschaft und Geburt sind zunächst mit enormen körperlichen Veränderungen der Frau verbunden. Deshalb betrachten wir den Übergang zur Elternschaft zunächst aus biologischer Sicht. Psychologisch ist vor allem die Frage interessant, wie die beiden Partner Schwangerschaft und Elternschaft emotional verarbeiten. Auf der sozialen bzw. systemischen Beschreibungsebene interessieren wir uns für Veränderungen von Rollen und Beziehungen in der Paarbeziehung und in der Familie. Schließlich fragen wir, welche professionellen Unterstützungsangebote beim Übergang zur Elternschaft sinnvoll bzw. notwendig sind, z. B. von Seiten der Geburtshilfe und Medizin, von Psychologen und Sozialarbeitern bzw. Sozialpädagogen.

4.1 Schwangerschaft und Geburt als biologischer Prozess

Entwicklungsperioden in der Schwangerschaft

Aus biologischer Sicht können vielfältige körperliche Entwicklungs- und Veränderungsprozesse beschrieben werden, die im Verlauf einer Schwangerschaft sowie während und nach der Geburt eines Kindes auftreten. Mediziner unterscheiden drei Entwicklungsphasen während einer Schwangerschaft, die jeweils etwa drei Monate dauern. Diese Phasen werden als (Schwangerschafts-)Trimester bezeichnet.

Erstes Trimester. Die Frühschwangerschaft (bis zur 12. Schwangerschaftswoche/SSW) geht mit starken körperlichen und hormonellen Umstellungen einher. Obwohl die Schwangerschaft für Außenstehende noch nicht sichtbar ist, arbeitet der Organismus auf Hochtouren, um sich den körperlichen Veränderungen anzupassen. Die Schwangere bemerkt zunächst erste Schwangerschaftszeichen wie Brustspannen, Übelkeit, abnorme Essgelüste, verändertes Geschmacksempfinden und auch äußerliche Veränderungen an ihrem Körper. Einige Frauen leiden auch über längere Zeit hinweg unter körperlichen Beschwerden wie Übelkeit und Müdigkeit. Der Stoffwechsel der Schwangeren ist allgemein beschleunigt (z. B. erhöhte Atem- und Pulsfrequenz). Erst gegen Ende des 1. Trimesters nimmt der Bauchumfang zu.

Zweites Trimester. Das 2. Schwangerschaftstrimester umfasst den Zeitraum von der 13. bis zur 28. SSW. Die Schwangerschaft wird nun auch für Außenstehende erkennbar. Der Bauch rundet sich zusehends. Bis zum Ende des 2. Trimesters beträgt die Gewichtszunahme der Schwangeren ungefähr 6 kg. Bei einigen Frauen zeigen sich erste Schwangerschaftsstreifen, Rückenschmerzen und Krampfadern können sich bemerkbar machen. Die Bewegungen des Kindes im Mutterleib sind inzwischen deutlich zu spüren und zum Teil auch zu sehen.

Drittes Trimester. In den letzten Schwangerschaftswochen (29. bis 40. SSW) nimmt die Schwangere nochmals erheblich an Körperumfang zu. Das Gewicht steigert sich durchschnittlich um weitere fünf Kilogramm. Die inneren Organe werden nach oben gedrückt. Häufig treten körperliche Beschwerden auf, wie z. B. Kurzatmigkeit, Erschöpfung, häufiges Wasserlassen, Sodbrennen und Schlafstörungen. Gegen Ende der Schwangerschaft setzen leichte Schwangerschafts- und Senkwehen ein, die mit einem kurzen, meist schmerzfreien Hartwerden des Bauches einhergehen.

Gestationszeit und pränatale Entwicklung

Während der Zeitabschnitt zwischen Zeugung und Geburt bei der Mutter Schwangerschaft genannt wird, heißt die pränatale Entwicklungsperiode beim Kind Gestationszeit.

Definition

Die **Gestationszeit** ist die Entwicklungszeit des Kindes im Mutterleib. Sie beträgt durchschnittlich 40 Wochen, gerechnet ab der letzten Monatsblutung (p. m. = post menstruationem). In den ersten acht Wochen wird der menschliche Keim als Embryo, danach als Fötus bezeichnet.

Bei einer Gestationszeit unter 37 Wochen p. m. spricht man von einer Frühgeburt; hingegen werden Kinder mit einer Gestationszeit von mehr als 42 Wochen p.m. als Spätgeburt bezeichnet. Diese Kinder werden in der Regel „geholt", d. h. die Geburt wird mit Hilfe von Hormonen künstlich eingeleitet.

Embryonalphase. Die Entwicklung von einer befruchteten Eizelle zu einem Embryo verläuft sehr schnell. Bereits acht Wochen nach der Befruchtung ist ein Organismus entstanden, der schon eindeutig menschliche Züge aufweist. Am relativ großen Kopf kann man deutlich die Entstehung von Augen, Ohren, Nase und Mund beobachten. Auch Arme und Beine, ja sogar die Ansätze für Finger und Zehen sind zu erkennen (Mietzel, 2002). Das Herz schlägt bereits seit der achten Woche. Zu Beginn des dritten Schwangerschaftsmonats sind bereits alle Organe vorhanden und funktionsfähig. Die ersten Knochenzellen haben sich gebildet, und ein einfaches Gehirn ist entstanden.

Fötalphase. Ein 13 Wochen alter Fötus wiegt etwa 28 Gramm und ist 7,5 cm lang. Zu diesem Zeitpunkt wird das kleine Lebewesen zunehmend aktiv. Arme und Beine können bewegt, der Mund geöffnet und geschlossen werden. Außerdem zeigt der Fötus Reaktionen auf äußere Reize (z. B. Geräusche). Ab der 16. Woche nehmen Muskeltonus und Bewegungen des Fötus deutlich zu. Am Ende des zweiten Schwangerschaftstrimesters sind die Organe soweit ausgereift, dass die Hälfte der Kinder, die in der 25. bis 28. Schwangerschaftswoche auf die Welt kommen, überleben können (Körpergewicht 500 bis 800 Gramm). Mit den Mitteln der modernen Neonatalmedizin haben frühgeborene Kinder etwa ab der 27. Woche eine Überlebenschance außerhalb des Mutterleibs. Allerdings ist das Risiko für eine Behinderung erhöht, und zwar umso deutlicher, je größer der Abstand zum errechneten Geburtstermin ist.

In den letzten drei Monaten der Gestationszeit wächst der Fötus noch einmal erheblich. Wegen der zunehmenden Enge im Mutterleib nimmt die motorische Aktivität des Kindes ab, bleibt aber immer deutlich spürbar. Bei einem normalen Schwangerschaftsverlauf erblickt ein Baby etwa 266 Tage nach der Empfängnis „das Licht der Welt". Mitteleuropäische Neugeborene sind bei termingerechter Geburt 51 bis 54 cm groß und wiegen 3,0 bis 3,5 kg.

Risiko Fehlgeburt. Zwischen 10 % und 30 % aller Schwangerschaften enden mit einer Fehlgeburt (Abort). Je nach Verlauf der Schwangerschaft wird dann zwischen einer frühen Fehlgeburt (bis zur 12. SSW) und der späten Fehlgeburt (bis zur 25. SSW) unterschieden. Eine Fehlgeburt kann sehr unterschiedliche Gründe haben, z. B. genetische Defekte des Embryos, mütterliche Infektionen, hormonelle Störungen oder Fehlbildungen der Gebärmutter bzw. der Plazenta. Über die Hälfte der frühen Aborte beruht wahrscheinlich auf Fehlentwicklungen des Embryos. Biologisch gesehen ist es eine durchaus sinnvolle Reaktion des Körpers, eine nicht lebensfähige Frucht abzustoßen. Eine Fehlgeburt macht sich typischerweise durch vaginale Blutungen und das Einsetzen von Wehen bemerkbar. Die Blutungen sind aber auch der Grund dafür, dass eine große Zahl von Fehlgeburten in der Frühschwangerschaft nicht erfasst wird, weil sie als verspätete, sehr starke Monatsblutungen angesehen werden. Das Risiko für eine Fehlgeburt nimmt im Lauf der Schwangerschaft stark ab: Während es in den ersten acht Wochen noch ca. 15 % beträgt, verringert es sich bis zur 17. Schwangerschaftswoche auf ca. 3 %.

Die Geburt

Die Dauer einer Geburt ist sehr variabel. Sie beträgt durchschnittlich 13 Stunden für Erstgebärende und 8 Stunden für Frauen, die bereits ein Kind geboren haben. Diese Zeiten beziehen sich auf die medizinische Definition, nach der eine Geburt mit der Eröffnung des Muttermundes beginnt. Aus der subjektiven Perspektive der Eltern dauert die Geburt aber meist viel länger, weil sie bereits die ersten Wehen als Geburtsbeginn wahrnehmen. Aus medizinischer Sicht wird der Geburtsvorgang in mehrere Phasen unterteilt.

Eröffnungsphase. Die Geburt beginnt mit unregelmäßigen Eröffnungswehen (vier bis sechs Wehen pro Stunde). Die Wehen haben zur Folge, dass sich der Muttermund öffnet und das Köpfchen des Säuglings in den Geburtskanal geschoben wird. Die Fruchtblase platzt im Verlauf der Eröffnungsphase. Im weiteren Verlauf erhöht sich die Wehenfrequenz bis auf zwei bis drei Wehen innerhalb von 10 Minuten.

Übergangsphase. Das letzte Drittel der Eröffnungsphase wird oft als eigenständige Phase betrachtet. In dieser sog. Übergangsphase nimmt die Wehenfrequenz zu, die Kontraktionen werden stärker und die Schmerzen intensiver. Das Köpfchen des Kindes muss sich in dieser Phase um ca. 90 Grad in den Geburtskanal drehen, um durch das Becken der Mutter zu gelangen.

Austreibungsphase. Wenn der Muttermund vollständig geöffnet ist und das Köpfchen des Kindes richtig liegt, beginnt die Austreibungsphase. Dabei beginnt die Gebärende, unter Anleitung der Hebamme zu pressen. Die Presswehen sind besonders schmerzhaft und kräfteraubend. Manchmal kann in dieser Phase ein Dammschnitt nötig sein. Wenn das Köpfchen geboren ist, geht die restliche Geburt sehr schnell. Meist wird das neugeborene Baby auf den Bauch der Mutter gelegt, wo es nach einigen Minuten abgenabelt wird. Kurz nach der Geburt wird außerdem eine Neugeborenendiagnostik durchgeführt. Dabei wird der so genannte APGAR-Index des Babys bestimmt, um eventuelle Entwicklungsrisiken festzustellen.

Nachgeburtsphase. Das letzte Stadium der Geburt ist die Nachgeburtsphase. Dabei wird die Plazenta (Nachgeburt) ausgestoßen. In Abhängigkeit von Stärke und Dauer der Nachgeburtswehen dauert sie im Schnitt 10 bis 30 Minuten. In manchen Fällen ist eine Ausschabung zur Verhinderung von Komplikationen notwendig.

Psychologisch gesehen ist die Geburt für beide Eltern eine extreme Stresssituation. Vor allem die Frau ist starken körperlichen und psychischen Belastungen ausgesetzt. Subjektiv erlebt die Gebärende starke Schmerzen, existentielle Angst und Hilflosigkeitsgefühle. In dieser Situation kann es außerordentlich hilfreich sein, wenn der Partner bei der Geburt dabei ist. Heute nehmen zwischen 80 und 90 % der Partner an der Geburt teil (Petzold, 2008). Es gibt viele empirische Belege dafür, dass sich die Anwesenheit des Vaters positiv auf das Stresserleben der Gebärenden auswirkt – sofern es von beiden Partnern gewünscht wird. Die Anwesenheit des Vaters ist also nicht per se günstig, sondern es sollte individuell entschieden werden, ob der Vater dabei sein soll oder nicht.

4.2 Der Übergang zur Elternschaft aus psychologischer Sicht

Elternschaft als Familienentwicklungsaufgabe

Aus Sicht der Familienentwicklungstheorie markiert die Geburt des ersten Kindes den Beginn einer neuen Familienphase (vgl. Carter & McGoldrick, 1989). Der Übergang zur Elternschaft ist mit vielen neuen Erfahrungen, Anforderungen und Belastungen verbunden. Die Familienpsychologin Gabriele Gloger-Tippelt hat in einer umfassenden Studie untersucht, wie Paare ihre veränderte Lebenssituation wahrnehmen (Gloger-Tippelt, 2005). Dabei zeigte sich, dass die Geburt des ersten Kindes fast immer als tiefer biographischer Einschnitt erlebt wird. Interessant ist aber auch, dass die Elternschaft und das Leben mit Kind sehr unterschiedlich bewertet werden. Zunächst sehen viele Väter und Mütter die Elternschaft ohne Einschränkungen positiv:

▶ „Die Geburt war ein Wunder, das Kind ist wie ein Geschenk für uns!"
▶ „Der Kleine bereitet uns jeden Tag neue Freude!"

Andere Eltern erleben dagegen ambivalente Gefühle. Neben positiven und beglückenden Erfahrungen werden auch negative Aspekte des Eltern-Seins beschrieben:

▶ „Das Baby ist toll, aber es kostet uns auch unendlich viel Kraft!"
▶ „Wenn der Kleine lächelt, ist der ganze Stress vergessen."

Schließlich gibt es auch Eltern, die sich vor allem kritisch äußern und negative Bewertungen in den Vordergrund stellen:

▶ „Ich finde es total anstrengend, weil die Kleine soviel schreit."
▶ „Seit das Baby da ist, streiten wir uns nur noch."

Zusammenfassend lässt sich festhalten, dass die Geburt des ersten Kindes die Lebenssituation eines Paars von Grund auf verändert. Wie diese Veränderungen subjektiv erlebt, bewertet und wie sie Außenstehenden gegenüber dargestellt werden, kann im Einzelfall sehr unterschiedlich sein. Fest steht jedoch: Neben beglückenden Erfahrungen bringt der Übergang zur Elternschaft auch viele emotionale und praktische Anforderungen mit sich, deren Bewältigung zu einer wichtigen gemeinsamen Entwicklungsaufgabe des Paars wird.

Ein psychologisches Phasenmodell

Das bekannteste psychologische Phasenmodell des Übergangs zur Elternschaft stammt von Gloger-Tippelt (1988; 2005). Sie hat eine große Zahl von werdenden Eltern befragt und charakteristische Phasen des Übergangs herausgearbeitet.

Verunsicherungsphase. Die Frühschwangerschaft (bis zur 12. SSW) geht mit starken körperlichen Umstellungen und einem oft eingeschränkten Wohlbefinden einher. Viele schwangere

Frauen leiden unter körperlichen Beschwerden (Übelkeit, Müdigkeit etc.) und hormonell bedingten Stimmungsschwankungen. Die Schwangere ist emotional sehr labil, was auch den Partner verunsichern oder aggressiv machen kann. Viele Partner erleben innere Ambivalenzen: Will ich das Kind wirklich? Will ich das Kind mit diesem Partner? Ist jetzt der richtige Zeitpunkt dafür? Das Ausmaß der Verunsicherung ist unter anderem abhängig davon, ob die Schwangerschaft geplant bzw. erwünscht war. Aber auch bei einer Wunschschwangerschaft treten Ambivalenzen auf. Außerdem machen sich die Partner vielfach Sorgen, ob die Schwangerschaft normal verläuft bzw. inwieweit das Risiko einer Fehlgeburt besteht. Beide Partner fühlen sich anfangs sehr unsicher im Hinblick auf die eigene Kompetenz als zukünftige Eltern. Insgesamt sind die Partner in der Verunsicherungsphase stark mit sich selbst beschäftigt.

Anpassungsphase. Zwischen der 12. und 20. SSW tritt bei der Frau meist eine physische und psychische Gewöhnung an die Schwangerschaft auf. Bei beiden Partnern lassen Ängste und negative Stimmungen nach, und es kommt zunehmend zu einer Akzeptanz und positiven Bewertung der Schwangerschaft. Vorsorgeuntersuchungen (z. B. Ultraschalluntersuchungen, Herztöne etc), an denen zum Teil auch der Partner teilnimmt, tragen dazu bei, dass sich die Eltern ihr Kind konkreter vorstellen können. Hierzu tragen auch erste von außen wahrnehmbare Körperbewegungen des Babys bei (ab 18. SSW). In der Anpassungsphase bildet sich bei beiden Partnern ein Selbstkonzept als „schwangere Frau/künftige Mutter" bzw. als „künftiger Vater" heraus. Dies sind soziale Rollen, die den Partnern psychologische Sicherheit geben. Nach dem Bekanntwerden der Schwangerschaft werden diese Rollen auch vom sozialen Umfeld unterstützt. Gloger-Tippelt sieht in der „offiziellen" Mitteilung der Schwangerschaft (Familienangehörige, Freunde, Arbeitgeber) den wesentlichen symbolischen Schritt der Anpassungsphase.

Konkretisierungsphase (20. bis 32. SSW). Die Zeit um den 6. oder 7. Monat herum wird häufig als „schönste" Phase der Schwangerschaft bezeichnet. Das Allgemeinbefinden der Frau und die Stimmung des Paars sind in dieser Zeit oft sehr gut. Dadurch wird die positive Einstellung zu Schwangerschaft und Elternschaft weiter gefördert. Auch die neue Mutter- bzw. Vaterrolle wird immer weiter ins Selbstkonzept integriert. In Tagträumen und Phantasien stellen die zukünftigen Eltern sich als Mütter bzw. Väter vor und antizipieren bestimmte (meist positive) Situationen mit ihrem Kind. Die zunehmend deutlich spürbaren Bewegungen des Fötus erinnern an die bevorstehende Geburt und bieten Anlass zu konkreten Planungen und Handlungen im Hinblick auf ein Leben mit Baby. Die Partner überlegen vielleicht, ob sie in eine größere Wohnung oder eine andere Gegend umziehen sollen, die Berufstätigkeit umorganisieren sollen, wer wann in Elternzeit geht etc.

Antizipations- und Vorbereitungsphase. In der letzten Schwangerschaftsphase (32. SSW bis Geburt) nehmen die körperlichen und psychischen Beschwerden wieder zu. Die Frau fühlt sich nicht mehr „wohl in ihrer Haut", ihre körperliche Erscheinung weicht maximal vom gewohnten Körperschema ab (maximale Bauchdehnung, Nabel tritt hervor, Gang verändert sich, eingeschränkte Beweglichkeit). Je näher der errechnete Geburtstermin rückt, desto häufiger treten diesbezügliche Sorgen und Ängste auf. Um sich sicherer zu fühlen und der Geburt nicht hilflos ausgeliefert zu sein, nehmen viele Partner an Geburtsvorbereitungskursen teil. In den letzten Wochen ist das Alltagserleben der Partner stark von der bevorstehenden Geburt geprägt. Häufig sind konkrete Vorbereitungen für die Geburt und das Baby (z. B. Anschaffung von Babykleidung und -zubehör, Erkundung des Fahrwegs zur Klinik, Packen der „Geburts-Tasche").

Nach der Geburt beschreibt Gloger-Tippelt drei weitere Phasen.

Überwältigungsphase (bis ca. 2. Lebensmonat): Die Eltern sind in den ersten Wochen völlig absorbiert von den Umstellungen, die der Alltag mit dem Baby mit sich bringt. Nach der Geburt wird oft eine Phase körperlicher und psychischer Erschöpfung erlebt. Viele Eltern haben intensive Glücksgefühle (Baby-Flitterwochen), doch noch wesentlich häufiger sind postpartale Stimmungskrisen nach der Entbindung.

Definition

Postpartale Stimmungskrisen sind psychische Krisen, die viele Mütter unterschiedlich stark ausgeprägt nach der Geburt erleben. Bei 50–80 % aller Frauen tritt in den ersten zwei Wochen nach der Entbindung ein postpartales Stimmungstief (Baby-Blues) auf. Die Frauen sind dann einige Zeit emotional sehr labil und haben „nahe am Wasser gebaut". Die Symptome ver schwinden meist innerhalb von Tagen. Manchmal entwickelt sich aber eine postpartale Depression (Wochenbettdepression), die über mehrere Monate anhält. Es können auch in den ersten drei Wochen postpartale Angstzustände auftreten, z. B. irrationale Ängste um das Baby oder die Angst, Anforderungen und Verantwortung der Elternschaft nicht gewachsen zu sein.

Viele Eltern sind zunächst unsicher im Umgang mit ihrem Baby. Sie müssen ihr Kind erst kennen lernen, sich an einen völlig neuen Alltagsrhythmus gewöhnen und mit vielen ungewohnten Tätigkeiten vertraut werden. So muss z. B. die Mutter erst lernen, wie und wann sie günstigerweise stillen sollte, der Vater, welche Windeln er einkaufen soll, wie er das Baby am besten hält, wickelt und anzieht etc. Insgesamt müssen die Eltern in dieser Phase ein Maximum an neuen Anforderungen und Informationen verarbeiten.

Phase der Umorientierung. In der Zeit bis zum 6. Lebensmonat etablieren sich neue Pflege- und Versorgungsroutinen im Familienalltag. Häufig findet eine verstärkte Rollendifferenzierung in der Partnerschaft statt, weil sich die beiden Partner für bestimmte Familientätigkeiten „zuständig" fühlen oder dies so vereinbaren. In der Regel setzt die Mutter beruflich aus und kümmert sich um das Baby, während der Vater weiterhin berufstätig ist und den Lebensunterhalt der Familie sicherstellt. Beide Partner gewinnen in dieser Zeit eine größere Sicherheit bezüglich ihrer Elternrolle. Sie haben zunehmend das Gefühl zu wissen, was man als Mutter bzw. Vater tun und können sollte, und fühlen sich diesen Aufgaben gewachsen.

Gewöhnungsphase (ca. ab 6. Lebensmonat). Nach etwa einem halben Jahr fühlen sich die Eltern schon relativ sicher und entspannt im Alltag mit ihrem Baby. Sie sind inzwischen sehr vertraut mit den individuellen Bedürfnissen und Reaktionsweisen des Kindes. In den ersten Monaten der Elternschaft ist die Basis einer intensiven emotionalen Bindung zwischen Eltern und Kind entstanden. Gegen Ende des ersten Lebensjahres ist die Elternrolle meist schon sehr stabil im Selbstkonzept und in der Paarbeziehung integriert.

Zu dem Modell von Gloger-Tippelt ist anzumerken, dass die beschriebenen Phasen von sehr vielen, aber durchaus nicht von *allen* Paaren durchlebt werden. Aus unterschiedlichen biologischen oder psychosozialen Gründen kann der Übergang zur Elternschaft auch ganz anders erlebt werden, etwa bei sehr starken und andauernden körperlichen Beschwerden während der Schwangerschaft, gravierenden Paarkonflikten oder finanziellen Notlagen. Dessen ungeachtet ist das Phasenmodell für die Praxis sehr brauchbar, weil es konkrete Anhaltspunkte für die Beratung von Paaren bereitstellt, die sich im Übergang zur Elternschaft befinden.

4.3 Veränderungen der Paarbeziehung durch die Elternschaft

Wenn Paare Eltern werden, erweitern sich die Grenzen des Familiensystems: Aus einer intimen Zweierbeziehung (Dyade) wird ein familiäres Beziehungsdreieck (Triade). Dies hat erhebliche Konsequenzen für den Alltag und die Paarbeziehung der „frischgebackenen" Eltern. Die bislang geltenden und funktionierenden Spielregeln des Zusammenlebens verändern sich sehr stark. Dies bezieht sich z. B. auf das Verhalten, die Kommunikation und die Rollen der Partner. In der Sprache der Familiensystemtheorie heißt dies, dass sich das Familiensystem neu organisiert – ein neues familiäres Gleichgewicht (Homöostase) muss gefunden werden. Dies ist mit vielfältigen Wandlungsprozessen erster und zweiter Ordnung verbunden, die naturgemäß auch die Partnerschaft betreffen. Der Münchner Familienpsychologe Wassilios Fthenakis und sein Team (2002) haben festgestellt, dass Elternschaft gravierende Folgen für eine Paarbeziehung nach sich zieht. In seiner Zusammenfassung des Forschungsstands kommt er zu dem Ergebnis, dass sich die Geburt des ersten Kindes in vieler Hinsicht negativ auf die Paarbeziehung der Eltern auswirkt.

Abbildung 4.1. Nach der Geburt des ersten Kindes muss sich ein neuer Familienalltag zu dritt einspielen. Die Eltern müssen lernen, die vielfältigen Aufgaben der Babypflege zu bewältigen und mehr und mehr Sicherheit in ihrer neuen Rolle als Mutter und Vater zu bekommen

Verstärkung der geschlechtsspezifischen Arbeitsteilung. Mit dem Übergang zur Elternschaft fallen viele Paare in traditionelle männliche und weibliche Rollenmuster zurück. Dies liegt u. a. daran, dass sich meist die Mutter um Baby und Haushalt kümmert, während der Vater weiterhin berufstätig ist. Bei kinderlosen Paaren sind die Wochenarbeitszeiten der Partner etwa gleich lang. Dies verändert sich nach der Geburt eines Kindes. Während sich die durchschnittliche Arbeitszeit von Müttern drastisch und oft dauerhaft verringert, sind Väter tendenziell sogar mehr berufstätig als vor der Geburt. Diese Aufteilung von Berufs- und Familienarbeit geht typischerweise auch mit veränderten Rollenerwartungen und einem veränderten Selbstverständnis der Partner einher. Psychologisch gesehen hat die Tendenz zur Traditionalisierung eine sinnvolle Bewältigungsfunktion: In einer Situation, die für beide Partner neu und verunsichernd ist, können traditionelle männliche und weibliche Rollen eine wichtige Orientierung darstellen. Die Veränderungsdynamik findet teils bewusst, teils unbewusst statt. Systemisch gesprochen finden dabei zirkuläre Interaktionsprozesse zwischen den Partnern statt, die eine Verstärkung der geschlechtsspezifischen Arbeitsteilung bedingen und aufrechterhalten.

Wer ist für die Babypflege zuständig?

Am Beispiel der Babypflege wird deutlich, dass elterliche Aufgaben oft geschlechtsspezifisch aufgeteilt werden. Meist übernimmt die Mutter im Alltag den größten Teil der Babypflege, wie z. B. das Wechseln der Windeln, Eincremen, Baden, Behandlung von wunden Stellen usw. Diese mütterliche „Zuständigkeit" kann natürlich Teil einer Vereinbarung zwischen den Partnern sein. Interessant ist, dass sich eine traditionelle Aufgabenteilung auch dann entwickeln kann, wenn die Partner dies ursprünglich gar nicht beabsichtigen. Ein Beispiel mag dies illustrieren: Andreas sieht sich als moderner Vater und erzählt allen Freunden, dass er sich „gleichberechtigt" an der Säuglingspflege beteiligen will. Allerdings fühlt er sich als Mann in diesen Dingen weniger erfahren und kompetent als seine Frau Corinna. Beim Baden und dem anschließenden Ankleiden des Babys geht Andreas etwas langsam und umständlich zu Werke. Corinna beobachtet die Bemühungen von Andreas mit einer Mischung aus Amüsiertheit und Ungeduld. Schließlich legt sie ihm die Hand auf die Schulter: „Komm, ich mach das – bei mir geht's einfach doch schneller!" Andreas fühlt sich bestätigt in seiner Inkompetenz: „Da haben wir's – ich hab einfach zwei linke Hände bei so was." Wahrscheinlich ist er künftig eher zurückhaltend, wenn das Baby gebadet oder gewickelt werden soll. Aber vielleicht ist er insgeheim auch erleichtert: „Na ja – ehrlich gesagt ist es mir so auch lieber. Soll doch jeder machen, was er am besten kann!" Möglicherweise stellt sich Andreas im Beisein von Corinna sogar besonders ungeschickt an, damit sie ihn rasch „erlöst" … Und Corinna? Vordergründig gibt sie sich milde enttäuscht über den Rückzieher von Andreas. Aber, wenn sie ganz ehrlich ist: Es wäre auch hart für sie gewesen, wenn Andreas das als Mann womöglich besser hinbekommen hätte als sie!

Veränderung des Selbstbildes. Der Übergang zur Elternschaft wirkt sich nachhaltig auf die Persönlichkeitsentwicklung der Partner aus. Die Familienrolle der Mutter bzw. des Vaters wird zunehmend in das eigene Selbstkonzept integriert. Diese Veränderung wirkt sich auf Einstellungen, Gefühle und Verhaltensweisen aus. So werden z. B. oft ganz neue Interessen entdeckt (z. B. der Besuch von Kinder-Flohmärkten), während frühere Hobbys und Aktivitäten in den Hintergrund treten. Auch die Beziehung zum Partner wird zunehmend unter dem Aspekt der Elternschaft gesehen – die Partner definieren sich nicht mehr nur als Paar, sondern mehr und mehr auch als „Team" bei der Kindererziehung und der Bewältigung des Familienalltags.

Veränderung der Paarkommunikation. Nach der Geburt eines Kindes verbringen die Partner im Durchschnitt weniger Zeit miteinander. Sie gehen seltener gemeinsamen Aktivitäten nach und reden weniger miteinander. Hingegen kommt es häufiger zu Verstimmtheiten und Streitigkeiten zwischen den Partnern. Insgesamt gesehen nimmt die Paarkommunikation nach der Geburt ab – quantitativ und qualitativ. Hierfür dürften unterschiedliche Gründe eine Rolle spielen. So ist die Pflege und Betreuung kleiner Kinder nicht nur zeitaufwendig, sondern auch psychisch und physisch anstrengend – im Alltag fehlt deswegen oft die Kraft, sich auch noch aufmerksam um den Partner zu kümmern. Konflikte können leichter auftreten, wenn die Stimmung gereizt, erschöpft oder unzufrieden ist. Nicht zuletzt sind manche Paaraktivitäten (Essen gehen, Kinobesuche, Hobbys etc.) mit Kind sehr viel schwieriger zu realisieren als ohne.

Beeinträchtigung von Sexualität und Nähe. „Seit die Kleine da ist, haben wir praktisch keinen Sex mehr." Dieser Stoßseufzer eines jungen Vaters illustriert ein häufiges Phänomen: Nach der Geburt nehmen Sexualität, Nähe und Zärtlichkeit zwischen den Partnern ab. Vor allem Frauen haben nach der Geburt wenig Lust auf Sex. Sie haben eventuell Schmerzen, fühlen sich müde, ausgelaugt oder unattraktiv. Auch die Anwesenheit kleinerer Kinder, die oft im gleichen Raum wie die Eltern schlafen, ist der Erotik oft abträglich. Die Abnahme der Paarkommunikation und die veränderte Selbstwahrnehmung als Mutter bzw. Vater tragen ebenfalls dazu bei, dass sich neue Bedürfnisse in der intimen Beziehung der Partner entwickeln.

Abnahme der Partnerschaftszufriedenheit. Insgesamt ist Elternschaft mit erheblichen Veränderungen, neuen Anforderungen und Belastungen für die Partner verbunden. Die Aufmerksamkeit und Kraft, die durch die Pflege und Betreuung von Kindern gebunden wird, geht auch zu Lasten der Paarbeziehung. Aus diesem Grund sind Paare mit kleinen Kindern im Durchschnitt weniger zufrieden mit ihrer Partnerschaft als gleich alte Paare ohne Kind. In Befragungen zeigt sich ferner, dass die Qualität der Paarbeziehung nach der Geburt eines Kindes deutlich abnimmt. Bei der Betrachtung dieses Forschungsergebnisses muss natürlich berücksichtigt werden, dass die oben beschriebenen Aspekte untereinander in engen Wechselbeziehungen stehen. So kann die Partnerschaftszufriedenheit aus unterschiedlichen Gründen abnehmen – z. B. wenn sich ein Partner vom anderen nicht genug unterstützt oder beachtet fühlt, sich in eine unliebsame Rolle gedrängt fühlt oder einfach sexuell frustriert ist. Diese Unzufriedenheit kann eine gereizte Atmosphäre im gemeinsamen Alltag des Paars bedingen, was sich wiederum negativ auf Intimität und Nähe auswirkt – ein „klassischer" Teufelskreis.

Elternschaft als positive Entwicklungschance

Die empirischen Befunde zur Verringerung der Partnerschaftsqualität und zu persönlichen Einschränkungen durch ein Leben mit Kind sind auf den ersten Blick recht ernüchternd. Doch dies ist nur die eine Seite der Medaille. Elternschaft darf keineswegs nur unter dem Aspekt der Belastung und des Verlustes gesehen werden! Wir müssen vielmehr auch die positiven Aspekte, subjektiven Gewinne und Entwicklungschancen berücksichtigen, die ein Leben mit Kindern mit sich bringt (vgl. Faltermaier et al., 2002; Gloger-Tippelt, 2005). Positive Aspekte der Elternschaft werden auf unterschiedlichen Systemebenen deutlich:

Individuelle Persönlichkeitsentwicklung. Eigene Kinder zu haben bedeutet für viele junge Menschen einen wichtigen Entwicklungsschritt im Hinblick auf „wirkliches" Erwachsen-Werden. Die Erfahrung, den vielfältigen Herausforderungen der Elternschaft gewachsen zu sein, wirkt sich positiv auf das Selbstbewusstsein aus. Mütter und Väter entwickeln ein hohes Maß an Flexibilität und Gelassenheit im Ungang mit kleineren und größeren „Katastrophen" und Auseinandersetzungen und lernen, komplexe Alltagsanforderungen bei der Koordination von Familie und Beruf zu bewältigen. So hat Elternschaft meist einen positiven Einfluss auf die individuelle Persönlichkeitsentwicklung der Eltern.

Sinnstiftung. Der emotionale Reichtum durch die Elternschaft wird manchmal erst in späteren Phasen des Familienzyklus erkannt. Vielen Eltern wird erst im Rückblick bewusst, wie viel sinnerfüllter, vielfältiger und fröhlicher ihr Leben durch den Alltag mit den Kindern geworden ist.

Chancen für die Partnerschaft. Paare erleben durch die gemeinsame Verantwortung für die Kinder Solidarität und gegenseitige Unterstützung. Die Partner definieren sich zunehmend auch über ihre elterliche Koalition. Die Erfahrung, auch in schwierigen Zeiten ein gutes Team zu sein, stärkt das Zusammengehörigkeitsgefühl der Partner.

Stärkung des Generationenzusammenhalts. Im Gesamtkontext des Familiensystems bewirkt Elternschaft oft eine Reintensivierung von Familienbeziehungen und -kontakten (Eltern, Geschwister). Nach der Geburt von Kindern nimmt der Kontakt zu den eigenen Eltern wieder zu, selbst wenn größere räumliche Entfernungen zu überwinden sind. Im Alltag übernehmen viele Großeltern Betreuungs- und Erziehungsaufgaben und stellen eine wichtige Unterstützungsressource für die Eltern dar. Aber auch aus Sicht der Kinder ist die Beziehung zu den Großeltern – insbesondere zur Großmutter – nachweislich sehr wichtig (Petzold, 1999).

4.4 Professionelle Hilfen beim Übergang zur Elternschaft

Wie kann der Übergang zur Elternschaft in der Praxis erleichtert werden? Welche professionellen Hilfeangebote sollten für „Neu-Eltern" bereitgestellt werden? Es ist sinnvoll, die emotionalen und lebenspraktischen Bedürfnisse der Partner sowohl während der Schwangerschaft als auch in der ersten Zeit nach der Geburt zu berücksichtigen. Das Phasenmodell von Gloger-Tippelt bietet eine Orientierung für die Konzeption geeigneter Beratungs- und Unterstützungsangebote.

Schwangerschaft. Sinnvolle Angebote sind neben der medizinischen Schwangerschaftsvorsorge unterschiedliche Vorbereitungsaktivitäten für beide Partner. Empfehlenswert ist insbesondere die Teilnahme an Geburtsvorbereitungskursen. Auch Seminare zum Erlernen von Atem- und Entspannungstechniken, Yoga, Kommunikationstrainings etc. werden oft als hilfreich erlebt. Psychologisch gesehen haben diese vorbereitenden Aktivitäten eine außerordentlich wichtige Bewältigungsfunktion: Sie helfen den Partnern, ihre Unsicherheit abzubauen und das Gefühl von Kontrolle wiederzuerlangen. Für viele Partner ist auch ein kontinuierlicher Beratungskontakt zur Hebamme bereits während der Schwangerschaft psychologisch günstig. Ein typisch sozialarbeiterischer Beratungsanlass ist eine Beratung zum Thema Elternzeit bzw. Elterngeld.

Geburt. Bei einer Beratung des Paars im Vorfeld der Geburt sollte geklärt werden, wie die Partner zur Anwesenheit des Vaters bei der Geburt stehen. Bei einer Entscheidung darüber sollten die Bedürfnisse der Partner und nicht normative Vorstellungen ausschlaggebend sein. Im Rahmen der Beratung kann auch abgewogen werden, welche Argumente für eine Geburt im Krankenhaus oder eine Alternative (Geburtshaus, Hausgeburt) sprechen. Dabei sollten Paare nicht zu einer bestimmten Entscheidung gedrängt werden; vielmehr sollten auch hier neben medizinischen Gründen die individuellen Bedürfnisse des Paars maßgeblich sein.

Unmittelbar nach der Geburt. Bei Erstgebärenden bzw. den Partnern ist eine Anleitung zum Stillen und zur Säuglingspflege sinnvoll. In Kliniken sollten alle Möglichkeiten eines Rooming-in ausgeschöpft werden, um den frühen Kontakt zwischen Mutter/Eltern und Kind zu gewährleisten. Ärztliche Untersuchungen des Babys nach der Geburt sollten in den ersten Wochen durch Hausbesuche der Hebamme ergänzt werden. Für Eltern, die sich z. B. aufgrund psychischer und/oder sozialer Probleme massiv überfordert fühlen, müssen zusätzliche Hilfen bereitgestellt werden (z. B. Haushaltshilfe; sozialpädagogische Familienhilfe; begleitete Elternschaft).

Erste Monate nach der Geburt. Die Eltern sollten dahingehend beraten und unterstützt werden, dass Termine für ärztliche Vorsorgeuntersuchungen und Beratungen (durch einen Kinderarzt) tatsächlich wahrgenommen werden. Für Eltern mit sog. „Schreibabys" ist die Konsultation einer spezialisierten Elternberatung (z. B. Schreiambulanz, Sozialpädiatrisches Zentrum) anzuraten. Häufig sind Stillgruppen oder Eltern-Baby-Gruppen günstig für die emotionale Bewältigung der Umstellungsphase nach der Geburt.

Erstes und zweites Lebensjahr. Im weiteren Verlauf dienen Angebote der Elternbildung dem Aufbau von Sicherheit und Erziehungskompetenz. So bietet z. B. das Prager Eltern-Kind-Programm (PEKiP) neben der individuellen Entwicklungsförderung der Kinder auch Raum für die Beratung und den Austausch der Eltern. Elterntrainings wie z. B. „Triple P" eignen sich durchaus bereits für Eltern von Säuglingen und Kleinstkindern, um frühzeitig Erziehungshaltungen und -kompetenzen zu verbessern. Daneben können – je nach Anliegen bzw. Informationsbedarf der Eltern – Seminarangebote zu spezifischen Themen der kindlichen Entwicklung sinnvoll sein (Ernährung, Schlafen, Impfen etc.).

Partnerschaftsprobleme durch den Übergang zur Elternschaft. Für solche Paare ist eine psychologische Paarberatung oder sogar eine Paartherapie zu erwägen. Für viele Paare ist es bereits entlastend, wenn sie ihre Schwierigkeiten als „normale" Folge einer fundamentalen Lebensveränderung begreifen können, statt sich gegenseitig zu beschuldigen. In einer Paarberatung können u. a. Möglichkeiten besprochen werden, wie die Partner im Alltag achtsamer miteinander umgehen und Nischen für positive Aktivitäten zu zweit schaffen können. Außerdem sollte die Beraterin die Partner immer wieder auf die positiven Aspekte der Elternschaft aufmerksam machen, jedoch ohne zu belehren oder die Probleme des Paars zu bagatellisieren.

Eltern von Risikokindern. Für Eltern von z. B. Frühgeborenen, Kindern mit niedrigem Geburtsgewicht oder niedrigem APGAR-Index und für Eltern behinderter Kinder (z. B. Down-Syndrom, Organ- oder Gliedmaßenfehlbildungen etc.) sind spezielle Unterstützungsangebote wichtig. Neben geeigneten Fördermaßnahmen (z. B. Krankengymnastik, Ergotherapie) ist eine kontinuierliche Beratung und Begleitung der Eltern wesentlich. Gegenstand der Elternberatung sind zunächst adäquate Informationen, z. B. über den Entwicklungsverlauf der Kinder, Therapiemöglichkeiten und den Umgang mit praktischen Alltagsproblemen. Daneben geht es immer auch um die emotionale Bewältigung der Elternschaft unter erschwerten Bedingungen. In diesem Zusammenhang können auch weiterführende Hilfeangebote sinnvoll sein, wie z. B. psychologische Beratung oder Selbsthilfegruppen für betroffene Eltern.

Zusammenfassung

▶ Um den Übergang zur Elternschaft angemessen zu verstehen und Hilfeangebote planen zu können, muss man biologische, psychologische und interpersonelle Veränderungsprozesse gleichermaßen berücksichtigen.

▶ Aus biologischer Sicht sind die vielfältigen körperlichen Umstellungen und Belastungen relevant, die mit Schwangerschaft und Geburt einhergehen. Besonders im ersten und dritten Schwangerschaftstrimester ist das Wohlbefinden vieler Frauen eingeschränkt. Die Geburt ist bei Erstgebärenden körperlich meist besonders belastend.

▶ Die Schwangerschaft und die Zeit nach der Geburt werden typischerweise als unterschiedliche Phasen durchlebt. Nach einer Verunsicherungsphase in der Frühschwangerschaft ist das zweite Schwangerschaftstrimester durch zunehmende psychische Anpassung gekennzeichnet. Mit dem Herannahen des Geburtstermins werden konkrete Vorbereitungen für die Entbindung und ein Leben mit Baby getroffen. Nach der Entbindung wird zunächst eine Phase der Erschöpfung erlebt. Neben Glücksgefühlen und Dankbarkeit erleben viele Frauen eine postpartale Stimmungskrise. Das Spektrum reicht von vorübergehenden depressiven Verstimmungen (Baby-Blues) über Angstzustände bis zu schweren Wochenbettdepressionen.

▶ In den Monaten nach der Geburt etabliert sich allmählich ein neuer Familienalltag zu dritt. Die Elternrolle wird zunehmend in das Selbstkonzept des Paars integriert. Häufig findet eine verstärkte Rollendifferenzierung in der Partnerschaft statt.

▶ Elternschaft wirkt sich stark auf den Beziehungsalltag eines Paars aus. Sehr häufig verändert sich die geschlechtsspezifische Rollenverteilung in eine traditionelle Richtung. Die neuen Familienrollen von Mutter bzw. Vater werden zunehmend in das Selbstbild der Partner integriert. Zugleich verbringen die Partner weniger Zeit zu zweit. Sie erleben weniger Intimität miteinander und sind häufig unzufriedener mit ihrer Partnerschaft als vor der Elternschaft.

▶ Insgesamt stellt der Übergang zur Elternschaft eine Familienentwicklungsaufgabe dar, die sowohl Entwicklungsrisiken als auch Entwicklungschancen mit sich bringt. Neben emotionalen Belastungen und Verlusten ist Elternschaft auch mit vielen positiven Aspekten, innerem Reichtum und persönlichem Wachstum verbunden.

▶ Professionelle Hilfeangebote beim Übergang zur Elternschaft sollten sich an den phasenspezifischen Bedürfnissen und Schwierigkeiten der Partner orientieren. Fast immer ist die gemeinsame Teilnahme an Geburtsvorbereitungskursen psychologisch günstig. Nach der Geburt sind unterschiedliche Angebote der Elternbildung (z. B. PEKiP-Gruppen, Elterntrainings, Informationsveranstaltungen) geeignet, die elterliche Kompetenz und Sicherheit zu stärken. Bei Partnerschaftsproblemen sollte eine psychologische Paarberatung bzw. eine Paartherapie empfohlen werden.

▶ Für Eltern in besonderen Problemlagen müssen zusätzliche und individuell geeignete Hilfen bereitgestellt werden. Dies betrifft insbesondere Familien mit eingeschränkten Erziehungskompetenzen, psychischen Problemen und/oder finanziellen Schwierigkeiten sowie Eltern von behinderten bzw. von Behinderung bedrohten Kindern.

Praxisübung

Wie ein Baby die Paarbeziehung verändern kann

Ulrike und Stefan sind beide 28 Jahre alt. Seit einem halben Jahr haben sie eine kleine Tochter. Die kleine Isabel bereitet den Eltern viel Freude, aber der Alltag mit dem Baby ist auch sehr anstrengend. Ulrike, die für zunächst ein Jahr Elternzeit genommen hat, ist sich häufig unsicher, ob sie alles richtig macht und sich das Baby normal entwickelt. Weil Isabel sehr viel schreit und nachts häufig aufwacht, leiden beide Eltern unter chronischem Schlafmangel. Die Stimmung zwischen Ulrike und Stefan ist oft gereizt. Wegen Nichtigkeiten kommt es zu dramatischen Auseinandersetzungen. Ulrike hat auch das Gefühl, dass sich Stefan in letzter Zeit zunehmend „absetzt". Häufiger als früher macht er Überstunden und kommt abends spät nach Hause. Meist übernachtet er dann auf dem Sofa im Wohnzimmer. Ulrike wirft Stefan vor, dass er sich lieblos und gleichgültig verhält. Stefan wiederum findet, dass Ulrike überhaupt nicht zu schätzen weiß, wie er sich für die Familie abrackert. Manchmal sind beide Partner betroffen über die Verschlechterung ihrer Paarbeziehung. Um Schlimmeres zu verhindern, hat Ulrike Stefan vorgeschlagen, eine Paarberatung aufzusuchen.

▶ Inwieweit sind die Probleme von Ulrike und Stefan typisch für den Übergang zur Elternschaft?

▶ Welche zirkulären Interaktionsprozesse tragen vermutlich dazu bei, dass sich eine ungünstige Beziehungsdynamik zwischen Ulrike und Stefan entwickelt? Welche Ziele sollte eine Paarberatung in diesem Fall haben?

▶ Welche Unterstützungsmöglichkeiten könnten Ulrike empfohlen werden, um ihre Unsicherheit im Umgang mit dem Baby abzubauen?

Prüfungsfragen und Denkanstöße

(1) Diskutieren Sie in Ihrer Lerngruppe: Was würde sich konkret in Ihrem Leben verändern, wenn Sie in naher Zukunft Mutter/Vater würden?

(2) Bitte benennen Sie die Phasen des psychologischen Übergangs zur Elternschaft nach Gabriele Gloger-Tippelt!

(3) Wie wirkt sich ein Kind nach den Erkenntnissen der psychologischen Forschung auf eine Paarbeziehung aus?

(4) Welche positiven Entwicklungschancen beinhaltet Elternschaft?

(5) Welche psychosozialen Unterstützungsangebote sind beim Übergang zur Elternschaft sinnvoll? Welche Aufgaben stellen sich Sozialarbeiterinnen und Sozialpädagogen?

Weiterführende Literatur

▶ Fthenakis, W.E., Kalicki, B. & Peitz, G. (2002). Paare werden Eltern. Die Ergebnisse der LBS-Familienstudie. Opladen: Leske + Budrich.
Das Buch stellt die Ergebnisse einer von der LBS geförderten Langzeitstudie dar. 175 Paare wurden von der Schwangerschaft bis drei Jahre nach der Geburt befragt. Das Buch vereint wissenschaftliche Erkenntnisse, praktische Ratschläge sowie Anregungen für eine bessere Familienpolitik in einer verständlichen Darstellung.

▶ Gloger-Tippelt, G. (1988). Schwangerschaft und erste Geburt. Psychologische Veränderungen der Eltern. Stuttgart: Kohlhammer.
Dieses Buch ist ein „Klassiker", der auch heute noch lesenswert ist. Neben den unterschiedlichen psychologischen Phasen des Übergangs zur Elternschaft finden sich zahlreiche Empfehlungen für die Ausgestaltung professioneller Hilfeangebote in dieser Zeit.

▶ Hilsberg, R. (2000). Schwangerschaft, Geburt und erstes Lebensjahr: Ein Begleiter für werdende Eltern. Reinbek: Rowohlt.
Dieses Buch ist kein wissenschaftliches Werk, sondern eine Mischung aus persönlichem Erfahrungsbericht, Ratgeber und Nachschlagewerk. Es kann Paaren im Übergang zur Elternschaft empfohlen werden, stellt aber auch für professionelle Helfer ein nützliches „Handbuch" dar.

5 Die Bindung zwischen Kindern und Eltern

Die Beziehung zu den Eltern ist für die meisten Menschen etwas Einzigartiges. Sie beinhaltet eine emotionale Bindung, die meist das ganze Leben lang andauert – und oft noch darüber hinaus. Und auch Eltern fühlen sich ihren Kindern eng verbunden, selbst wenn diese schon längst erwachsen sind und ihre eigenen Wege gehen. Heute wissen wir, dass die Basis für diese emotionale Bindung zwischen Kindern und Eltern im Säuglingsalter und in der frühen Kindheit gelegt wird. Im folgenden Kapitel werden wichtige Grundlagen der Bindungsforschung vorgestellt. Dabei werden wir sehen, dass angeborene Verhaltensdispositionen eine wichtige Rolle für das Bindungsverhalten von Kindern spielen. Entscheidend für die Qualität der Bindungsbeziehung sind jedoch die sozialen Erfahrungen, die Kinder mit ihren Eltern machen – und auch umgekehrt. Die Qualität der frühen Bindungsbeziehung ist vor allem deswegen so bedeutsam, weil diese sich nachhaltig auf die weitere Entwicklung und das Sozialverhalten eines Menschen auswirkt. Am Ende des Kapitels können wir verstehen, warum die Bindungsforschung so wichtig für viele psychosoziale Arbeitsfelder ist, insbesondere in der Praxis der Jugend- und Familienhilfe.

5.1 Bindungs- und Fürsorgeverhalten aus ethologischer Sicht

Einfluss angeborener Verhaltensmuster

Enge Bindungen zwischen Eltern und Kindern gibt es nicht nur bei Menschen. Aus der Verhaltensbiologie (Ethologie) wissen wir, dass Bindungsverhalten bei allen höheren Tierarten zu beobachten ist. Eine starke und stabile Bindung ist wichtig für das Überleben der Jungtiere. Diese suchen instinktiv die Nähe ihrer Eltern, ohne deren Schutz und Fürsorge sie nicht überleben könnten. Die Tiereltern wiederum zeigen häufig ein ausgeprägtes Fürsorgeverhalten bei der Aufzucht der Jungen. Man geht davon aus, dass sowohl das Bindungsverhalten von Jungtieren als auch das Fürsorgeverhalten der Eltern angeborene Verhaltensmuster sind, die sich im Laufe der Evolution als sinnvoll erwiesen haben (vgl. Eibl-Eibesfeldt, 1997).

Bei uns Menschen ist die Bindung zwischen Kindern und Eltern nicht nur durch angeborene Instinkte oder durch Prägung erklärbar. Kinder haben nicht „von Natur aus" eine enge emotionale Beziehung zu ihren Eltern. Bindung entwickelt sich vielmehr über Monate und Jahre hinweg durch einen langfristigen und engen Kontakt zwischen Kind und Eltern. Obwohl die wichtigsten Bezugspersonen meist die leiblichen Eltern sind, ist ein Kind auch in der Lage, sich an andere Menschen zu binden. Grundsätzlich kann dies jede Person sein, die sich langfristig um seine körperlichen und seelischen Bedürfnisse kümmert (z. B. Oma, Pflegeeltern, Tagesmutter etc.).

Die enge Bindung zwischen Kindern und Eltern ist also nicht biologisch, sondern weitgehend psychologisch und sozial bedingt. Dies heißt jedoch nicht, dass genetische Dispositionen gar keine Rolle für die Entwicklung von Bindungsbeziehungen spielen. Bei fast allen Säuglingen und Kleinkindern können angeborene soziale Verhaltensmuster beobachtet werden (Rauh, 2008):

▶ **Greif- und Saugreflexe** signalisieren den Eltern elementare kindliche Bedürfnisse und motivieren sie dazu, sich um das Baby zu kümmern.

▶ **Das soziale Lächeln** (smiling response), das Babys im Lauf der ersten Lebensmonate als Reaktion auf menschliche Gesichter und Zuwendung zeigen, ist eine erste wichtige Form der emotionalen Interaktion mit den erwachsenen Bezugspersonen.

▶ **Fremdeln und Trennungsangst bei Kleinkindern** sind typische und wahrscheinlich angeborene Angstreaktionen, die bei einer (befürchteten) Trennung von der Mutter bzw. von den Eltern auftreten.

Abbildung 5.1. Fremdeln ist ein charakteristisches Verhaltensmuster bei kleinen Kindern ab etwa 8 Monaten. Die zuweilen dramatische emotionale Reaktion des Kindes hat nichts mit Sympathie oder Antipathie zu tun, sondern ist normaler Ausdruck des kindlichen Bindungsverhaltens. Einige Kinder fremdeln nur relativ leicht (z. B. körperliche Anspannung, Anstarren, Blickabwenden, Absinken der Stimmung). Häufig zeigen Kinder aus größerer Entfernung noch positive Neugier, reagieren aber verängstigt und abweisend, wenn die fremde Person sich nähert oder sie gar auf den Arm nimmt

Aus ethologischer Sicht können Fremdeln und Trennungsangst als „Kindersicherung der Natur" gesehen werden. Denn um den achten Lebensmonat herum beginnen die meisten Kinder zu krabbeln, wenig später richten sie sich auf und versuchen zu gehen. Fremdeln und Trennungsangst begrenzen den Aktionsradius der Kinder, weil diese trotz ihrer zunehmenden Mobilität in der Nähe der vertrauten Personen bleiben (Mietzel, 2002).

Doch nicht nur bei Kindern, sondern auch bei erwachsenen Personen gibt es Verhaltensreaktionen, die als angeborenes Zuwendungsverhalten gedeutet werden können. Verhaltensbiologen glauben, dass sich im Lauf der Evolution Mechanismen entwickelt haben, die Eltern zu Fürsorgeverhalten motivieren, wenn die Kinder Signale der Hilfebedürftigkeit aussenden (Buss, 2004):

▶ **Weinen.** Die meisten Erwachsenen, insbesondere die Eltern, zeigen beim Weinen eines Babys ausgeprägte emotionale und körperliche Reaktionen (Aufmerksamkeitsreaktion, Besorgnis, Zuwendung etc.) und neigen dazu, ein weinendes Kind auf den Arm zu nehmen. Vor allem bei Müttern bewirkt das Schreien eines Babys einen sofortigen Anstieg der Herzfrequenz.

▶ **Lächeln.** Das soziale Lächeln von Babys ist ein wichtiger Auslösereiz für elterliches Fürsorgeverhalten und emotionale Zuwendung. Je mehr ein Kind lächelt, desto häufiger ist die Mutter oder eine andere erwachsene Betreuungpersonen in seiner Nähe.

▶ **Kindchenschema.** Der Anblick eines rundlichen Kopfes mit hoher Stirn und tief liegenden, großen Augen (Kindchenschema) löst bei allen Säugetieren (damit auch beim Menschen) angeborenes Zuwendungsverhalten aus. Eltern reagieren auf die „Schlüsselreize" des Kindchenschemas instinktiv mit Zuwendung, Schutz und Hilfe (vgl. Lorenz, 1978).

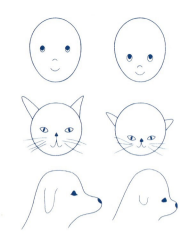

Abbildung 5.2. Viele Betrachter finden die rechts dargestellten Köpfe spontan „süß" oder „niedlich". Diese Tendenz erwachsener Personen, auf bestimmte Körpermerkmale (rundlicher Kopf, hohe Stirn, tiefliegende große Augen) mit fürsorglichen Gefühlen und Verhaltensweisen zu reagieren, wird als Kindchenschema bezeichnet (nach Mietzel, 2002)

Aus Sicht der Verhaltensbiologie entwickelt sich die Bindung zwischen Kindern und Eltern in einer Interaktion kindlicher und elterlicher Verhaltensweisen entwickelt. Dem angeborenen Anhänglichkeits- und Hilfesuchverhalten der Kinder entsprechen elterliche Verhaltenstendenzen wie z. B. Zuwendung und Fürsorge, die wahrscheinlich ebenfalls eine genetische Grundlage haben. Es ist davon auszugehen, dass die Bindung zwischen Kindern und Eltern in der menschlichen Evolution einen wichtigen Überlebensvorteil darstellte (Buss, 2004).

5.2   Die Bindungstheorie

John Bowlby: Ein Pionier der Bindungsforschung

John Bowlby (1907–1990) war ein Londoner Kinderpsychiater und gilt als Vater der psychologischen Bindungsforschung. Auf der Grundlage seiner 1969 erschienenen Studie „Bindung – eine Analyse der Mutter-Kind-Beziehung" entwickelte Bowlby die Bindungstheorie. Bowlby war ein ethologisch orientierter Verhaltensforscher, d. h. in seiner Bindungstheorie betonte er die biologische Funktion und die genetische Bedingtheit des Bindungsverhaltens von Kindern und Müttern. Dabei geht er von folgenden Grundannahmen aus (vgl. Bowlby, 1986):

▶ Bindungsverhalten (attachment) hat die biologische Funktion, dem Kind die Nähe und den Schutz einer Pflegeperson zu sichern.

▶ Angeborene Reflexe und Verhaltensmuster (z. B. Greifreflexe, Schreien, Lächeln) sind Teil eines angeborenen kindlichen Bindungsverhaltens.

▶ Dem entspricht die biologische Prädisposition bei der Mutter (bzw. Pflegeperson), auf die Signale des Kindes mit Fürsorgeverhalten (nurturing) zu reagieren.

▶ Ob ein Kind eine Bindung entwickelt, hängt *nicht* von der Qualität des elterlichen Fürsorgeverhaltens ab. Kinder binden sich bedingungslos an die Personen, die ihm vertraut werden.

▶ Das Kind bildet während der ersten Lebensmonate eine Hierarchie verschiedener Bezugspersonen aus. Die primäre Bezugsperson ist meist die Mutter.

Bindungssystem und Explorationssystem

Bowlby (1986) unterschied ferner zwei unterschiedliche, einander ergänzende Verhaltensdispositionen bei Babys und Kleinkindern:

▶ **Explorationssystem:** beinhaltet alle Bestrebungen des Kindes, seine Umwelt zu erkunden und kennen zu lernen. Dieses angeborene Neugierverhalten hat eine große Bedeutung für die kognitive Entwicklung.

▶ **Bindungssystem:** umfasst alle Verhaltensweisen des Kindes, die auf Nähe und Zuwendung der Mutter bzw. der Bindungsperson abzielen. „Bindungsverhalten" hat vor allem eine Schutzfunktion.

In Situationen, in denen sich das Kind sicher fühlt, ist das Bindungssystem inaktiv. Das Kind wagt es dann z. B., den Raum, die Umgebung oder andere Personen zu erkunden – oft allerdings mit Rückversicherungsblicken. Die Anwesenheit der Mutter ist dann gleichsam die „sichere

Basis" für das Explorationsverhalten des Kindes (Bowlby, 2008). In Situationen, in denen das Kind Angst oder Schmerzen empfindet, wird jedoch sofort das Bindungssystem aktiviert. Das Bindungsverhalten zeigt sich dann z. B. in dem Suchen nach der Bindungsperson, Hinkrabbeln, Festklammern, Anschmiegen, Schreien, Weinen oder auch Anlächeln (Rauh, 2008).

Entwicklungsphasen des Bindungsverhaltens
Nach Bowlby (1986) entwickelt sich das Bindungsverhalten von Kindern in den ersten drei Lebensjahren. Dabei können vier Phasen unterschieden werden:
- ▶ **bis ca. 3 Monate:** Das Kind ist noch nicht an eine bestimmte Person gebunden; es ist „allgemein sozial ansprechbar"
- ▶ **ab ca. 3 Monate:** Das Kind lernt allmählich, vertraute und unvertraute Personen voneinander zu unterscheiden, und wendet sich bevorzugt den vertrauten Personen zu (personenunterscheidende Ansprechbarkeit)
- ▶ **ab ca. 7–8 Monate** (kritische Phase): Das Kind bildet innere Strukturen für seine wichtigsten Sozialbeziehungen aus und entwickelt ein Bindungssystem. Sein Bindungsverhalten äußert sich u. a. in Fremdeln und Trennungsangst. Eine längere Trennung von der Mutter ohne „Ersatz" kann einen depressionsartigen Zustand bewirken
- ▶ **ab 3 Jahre:** Das Kind wird unabhängiger von wichtigen Bindungspersonen (Dezentrierung). Es kann deren vorübergehende Abwesenheit eine Weile ertragen und ihr Wiedererscheinen innerlich antizipieren.

5.3 Unterschiede in der Bindungsqualität

Mary Ainsworth und der Fremde-Situation-Test
Mary Ainsworth (1913–1999) war Kinderpsychologin an der University of Baltimore. Sie interessierte sich vor allem für interindividuelle Unterschiede in der Bindungsqualität. Dazu entwickelte sie den Fremde-Situation-Test (FST), ein standardisiertes Beobachtungsverfahren, mit dem das Bindungsverhalten von 12- bis 24-monatigen Kindern untersucht werden kann. Auf den ersten Blick erinnert der FST an eine Wartezimmersituation beim Kinderarzt. In acht 3-minütigen Episoden erfährt das Kind in zunehmender Intensität Unvertrautheit und Fremdheit sowie zwei kurze Trennungen von der Mutter. Im Sinne der Bindungstheorie von Bowlby wird dabei zunächst das Explorationssystem und dann das Bindungssystem aktiviert.

Versuchsablauf des FST
(1) Mutter und Kind werden in einen unbekannten Raum geführt.
(2) Die Mutter setzt sich und liest in einer Zeitschrift, das Kind hat die Möglichkeit, den Raum und das vorhandene Spielzeug zu erkunden.
(3) Eine freundliche Fremde tritt ein, spricht zunächst mit der Mutter und beschäftigt sich dann mit Kind.
(4) Die Mutter verlässt unauffällig den Raum, das Kind bleibt mit der Fremden allein. Diese beschäftigt sich mit ihm und tröstet es, falls nötig.
(5) Die Mutter kehrt zurück, die Fremde verlässt den Raum wieder. Die Mutter wendet sich dem Kind zu.

(6) Die Mutter verlässt mit einem deutlichen Abschiedsgruß den Raum und lässt das Kind allein zurück.

(7) Die Fremde tritt ein und versucht, wenn nötig, das Kind zu trösten.

(8) Nachdem die Mutter wieder den Raum betreten hat, zieht sich die Fremde zurück.

Sichere und unsichere Bindungsbeziehungen

Die größte Aussagekraft hinsichtlich der Bindungsqualität hat die Art und Weise, wie sich das Kind nach den kurzen Trennungen von der Mutter verhält (Episoden 5 und 8). Abhängig von der Reaktion der Kinder unterschied Ainsworth unterschiedliche Bindungsstile bzw. Bindungsmuster (Ainsworth et al., 1978; Mietzel, 2002):

Sichere Bindung. In den meisten Fällen (ca. 60 %) erkundet das Kind zunächst neugierig den Raum und die Spielsachen; es ist freundlich zu der fremden Person, solange die Mutter in der Nähe ist. Wird das Kind jedoch mit der Fremden allein gelassen, reagiert es deutlich beunruhigt. Das Kind hört zu spielen auf, fängt an zu weinen oder krabbelt zur Tür. Die fremde Person kann es nicht ablenken oder trösten. Die Rückkehr der Mutter löst Freude und Erleichterung bei dem Kind aus. Es sucht die Nähe der Mutter und kuschelt sich an sie. Wenn der Kummer nicht unmittelbar verfliegt, kann die Mutter das Kind in der Regel relativ schnell trösten.

Unsicher-vermeidende Bindung. Manche Kinder verhalten sich in der gleichen Situation ganz anders. Sie haben offenbar eine unsichere Bindung zur Mutter entwickelt (ca. 20 %) und verhalten sich bemerkenswert distanziert, nehmen kaum Notiz von der Mutter. Selbst wenn diese den Raum verlässt, zeigen sie kaum Anzeichen von Beunruhigung, sondern beschäftigen sich z. B. weiter mit dem Spielzeug. Wenn die Mutter zurückkehrt, wird sie oft nur beiläufig begrüßt oder sogar ignoriert; manchmal wird ihr sogar den Rücken zugedreht. Die aktive Kontaktvermeidung ist das auffälligste Kennzeichen im Verhalten dieser Kinder.

Ängstlich-ambivalente Bindung. Eine weitere Gruppe von Kindern (ca. 10 %) hat ebenfalls eine unsichere Bindung zur Mutter entwickelt, die sich aber ganz anders äußert. Zunächst zeigen diese Kinder nur wenig Explorationsverhalten. Sie wollen z. B. nur auf dem Schoß der Mutter sitzen und zeigen kein Interesse, sich mit dem Spielzeug zu beschäftigen. Bei einer Trennung von der Mutter reagieren sie mit höchster Beunruhigung (verzweifeltes Weinen, Brüllen). Andererseits zeigen sie keine eindeutige Freude bei der Rückkehr der Mutter. Beispielsweise laufen sie weinend zu ihr und wollen auf den Arm genommen werden, doch sobald sie dies erreicht haben, strampeln sie heftig, um wieder von der Mutter wegzukommen. Diese Kinder scheinen die Beziehung zur Mutter mit sehr ambivalenten Gefühlen zu erleben.

Desorganisierte Bindung. In einer späteren Studie (Main & Solomon, 1990) wurde eine weitere, noch ausgeprägtere Form von unsicherem Bindungsverhalten beobachtet, das als desorganisierte Bindung bezeichnet wird. Die betroffenen Kinder zeigen Verhaltensweisen, die eine eindeutige Zuordnung zu den anderen Bindungsstilen erschweren. In einer fremden Situation erscheinen sie sehr verwirrt; mitunter zeigen sie in Anwesenheit der Mutter Verhaltensauffälligkeiten wie Grimassenschneiden, Schaukeln, Erstarren mitten in der Bewegung etc. Es scheint so, als fehle diesen Kindern ein Verhaltensprogramm im Kontakt mit der Pflegeperson; ihr Bindungsverhalten wirkt desorientiert.

Zuwendungsverhalten der Mutter und Bindungsqualität

Es gibt Hinweise darauf, dass die Bindungsmuster von Kindern zum Teil durch genetisch bedingte Temperamentsunterschiede bedingt sind (Mietzel, 2002). Ainsworth ging allerdings davon aus, dass die Entwicklung unterschiedlicher Bindungsstile hauptsächlich vom Zuwendungsverhalten der Mutter (bzw. der primären Pflegeperson) abhängt. Wesentlich ist, wie feinfühlig das Kind seine Mutter im ersten Lebensjahr erlebt hat:

▶ **Konsistent feinfühliges Verhalten.** Wenn ein Kind seine Mutter im ersten Lebensjahr überwiegend als einfühlsam, verlässlich und zugewandt erlebt, entwickelt es wahrscheinlich eine sichere Bindung. Es kann sich darauf verlassen, dass seine Mutter da ist, wenn es sie braucht.

▶ **Konsistent distanziertes Verhalten.** Kinder mit unsicher-vermeidender Bindung haben Mütter, die auf ihre Bedürfnisäußerungen wenig sensibel, distanziert oder sogar abweisend reagieren. Dies kann dazu führen, dass ein Kind seine Bedürfnisse nach Nähe und Zuwendung unterdrückt und beginnt, emotional „genügsam" zu werden.

▶ **Inkonsistentes Verhalten.** Andere Kinder erleben das Verhalten ihrer Mutter als wechselhaft, z. B. mal als herzlich und zugewandt, mal als abweisend und distanziert. Die ängstlich-ambivalente Bindung entsteht aus der Verunsicherung durch solche unvorhersagbaren Verhaltensweisen. Die Kinder haben die Strategie entwickelt, ihren Kummer eher zu übertreiben, damit ihre Bedürfnisse auch ganz bestimmt wahrgenommen werden. Gleichzeitig mischen sich ihre ängstlichen Gefühle oft mit Ärger auf die Bindungsperson.

▶ **Verletzendes Verhalten.** Main und Solomon (1990) führen eine desorganisierte Bindung auf frühe Traumatisierungen zurück, z. B. durch Misshandlungen, Missbrauch oder völlige Missachtung seitens der Bezugspersonen. Den betroffenen Kindern fehlt dadurch jegliche Sicherheit im Umgang mit der Pflegeperson; sie wissen nicht, ob sie die Nähe der Pflegeperson suchen sollen, um deren Schutz und Zuwendung zu erhalten, oder ob es vielleicht besser ist, sie zu meiden.

Definition

Die **Feinfühligkeit** (sensitivity) der Mutter bzw. der primären Pflegeperson stellt nach Ainsworth eine wesentliche Entwicklungsbedingung für die Bindungsqualität dar. Eine feinfühlige Bindungsperson ist in der Lage, die körperlichen und psychischen Bedürfnisse ihres Kindes zu erkennen und einfühlsam darauf zu reagieren. Vor allem in Situationen, in denen das Kind Angst oder Kummer hat, ist eine feinfühlige Zuwendung der Mutter wichtig.

Ziegenhain et al. (2004) haben darauf hingewiesen, dass „schwierige" Kinder nicht nur andere Bedürfnisse haben als „pflegeleichte" Kinder, sondern auch die Eltern zu einem anderen Zuwendungsverhalten veranlassen. Eine hohe Irritierbarkeit, schwere Tröstbarkeit und Unregelmäßigkeiten im Schlaf-Wach-Rhythmus können zu einer Beeinträchtigung des elterlichen Fürsorgeverhaltens führen. Der günstigste Entwicklungsverlauf ist zu erwarten, wenn eine Passung zwischen den kindlichen Bedürfnissen und der Fähigkeit bzw. der Bereitschaft der Eltern besteht, diese zu befriedigen.

Langfristige Bedeutung der Eltern-Kind-Bindung

Das Bindungsverhalten von Kleinkindern ist zunächst auf die Mutter bzw. auf die engsten Familienangehörigen bezogen. Im Verlaufe der weiteren Entwicklung werden sichere und unsichere Bindungsmuster weiter generalisiert. Ausgehend von ihren frühen Bindungserfahrungen ent-

Abbildung 5.3. Bindung und die Entwicklung von Eltern-Kind-Beziehungen entstehen in einem zirkulären Prozess, bei dem sich die Verhaltensweisen von Eltern und Kind wechselseitig bedingen. Je nachdem, ob es sich um ein „pflegeleichtes" Kind oder um ein „schwieriges" Kind handelt, reagieren Eltern mit unterschiedlichen Gedanken, Gefühlen und Verhaltensweisen

wickeln Kinder ein inneres Arbeitsmodell (internal working model) darüber, wie wichtige Sozialbeziehungen „funktionieren". Dieses innere Arbeitsmodell beinhaltet eine grundlegende Haltung sowohl der sozialen Umwelt als auch sich selbst gegenüber. Es steuert in erheblichem Maße das Verhalten in sozialen Situationen. Bei sicher gebundenen Kindern umfasst das innere Arbeitsmodell ein grundlegendes Vertrauen in ihre soziale Umwelt sowie ein positives Selbstbild. Unsicher gebundene Kinder hingegen entwickeln eine skeptischere Grundhaltung sich selbst und ihren Mitmenschen gegenüber.

Aus Längsschnittstudien wissen wir, dass solche inneren Arbeitsmodelle sehr stabil sind. So können Kinder im Alter von 6 Jahren größtenteils noch den selben Bindungsstilen zugeordnet werden wie mit 12 Monaten (Rauh, 2008). Es ist davon auszugehen, dass ein einmal etabliertes inneres Arbeitsmodell zumeist bis ins Jugend- und Erwachsenenalter beibehalten wird. Insbesondere in erwachsenen Paarbeziehungen wirken sich die verschiedenen Bindungsstile nachhaltig auf den gemeinsamen Alltag aus (vgl. Kapitel 7).

Sicher gebundene Kinder kommen in vieler Hinsicht besser im Leben zurecht. Im Vorschulalter sind sie allgemein neugieriger, haben mehr Freude an der Auseinandersetzung mit neuen Aufgaben und zeigen eine größere Unabhängigkeit von der Erzieherin als unsicher gebundene Kinder. Diese wiederum zeigen weniger Explorationsverhalten und spielen vergleichsweise seltener mit anderen Kindern (Cassidy & Berlin, 1994); außerdem neigen sie eher zu aggressivem und impulsivem Verhalten. Jugendliche mit sicherem Bindungsstil nehmen in der Peer-Gruppe häufiger eine Führungsposition ein, treten selbstsicherer auf und sind sozial kompetenter als Gleichaltrige mit unsicherem Bindungsstil.

Eine sichere Bindung kann überdies als wichtige Ressource im Umgang mit Belastungen und kritischen Lebensereignissen betrachtet werden (Rutter, 1990). Sie wird als Voraussetzung für die Entwicklung effektiver Bewältigungsstrategien und einer optimistischen Grundhaltung angesehen. Damit wirkt sie der Entwicklung von belastungsbedingten Entwicklungsstörungen und Verhaltensauffälligkeiten entgegen. Dagegen stellen unsichere Bindungsbeziehungen einen Risikofaktor im Hinblick auf die weitere psychosoziale Entwicklung von Kindern dar. Allerdings ist die Annahme, dass diese Kinder quasi zwangsläufig eine problematische Entwicklung nehmen, zu eindimensional und damit falsch.

5.4   Praktische Anwendungen der Bindungstheorie

Die praktische Bedeutung der Bindungstheorie zeigt sich vor allem bei Trennungserfahrungen von Kindern und Jugendlichen. In der Praxis der Jugend- und Familienhilfe spielen Trennungssituationen häufig eine Rolle. Hierzu gehören z. B. die außerfamiliäre Tagesbetreuung, Trennung und Scheidung, Herausnahme aus der Herkunftsfamilie sowie Dauerpflege und Adoption (vgl. Ziegenhain 2001). Trennungserfahrungen entstehen zudem nicht nur durch die physische Abwesenheit der Eltern, sondern auch durch die ungenügende Befriedigung kindlicher Bedürfnisse (Sicherheit, Zuwendung), wenn die Eltern nur unzureichendes Zuwendungsverhalten zeigen oder entsprechende Erziehungskompetenzen fehlen.

Vor diesem Hintergrund sollen im Folgenden einige praktische Anwendungsgebiete der Bindungstheorie exemplarisch beschrieben werden.

Außerfamiliäre Tagesbetreuung von Kleinkindern

Lange Zeit wurde kontrovers diskutiert, ob die außerfamiliäre Tagesbetreuung von Kleinkindern unter drei Jahren (z. B. in Krippen oder bei Tagesmüttern) schädlich für die kindliche Entwicklung ist. In Anlehnung an die Bindungstheorie ging man davon aus, dass Kleinkinder bei jeder Trennung von der Mutter emotional belastet sind oder dass die Kinder die Trennungssituation als Zurückweisung erleben, und befürchtete infolgedessen die Entstehung unsicherer Bindungsbeziehungen und anderer Entwicklungsprobleme. Forschungsergebnisse zeigen jedoch, dass diese Annahme zu einfach ist. Heute gilt es als gesichert, dass eine frühe Tagesbetreuung für sich alleine genommen keinen negativen Einfluss auf die Bindungsqualität hat. Allerdings begünstigen schlechte Betreuungsqualität und unregelmäßige Betreuungssituationen die Entwicklung einer unsicher-vermeidenden Bindung. Die Wahrscheinlichkeit, dass ein fremdbetreutes Kleinkind eine unsichere Bindung entwickelt, steigt stark, wenn die Mutter wenig feinfühlig ist (NICHD, 1997).

Für das Wohlbefinden eines fremdbetreuten Kleinkindes ist es allgemein wichtig, wie die Bedingungen der Trennungssituation gestaltet werden. Dies gilt vor allem beim Übergang von der Familie zur Krippe bzw. Tagesmutter. Während der Eingewöhnungsphase ist die vorübergehende Anwesenheit einer Bindungsperson unabdingbar. Diese dient als „sichere Basis" für das Kennenlernen der neuen Umgebung und der neuen Personen. Ebenfalls zu beachten ist, dass dem Kind der Aufbau einer neuen Bindungsbeziehung erleichtert wird, z. B. durch die Zuständigkeit einer „Bezugserzieherin" in der Eingewöhnungsphase und durch ein zurückhaltendes Verhalten der anwesenden Bindungsperson. Schließlich sollte bei der Gestaltung der Eingewöhnungsphase auch die bereits vorhandenen Bindungsmuster des Kindes berücksichtigt werden (Laewen et al., 2006a; b).

Die Bedeutung des Übergangs von der Familie zur Tagesbetreuung ist wissenschaftlich gut untersucht. Mittlerweile gibt es differenzierte Konzepte, in denen konkrete Hinweise und Anregungen für die Gestaltung der Eingewöhnungsphase gegeben werden (Laewen et al., 2006a). Allerdings ist auch davon auszugehen, dass diese Konzepte in der Praxis der Tagesbetreuung noch wenig bekannt sind und dass Erzieherinnen eine „sanfte Eingewöhnung" vor allem intuitiv gestalten (Banzet, 2006). Nachdem aktuell die Tagesbetreuung für unter Dreijährige verstärkt ausgebaut wird, erscheint es dringend notwendig, Erzieherinnen und Tagesmütter besser über die bindungstheoretische Bedeutung der Eingewöhnung zu informieren und ihnen konkrete Gestaltungsmöglichkeiten an die Hand zu geben.

Beratung bei Trennung und Scheidung

Heute wissen wir, dass eine Scheidung bzw. Trennung der Eltern nicht automatisch kindliche Entwicklungsprobleme verursacht. Vielmehr sind es die Begleiterscheinungen einer Trennung, die sich unter Umständen nachteilig auf die Kinder auswirken (vgl. Kapitel 10). Aus bindungstheoretischer Sicht ist es im Allgemeinen wünschenswert, die Beziehung zu beiden Eltern aufrecht zu erhalten und positiv weiterzuentwickeln. Kinder sind in der Regel an beide Eltern gebunden. Den Auszug eines Elternteils erleben sie nicht nur als Verlust, sondern möglicherweise auch als emotionale Ablehnung. Vor allem jüngere Kinder neigen dazu, die Trennung der Eltern auf sich zu beziehen und sich die (Mit-)Schuld daran zu geben.

Dennoch gilt das Gebot, die Beziehung zu beiden Eltern aufrecht zu erhalten, nicht absolut. In manchen Fällen (z. B. bei körperlicher Misshandlung) kann eine dauerhafte Trennung von einem Elternteil die beste Lösung sein. Dann aber ist es wichtig, dass das Kind um den verlorenen Elternteil trauern darf (Grossmann, 2004). Ferner hilft es dem Kind, informiert und beteiligt zu werden. Dazu gehört z. B., offen mit ihm über seine Gefühle zu sprechen und ihm Verständnis für seine Ängste zu signalisieren, ohne die Trennungssituation zu beschönigen. Bei der Beratung von Eltern, die sich in der Trennungsphase befinden, kann es daher sinnvoll sein, feinfühlige und altersgemäße Möglichkeiten im Umgang mit den Kindern zu besprechen. Dabei gibt es kein Patentrezept – jeder Fall erfordert eine individuelle Entwicklung von Handlungsmöglichkeiten und Lösungen.

Unterstützung für Pflege- und Adoptionsfamilien

Für Kinder, die nicht bei ihren Eltern leben können (z. B. aufgrund von Vernachlässigung oder Gewalt; vgl. Kapitel 9), bietet in der Regel eine Pflege- oder Adoptivfamilie die besten Entwicklungschancen. Die damit verbundenen Anforderungen und Belastungen werden jedoch häufig unterschätzt, nicht zuletzt von den „Ersatzfamilien". Viele Pflege- und Adoptiveltern sind nicht darauf vorbereitet, mit emotional verunsicherten Kindern umzugehen, die zudem womöglich stark unter der Trennung von ihren Eltern oder anderen Pflegepersonen leiden.

Erschwerend kommt hinzu, dass sich unsicher gebundene Kinder in einer neuen familiären Umgebung zunächst häufig angepasst verhalten, weil sie eine erneute Zurückweisung befürchten (z. B. wenn sie „ungezogen" sind). Diese Kinder verhalten sich aber in der Folge oft unerwartet unkooperativ und rebellisch, um ihre neue Beziehung im Hinblick auf ihre emotionale Belastbarkeit zu testen. Darauf sollten Pflege- und Adoptiveltern vorbereitet sein. Auch die Auflage des Jugendamts oder des Familiengerichts, den Kontakt des Kindes zu seiner Herkunftsfamilie aufrecht zu erhalten, ist für manche Pflegeltern sehr belastend. Hier spielen z. B. Ängste eine Rolle, das Kind wieder zu verlieren. Auch eine Idealisierung der leiblichen Eltern durch die Kinder ist für Pflegeeltern schwer nachvollziehbar und kann den Aufbau einer neuen Bindungsbeziehung erschweren.

Aus familienpsychologischer Sicht ist es dringend erforderlich, Pflege- und Adoptiveltern sowie den betroffenen Kindern geeignete Hilfen anzubieten. Diese sind vor allem in der Vorbereitungs- und Aufbauphase der Beziehung wichtig, aber auch darüber hinaus. Hierfür sollten regelhaft Hilfen für Pflege- und Adoptivfamilien etabliert werden, z. B. in Form von Supervision, entwicklungspsychologischer Beratung und engmaschiger Betreuung bei akuten Krisen (Ziegenhain, 2001).

Prävention und Elternberatung

Während eine sichere Bindung an zumindest eine emotional verfügbare Bezugsperson als zentraler psychologischer Schutzfaktor gilt (Rutter, 1990), erhöhen unsichere Bindungsbeziehungen das Risiko späterer Entwicklungsprobleme. Weil das elterliche Zuwendungsverhalten wesentlich für die Entwicklung von Bindungsmustern ist, kann Elternberatung ein Weg sein, den Aufbau einer sicheren Bindung zu unterstützen. Insbesondere für Eltern in schwierigen Lebensumständen können solche Beratungsangebote sinnvoll sein. Hierzu gehören unter anderem Situationen des Alleinerziehens, frühe Mutter- bzw. Elternschaft, psychische Erkrankungen oder ein Leben in Armut.

So haben z. B. depressiv erkrankte Mütter häufig Schwierigkeiten, die emotionalen Bedürfnisse ihrer Kinder feinfühlig wahrzunehmen und adäquat darauf einzugehen. Aus der Forschung wissen wir, dass Kinder psychisch kranker Eltern eine besondere Risikogruppe für Entwicklungs- und Bindungsstörungen sind (Lenz, 2007; Mattejat & Remschmidt, 2008). Die Entwicklungsprognose ist besonders ungünstig, wenn die elterliche Erkrankung in den ersten Lebensjahren der Kinder auftritt. Insbesondere Kinder von depressiven Müttern, die in psychosozial belastenden Lebensverhältnissen aufwachsen, entwickeln häufig hochunsichere Bindungen. Auch minderjährige Mütter (teenage moms), die häufig selbst schwierige Biographien und keinen Schul- oder Berufsabschluss haben, zeigen vielfach ein wenig feinfühliges Verhalten im Umgang mit ihrem Kind. Untersuchungen belegen, dass jugendliche Mütter überwiegend wenig auf Signale des Babys bzw. Kindes eingehen, sich emotional zurückgezogen oder aber aggressiv verhalten. Kinder minderjähriger Mütter entwickeln häufiger hochunsichere Bindungen. Sie werden überdies wesentlich häufiger in Pflegefamilien untergebracht als Kinder älterer Mütter (Coley & Chase-Lansdale, 1998).

Präventive Beratungsangebote für Eltern in solchen schwierigen Lebenslagen können ein Weg sein, späteren Verhaltensauffälligkeiten und Entwicklungsstörungen der Kinder entgegenzuwirken. Neben dem Aufbau einer vertrauensvollen Arbeitsbeziehung zu den oft verunsicherten Eltern ist es wichtig, diesen die konkreten Auswirkungen ihres Interaktionsverhaltens auf das Kind verstehbar zu machen und Verhaltensalternativen einzuüben. So wird z. B. in dem Beratungskonzept von Ziegenhain et al. (2004) mit Videoaufnahmen von Eltern-Kind-Interaktionen gearbeitet, um davon ausgehend bei den Eltern neue Sichtweisen zu entwickeln und diese in ein feinfühligeres Verhalten zu übersetzen („Sehen – Verstehen – Handeln").

Zusammenfassung

▶ Obwohl Eltern-Kind-Beziehungen nicht biologisch, sondern weitgehend psychologisch und sozial bedingt sind, spielen genetische Dispositionen eine wichtige Rolle für das Bindungsverhalten von Kindern und das Zuwendungsverhalten von Eltern.

▶ Das Bindungsverhalten von Babys und Kleinkindern umfasst angeborene soziale Verhaltensmuster, die den Eltern elementare Bedürfnisse signalisieren und sie zu Schutz und Fürsorge motivieren. Auch bei erwachsenen Personen gibt es Verhaltensreaktionen, die als angeborenes Zuwendungsverhalten gedeutet werden können. Die vergleichende Verhaltensforschung (Ethologie) geht davon aus, dass sich diese kindlichen und elterlichen Verhaltensmuster im Verlauf der menschlichen Evolution als überlebenswichtig erwiesen haben.

▶ Die Bindungstheorie wurde von dem Kinderpsychiater John Bowlby entwickelt. Er unterschied zwei Verhaltensdispositionen bei Kleinkindern, das Explorationssystem und das Bindungssystem. In Situationen, in denen sich das Kind sicher fühlt, ist die Mutter die „sichere Basis" für das Explorationsverhalten des Kindes. In Situationen, in denen das Kind Angst oder Schmerzen empfindet, wird das Bindungssystem aktiviert. Es zeigt sich z. B. in Weinen, Schreien oder der Suche nach der Bindungsperson.

- Nach Bowlby entwickelt sich das Bindungsverhalten während der ersten drei Lebensjahre. Mit ca. 7 bis 8 Monaten bilden Kinder innere Strukturen für ihre wichtigsten Sozialbeziehungen aus und zeigen Bindungsverhalten, das sich u. a. in Fremdeln und Trennungsangst äußert. Erst mit ca. 3 Jahren werden Kinder unabhängiger von wichtigen Bindungspersonen und können deren vorübergehende Abwesenheit ertragen.
- Mary Ainsworth entwickelte die Bindungstheorie weiter, indem sie Unterschiede in der Bindungsqualität untersuchte. In dem von ihr entwickelten Fremde-Situation-Test (FST) wird das Bindungssystem der Kinder durch eine Abfolge von Trennungs- und Stresssituationen aktiviert. Die Reaktion der Kinder beim Wiedererscheinen der Mutter/Bindungsperson dient als Indikator für die Qualität der Bindungsbeziehung.
- Ainsworth unterschied sichere und unsichere Bindungsstile. Letztere lassen sich wiederum in unsicher-vermeidende, ängstlich-ambivalente und desorganisierte Bindungsstile unterteilen. Während sicher gebundene Kinder ein grundlegendes Vertrauen in ihre soziale Umwelt sowie ein positives Selbstbild haben, entwickeln unsicher gebundene Kinder eine vorsichtigere Grundhaltung sich selbst und ihren Mitmenschen gegenüber. Bindungsstile sind sehr stabil und werden zumeist bis ins Jugend- und Erwachsenenalter beibehalten. Ein sicherer Bindungsstil gilt als psychologischer Schutzfaktor, unsichere Bindungsbeziehungen erhöhen dagegen das Risiko von Entwicklungsstörungen.
- Die Bindungsqualität wird wesentlich durch das Zuwendungsverhalten und die „Feinfühligkeit" der Eltern bedingt. Aus familienpsychologischer Sicht ist die Entwicklung von Eltern-Kind-Beziehungen ein zirkulärer Prozess, bei dem sich die Verhaltensweisen von Eltern und Kind wechselseitig bedingen.
- In der psychosozialen Praxis sollten Erkenntnisse der Bindungstheorie vor allem bei familiären Trennungssituationen beachtet werden (z. B. in der frühen Tagesbetreuung, bei Scheidung der Eltern oder beim Übergang in eine Pflegefamilie). Auch bei elterlichen Problemen hinsichtlich des Fürsorgeverhaltens (z. B. mangelnde Feinfühligkeit, Überforderung etc.) sollte eine Beratung bzw. Unterstützung bindungstheoretische Grundlagen einbeziehen.

Praxisübung

Das schwierige Kind

Lionel war von Geburt an ein anstrengendes Kind. In den ersten Monaten brüllte er oft stundenlang. Inzwischen ist er 12 Monate alt, aber nachts schläft er immer noch selten mehr als zwei Stunden am Stück. Seinen Brei spuckt er häufig wieder aus, und wenn er gewaschen wird oder eine neue Windel braucht, sträubt er sich mit Händen und Füßen. Karin, die Mutter von Lionel, fühlte sich oft völlig erschöpft. „Manchmal kann ich einfach nicht mehr", berichtet sie. „Ich mach' dann die Türe zu und lasse ihn in seinem Laufstall schreien. Ich brauch' dann einfach eine halbe Stunde Ruhe. Später tut's mir dann immer leid, und ich hole ihn zu mir ins Bett." In sozialen Situationen wirkt Lionel eher ängstlich; in der Krabbelgruppe will er meistens nur auf dem Schoß von Karin sitzen. Karin möchte eigentlich wieder halbtags arbeiten gehen, aber die Leiterin der Gruppe rät ihr ab, Lionel schon jetzt in eine Krippe zu geben: „Damit würde ich an Ihrer Stelle lieber noch warten".

- Welcher Bindungsstil charakterisiert das Verhalten des kleinen Lionel? Bitte rekonstruieren Sie, wie zirkuläre Interaktionsprozesse die Bindungsentwicklung beeinflusst haben bzw. beeinflussen!
- Welche Möglichkeiten sehen Sie, die Mutter von Lionel durch professionelle Hilfeangebote zu unterstützen?
- Wie beurteilen Sie in diesem Fall die Risiken einer außerfamiliären Tagesbetreuung? Was muss dabei beachtet werden?

Prüfungsfragen und Denkanstöße

(1) Warum sind aus ethologischer Sicht enge emotionale Bindungen zwischen Kindern und Eltern sinnvoll?

(2) Wie entwickelt sich nach Bowlby das Bindungsverhalten von Kleinkindern in den ersten Lebensjahren?

(3) Mit welcher Versuchsanordnung hat Mary Ainsworth das Bindungsverhalten von Kleinkindern untersucht? Welche Bindungsstile können abhängig vom Verhalten der Kinder in diesem Versuch unterschieden werden?

(4) Finden Sie Beispiele aus Ihrem persönlichen Erfahrungshintergrund, die den zirkulären Charakter von elterlichem Zuwendungsverhalten und kindlichen Bindungsmustern illustrieren!

(5) In welchen psychosozialen Praxisfeldern sind Erkenntnisse der Bindungsforschung relevant? Warum? Nennen Sie 3 Beispiele!

Weiterführende Literatur

▶ Laewen, H.-J., Hédervári, E. & Andres, B. (2006). Die ersten Tage. Ein Modell zur Eingewöhnung in Krippe und Tagespflege (4. Auflage). Berlin: Cornelsen Scriptor.
Die Autoren stellen das „Berliner Modell" vor, ein bindungstheoretisch fundiertes Konzept für die Eingewöhnung von Kleinkindern in Krippen und Tagespflegestellen. Dieses wichtige und gut verständliche Buch ist allen zu empfehlen, die privat oder beruflich mit früher Tagesbetreuung zu tun haben, vor allem Eltern, Erzieherinnen und Tagesmüttern.

▶ Ziegenhain, U., Fries, M., Bütow, B. & Derksen, B. (2004). Entwicklungspsychologische Beratung für junge Eltern. Grundlagen und Handlungskonzepte für die Jugendhilfe. Weinheim: Juventa.
In diesem Buch wird ein Präventionsprogramm vorgestellt, das auf Erkenntnissen der modernen Bindungsforschung basiert. Ziel ist es, junge Eltern zu beraten und dabei zu unterstützen, eine sichere Bindung zu ihrem Säugling bzw. Kleinkind aufzubauen.

6 Geschwisterbeziehungen

Was Sie in diesem Kapitel erwartet

Die Beziehungen zwischen Geschwistern gehören zu den intensivsten und längsten Beziehungen in unserem Leben. Die meisten Geschwister fühlen sich auf eine selbstverständliche Weise zusammengehörig und miteinander verbunden. Anders als bei Freundschaften oder Paarbeziehungen kommt es nur sehr selten vor, dass Beziehungen zwischen Geschwistern abgebrochen werden. Und selbst wenn Geschwister dies versuchen, besteht ihre Beziehung „unterirdisch" weiter und wirkt sich auf ihr Leben aus. Brüder und Schwestern beeinflussen sich gegenseitig in ihrer Entwicklung und stehen sich zugleich mit ambivalenten Gefühlen gegenüber: Einerseits sind sie einander innige Vertraute und manchmal bewunderte Vorbilder, andererseits oft auch eifersüchtige und erbitterte Rivalen. Aus Sicht der Familienpsychologie ist interessant, wie solche emotionalen Ambivalenzen entstehen und sich langfristig auf die Beziehungen der Geschwister auswirken. In diesem Kapitel werden wichtige Ergebnisse der Geschwisterforschung zusammengefasst. Wir werden sehen, dass der Platz in der Geschwisterreihenfolge, das Geschlecht und der Altersabstand wichtige Faktoren für die Entwicklung sozialer und intellektueller Fähigkeiten sind. Wir betrachten, wie sich Geschwisterbeziehungen im Verlauf des Lebens entwickeln und verändern – von der Kindheit bis zum hohen Alter. Weil es heute immer mehr Patchworkfamilien gibt, gehen wir am Ende des Kapitels auch auf die Beziehungen zwischen Stief- und Halbgeschwistern ein.

6.1 Geschwisterbeziehungen früher und heute

Die Familienrealität hat sich in den vergangenen Jahrzehnten enorm gewandelt. Noch vor zwei bis drei Generationen waren in Deutschland sechs oder mehr Kinder pro Familie keine Seltenheit. Die Kinder hatten damals jedoch nicht nur mehr Geschwister als heute, sondern auch andere familiäre Rollen und Verpflichtungen. Die Eltern hatten in ihrem Alltag oft wenig Zeit, sich mit den Kindern zu befassen. Wichtig war vor allem, dass die Kinder gehorsam waren, sich ordentlich benahmen und zu Hause mithalfen. Dabei mussten die älteren Brüder und Schwestern den jüngeren ein Vorbild sein. Vielfach übertrugen die Eltern auch die Betreuung der jüngeren Kinder den älteren Geschwistern. Insbesondere die älteste Schwester wurde mit Aufgaben im Haushalt und in der Kindererziehung betraut. Häufig war sie gleichsam das „Oberhaupt" in der Geschwisterreihe und vertrat die Mutter, wenn diese abwesend war oder anderen Arbeiten nachging (Kasten, 2003).

Durch den rasanten soziokulturellen und demographischen Wandel unserer Gesellschaft und die zurückgegangene Geburtenrate haben sich auch die Geschwisterbeziehungen verändert. Während in Deutschland noch vor 100 Jahren fünf bis sechs Kinder pro Familie üblich waren, sind es heute im Durchschnitt nur noch etwa 1,3 Kinder. Die Ein-Kind-Familie ist inzwischen zur häufigsten Familienform geworden (Pötzsch, 2007). Dadurch haben Kinder heute weniger Geschwister als noch vor wenigen Generationen. Hinzu kommt ein Trend zu immer mehr Arten von Geschwistern, z. B. Adoptiv-, Halb- oder Stiefgeschwister, weil Kinder aufgrund der gestiegenen Scheidungsraten häufiger in Fortsetzungsfamilien („Patchworkfamilien") aufwachsen.

Geschwisterkinder verbringen heute auch weniger Zeit miteinander als früher. Weil verschieden alte Geschwister in unterschiedliche Institutionen (z. B. Schule, Kita) und Freizeitaktivitäten (Fußballverein, Klavierunterricht) eingebunden sind, sehen sie sich immer seltener. Dagegen wird angenommen, dass Geschwister früher mehr Zeit füreinander hatten und oft engere emotionale Bindungen entwickelten.

Obwohl heute die Beziehungen zwischen Geschwistern in mancher Hinsicht anders sind als die vergangener Generationen, hat sich ein wesentlicher Aspekte nicht verändert: Seine Geschwister kann man sich nicht aussuchen. Man *hat* Geschwister, so wie man Eltern hat. Mit Eltern wie mit Geschwistern muss man irgendwie auskommen und sich arrangieren – auch wenn es zuweilen schwer fällt. Geschwisterbeziehungen werden – genau wie Eltern-Kind-Beziehungen – Primärbeziehungen genannt: Sie sind von Anfang an da und dauern so lange, bis eines der Geschwister stirbt. Hinsichtlich der zeitlichen Dauer gehören Geschwisterbeziehungen deswegen zu den längsten Beziehungen in unserem Leben (Kasten, 2003).

6.2 Geschwisterposition und Entwicklung

Ein traditionelles Thema der Geschwisterforschung ist der Einfluss des Geburtsrangplatzes auf die Persönlichkeitsentwicklung eines Kindes. Die zentrale Annahme ist, dass eine bestimmte Position in der Geschwisterreihe (z. B. ältestes oder jüngstes Kind) mit charakteristischen Unterschieden in Erziehung und Sozialisation einhergeht.

Das „Entthronungstrauma". Als Pionier der Geschwisterforschung gilt der Tiefenpsychologe Alfred Adler (1870–1937). Adler (1994) glaubte, dass das erstgeborene Kind die Geburt eines Geschwisterkindes als schmerzliche „Entthronung" erlebt. Er ging davon aus, dass Erstgeborene ihr Leben lang mit der Verarbeitung dieser frühkindlichen traumatischen Erfahrung ringen. So sah Adler das Entthronungstrauma als wichtigste Ursache für die Rivalität zwischen Geschwistern an. Auch der oft zu beobachtende große Ehrgeiz von Erstgeborenen ist mit dem Entthronungstrauma erklärbar: Sie versuchen, durch besondere Leistungen ihre Entthronung rückgängig zu machen und den ihnen zustehenden Platz zurückzuerobern.

Folgen für die intellektuelle Entwicklung. Aus der entwicklungspsychologischen Forschung ist bekannt, dass Erstgeborene oft bessere schulische Leistungen zeigen als andere Kinder. Bei erwachsenen Personen mit herausragenden Leistungen (z. B. Wissenschaftler, Politiker etc.) ist der Anteil von Erstgeborenen und Einzelkindern besonders hoch. Dieses Phänomen wird oft damit erklärt, dass diese Kinder zumindest für eine gewisse Zeit die ungeteilte Aufmerksamkeit und Förderung ihrer Eltern erfahren (Teubner, 2005).

Nach dem Konfluenzmodell (Zajonc & Markus, 1975) verzögert sich nach der Geburt eines zweiten Kindes die intellektuelle Entwicklung der Erstgeborenen. Einige Jahre später profitieren sie jedoch von ihrer Lehrerfunktion für die jüngeren Geschwister, wodurch sie als Erwachsene oft ein höheres Intelligenzniveau erreichen.

Folgen für die soziale und emotionale Entwicklung. Hinsichtlich der sozialen Kompetenzen sind dagegen oft die später geborenen Kinder überlegen. Sie werden z. B. als beliebter, geselliger und einfühlsamer als Erstgeborene und Einzelkinder beschrieben. Diese Unterschiede werden unter anderem damit begründet, dass die später geborenen Kinder im Umgang mit den älteren und in vieler Hinsicht überlegenen Geschwistern besondere soziale Fähigkeiten brauchen, wie z. B. Anpassungsfähigkeit, Kompromissbereitschaft, Einfühlungsvermögen und Toleranz (Schmidt-Denter, 2005). Eltern beschreiben ihre erstgeborenen Kinder zumeist als empfindlicher, introvertierter, ernsthafter, unzufriedener, sozial weniger aktiv und insgesamt problematischer als die später geborenen Geschwister. Allerdings kann man auch vermuten, dass solche Beschreibungen Erfahrungen widerspiegeln, welche die zu diesem Zeitpunkt noch relativ unerfahrenen und unsicheren Eltern mit ihrem ersten Kind gemacht haben (Kasten, 2003).

Die mittlere Geschwisterposition. Viele Psychologen sind sich darin einig, dass mittlere Geschwister (besonders in Familien mit drei Kindern) die vergleichsweise schlechtesten Ausgangsbedingungen haben: Sowohl das erstgeborene als auch das zuletzt geborene Geschwisterkind erfahren für einen gewissen Zeitraum die besondere und ungeteilte Aufmerksamkeit und Zuwendung der Eltern. Sandwich-Geschwister sind weder Thronfolger noch Nesthäkchen; sie fühlen sich deswegen oft zurückgesetzt und vernachlässigt (Kasten, 2003). Hinzu kommt, dass sich unter Umständen die anderen Geschwister von den mittleren Kindern abgrenzen – die älteren, weil sie sich entthront fühlen, die jüngeren, weil sie sich unterdrückt fühlen. Wenn es zu einer Koalition zwischen den erst- und letztgeborenen Kindern kommt, kann dies eine sehr unbequeme und belastende Situation für das mittlere Geschwisterkind sein (Rufo, 2006).

Viele mittlere Kinder versuchen, einen eigenen Bereich zu finden, in dem sie sich profilieren können und Anerkennung bekommen (z. B. Hobby, Interessengebiet etc.). Doch wenn dies auf Dauer nicht gelingt, kann es zu Entwicklungsproblemen kommen. Manche dieser Kinder reagieren mit Resignation, Trauer oder Rückzugsverhalten; andere zeigen Aggressivität, Trotzverhalten oder Leistungsverweigerung. Allerdings muss es keineswegs zwangsläufig zu einer negativen Entwicklung bei mittleren Geschwisterkindern kommen. Zum einen sind viele dieser Kinder psychisch recht robust und erleben keine gravierenden Belastungen aufgrund der geringeren elterlichen Zuwendung. Zum anderen haben Eltern die Möglichkeit, rechtzeitig gegenzusteuern, indem sie sich bewusst intensiver mit dem mittleren Geschwisterkind beschäftigen und z. B. ab und zu etwas allein mit ihm unternehmen (Kasten, 2003).

Das Duplikationstheorem. Der Wiener Psychoanalytiker Walter Toman (1920–2003) nahm an, dass sich Geschwisterkonstellationen noch im Erwachsenenalter nachhaltig auf die Sozialbeziehungen einer Person auswirken. In seinem *Duplikationstheorem* ging er davon aus, dass Menschen abhängig von ihrem Geburtsrangplatz bestimmte Beziehungserwartungen und Verhaltensmuster entwickeln, die sich in späteren Sozialbeziehungen unterschiedlich gut miteinander ergänzen (Toman, 2002). Dies bedeutet, dass z. B. Paarbeziehungen umso glücklicher und stabiler sind, je stärker sie früheren Geschwisterbeziehungen ähneln. So harmoniert z. B. der ältere Bruder einer Schwester besonders gut mit der jüngeren Schwester eines Bruders. Erstgeborene neigen nach Toman (2002) zu dominantem Führungsverhalten und suchen sich Beziehungspartner, die dies akzeptieren oder sogar wünschen. Vor allem ältere Schwestern zeigen fürsorgliches Beziehungsverhalten und übernehmen Verantwortung für andere Menschen. Obwohl es empirische Studien gibt, die Tomans Annahmen stützen, ist das Duplikationstheorem umstritten. So wird z. B. kritisiert, dass kindliche Geschwisterbeziehungen etwas qualitativ anderes sind als Paarbeziehungen im Erwachsenenalter.

Fazit und Kritik. Aus Sicht der modernen Familienpsychologie ist festzuhalten, dass sich der Geburtsrangplatz eines Kindes entscheidend auf dessen weitere Entwicklung auswirken kann – aber nicht muss. Streng wissenschaftlich gesehen sind nur vorsichtige Aussagen über den Zusammenhang zwischen Geschwisterposition und Persönlichkeitsentwicklung möglich. Dies bedeutet, dass sich die Entwicklung eines Kindes nicht allein aufgrund seines Geburtsrangplatzes erklären lässt. Zusätzlich müssen zahlreiche weitere Faktoren betrachtet werden, wie z. B. das Temperament des Kindes, der Altersabstand zu den später geborenen Geschwistern, die Größe der Familie, der elterliche Erziehungsstil sowie weitere, außerfamiliäre Sozialisationseinflüsse.

6.3 Einflüsse von Geschlecht und Altersabstand der Geschwister

Schwestern und Brüder

Welche Rolle spielt das Geschlecht der Kinder für die Entwicklung der Geschwister und ihrer Beziehungen untereinander? Macht es z. B. einen Unterschied, ob man einen älteren Bruder oder eine ältere Schwester hat? Unterscheiden sich Mädchen, die mit einer oder mehreren Schwestern aufwachsen, von Mädchen, die nur Brüder haben?

Geschlechtsspezifische Erziehung. Eltern behandeln ihre Söhne anders als ihre Töchter. Die elterlichen Erwartungen hinsichtlich typisch weiblicher bzw. typisch männlicher Eigenschaften und Verhaltensweisen wirken sich nachhaltig auf das elterliche Erziehungsverhalten aus. So kommunizieren z. B. Mütter mehr mit ihren Töchtern; insbesondere zur ältesten Tochter besteht oft eine besonders enge Beziehung. Wenn das erstgeborene Geschwisterkind ein Mädchen ist, wird ihm häufig schon früh Verantwortung bei der Betreuung jüngerer Geschwister übertragen. Wenn Eltern zwei Söhne haben, so werden diese strenger und kontrollierender erzogen als zwei Töchter. Doch nicht nur die Eltern erziehen Jungen und Mädchen unterschiedlich – die geschlechtsspezifische Behandlung der Kinder setzt sich in Kindergarten und Schule fort. Im Lauf der Jahre verinnerlichen die Kinder die männlichen bzw. weiblichen Geschlechterrollen immer mehr. Schließlich werden sie Bestandteil einer Geschlechtsidentität (Grob & Jaschinski, 2003).

Geschlechtsrollen und Geschwisterkonstellationen. Wie stark die Geschlechterrolle ausgeprägt ist, scheint unter anderem von Geschwisterkonstellationen abzuhängen. Besonders „feminine" Mädchen (sensibel, anpassungsfähig, gefühlsbetont etc.) sind oft Einzelkinder oder stammen aus Familien, in denen nur Mädchen aufwuchsen. Dagegen sind besonders „männliche" Jungen (robust, dominant, rational, technisch interessiert etc.) ebenso häufig Einzelkinder oder hatten ausschließlich Brüder. Je geringer der Altersabstand der Geschwister ist, desto stärker ist das geschlechtsrollenkonforme Verhalten ausgeprägt. Anders bei Kindern, die mit gegengeschlechtlichen älteren Geschwistern aufwachsen: Hier entwickeln die jüngeren Geschwister eher Interessen, die eigentlich für das jeweils andere Geschlecht typisch sind.

Große Brüder und große Schwestern. In viele Studien zeigte sich, dass ältere Brüder und Schwestern ihre jüngeren Geschwister stark beeinflussen. So wird Geschlechtsrollenverhalten vor allem dann verstärkt, wenn ältere gleichgeschlechtliche Geschwister als Vorbild vorhanden sind (z. B. wenn Jungen einen älteren Bruder haben). Brüder vermitteln sich dabei eher Wissen und Kompetenzen in technisch-naturwissenschaftlichen Bereichen, Schwestern mehr in sprachlichen und sozialen Bereichen. Offenbar profitieren jüngere Geschwister in intellektueller Hinsicht am meisten von älteren Schwestern, vor allem im Hinblick auf Wortschatz und Sprachverständnis. Dagegen scheint die Anwesenheit eines älteren Bruders vor allem die Leistungsmotivation und den Ehrgeiz jüngerer Geschwister zu stärken.

Altersabstand zwischen Geschwistern

Neben der Geschwisterposition und dem Geschlecht der Kinder wirkt sich auch deren Altersabstand auf die Geschwisterbeziehung aus. Eltern machen in diesem Zusammenhang oft recht unterschiedliche Erfahrungen. Oft wird es als vorteilhaft angesehen wenn die Kinder vom Alter her relativ eng beieinander sind und deswegen mehr miteinander anfangen können. Anderseits können altersmäßig benachbarte Geschwister „wie Hund und Katze" sein und ständig miteinander streiten.

Geringer Altersabstand. Die Geschwisterforschung hat gezeigt, dass sich zwischen Geschwistern mit geringem Altersabstand (d. h. weniger als drei Jahre) meistens eine sehr enge emotionale Beziehung entwickelt. Sie beschäftigen sich im Alltag häufiger miteinander als Geschwister, die altersmäßig weiter auseinander liegen. So gibt es z. B. mehr Spiele und Aktivitäten, die beide Geschwister interessant finden. Im Alltag werden viele Situationen und Erfahrungen miteinander geteilt. Möglicherweise besuchen die Geschwister den gleichen Kindergarten oder die gleiche Schule. Annähernd gleichaltrige Geschwister erleben sich in vieler Hinsicht als ähnlich. Dies kann zu einer starken gegenseitigen Identifikation führen. Bei einem kleinen Altersabstand kann z. B. besonders oft beobachtet werden, dass das jüngere Geschwisterkind Verhaltensweisen des älteren Bruders bzw. der älteren Schwester imitiert.

Doch ein geringer Altersabstand geht in der Regel auch mit mehr Rivalität, Eifersucht und Konflikten einher. Zahlreiche Studien haben bestätigt, dass sich zwischen altersmäßig eng benachbarten Geschwistern mehr Aggressivität abspielt als zwischen Geschwistern mit größerem Altersabstand. Besonders ausgeprägt ist dies in den ersten Lebensjahren, wobei die Aggressivität meist vom älteren Geschwisterkind ausgeht. Wir können davon ausgehen, dass dabei Neid und Eifersucht eine große Rolle spielen. Dem erstgeborenen Kind fällt es schwer, seine Entthronung zu akzeptieren und die elterliche Aufmerksamkeit mit einem neuen Geschwister zu teilen. Möglicherweise fühlt sich das ältere Kind benachteiligt und vernachlässigt und „rächt" sich dafür am jüngeren Geschwister. Vielfach zeigen ältere Geschwister vorübergehend auch regressive Verhaltensweisen, um in gleicher Weise elterliche Zuwendung zu erhalten wie das jüngere Geschwisterkind. So trinken manche ältere Geschwister plötzlich wieder aus der Nuckelflasche, sprechen in Baby-Sprache oder kommen nachts ins Bett der Eltern.

Abbildung 6.1. Großer Bruder – kleine Schwester … Zwischen Geschwistern mit relativ geringem Altersunterschied entwickeln sich meist sehr enge Beziehungen. Zugleich ist aber auch Rivalität und Eifersucht stärker ausgeprägt als bei Geschwistern mit großem Altersabstand

Großer Altersabstand. Die Geschwisterforschung hat sich hauptsächlich mit Geschwistern beschäftigt, die altersmäßig relativ nahe beieinander sind; zu den Auswirkungen eines großen Altersabstands von sechs oder mehr Jahren gibt es kaum wissenschaftliche Studien. Familientherapeuten gehen davon aus, dass bei Geschwistern mit großem Altersabstand meist keine so große emotionale Nähe entsteht und zugleich das Ausmaß von Rivalität und aggressiven Auseinandersetzungen geringer als bei Geschwistern mit kleinem Altersunterschied ist (Bank & Kahn, 1994). Manche Psychologen (z. B. Rufo, 2006) sind deswegen der Ansicht, dass ein größerer Altersabstand besonders günstig für die Entwicklung der Kinder ist. Geschwister mit großem Altersabstand teilen im Alltag weniger Erfahrungen miteinander und erleben in weit geringerem Maße eine gemeinsame Kindheit als annähernd gleich alte Geschwister. Vielfach wohnt der ältere Bruder bzw. die ältere Schwester nicht mehr im Elterhaus, wenn das jüngere Geschwisterkind in der Adoleszenz ist. Letztgeborene Kinder mit einem Altersabstand von mehr als 6 Jahren zum nächsten Geschwisterkind wachsen in vieler Hinsicht ähnlich wie Einzelkinder auf.

Identifikation und Nähe in Geschwisterbeziehungen

Enge emotionale Beziehungen zwischen Geschwistern entwickeln sich im gemeinsamen Familienalltag. Im Laufe ihrer Persönlichkeitsentwicklung orientieren sich die Geschwister stark aneinander und vergleichen sich wechselseitig. Bei kleineren Kindern geht es zunächst um äußerliche Merkmale und Verhaltensweisen, die als ähnlich bzw. unterschiedlich wahrgenommen werden:

► „Ich sehe meinem Bruder nicht besonders ähnlich. Er hat blaue Augen und ich braune."
► „Ich möchte dieselbe Frisur haben wie meine Schwester."
► „Ich kann genauso gut klettern wie mein Bruder!"

Ältere Geschwister und Jugendliche vergleichen sich zunehmend hinsichtlich innerer Merkmale, Einstellungen und Eigenschaften:

► „Mein Bruder ist auch ziemlich ehrgeizig. Wir sind beide gut in der Schule."
► „Wir finden Jungs beide total blöd. Kein Wunder, die sind ja meistens auch total kindisch und verklemmt."
► „Ich will später mal heiraten und viele Kinder haben. Mein Bruder ist da anders, er will lieber seine Freiheit genießen und auf Weltreise gehen."

Identifikation und De-Identifikation. In der Regel gibt es zwischen gleichgeschlechtlichen Geschwistern mit geringem Altersunterschied besonders viele Gemeinsamkeiten. Dabei haben Geschwister auch oft das Bedürfnis, sich als „ähnlich" zu definieren und sich miteinander zu identifizieren. Durch Identifikation können z. B. jüngere Geschwister an dem Status und den Erfolgen des Älteren teilhaben. Aber auch das Gegenteil, die De-Identifikation, ist möglich: Die Kinder haben dann gerade das Bedürfnis, sich vom Geschwister abzugrenzen und sich in manchem oder sogar vielem als „unähnlich" zu definieren. Die Identitätsentwicklung von Kindern und Jugendlichen spielt sich in diesem Spannungsfeld wechselseitiger Identifikation und De-Identifikation ab. Dabei sind natürlich nicht nur die Geschwister relevant, sondern auch die Eltern, gleichaltrige Kinder und Jugendliche sowie andere soziale Rollenmodelle.

Identifikationsmuster. Die amerikanischen Familientherapeuten Bank und Kahn (1994; 2003) haben basierend auf Praxisfällen unterschiedliche Typen von Geschwisterbeziehungen herausgearbeitet. Diese können wiederum drei Identifikationsmustern zugeordnet werden:

- **Enge Identifikation.** Die Geschwister erleben sich weitgehend als ähnlich bzw. nur in wenigen Bereichen als verschieden.
- **Teilidentifikation.** Die Geschwister haben das Gefühl, sich in mancher Hinsicht ähnlich zu sein, in anderer Hinsicht jedoch nicht.
- **Distanzierte Identifikation:** Die Geschwister nehmen vorwiegend große Unterschiede zwischen sich wahr.

Im Rahmen dieser drei Identifikationsmuster beschreiben Bank und Kahn (1994) acht verschiedene Geschwisterbeziehungstypen (vgl. Tabelle 6.1). Diese lassen sich jeweils durch einen Kernsatz charakterisieren, der die Identifikation der Geschwister sowie die erlebte Nähe bzw. Distanz abbildet. Sowohl enge als auch distanzierte Identifikationsmuster sind oft starr und unflexibel. Sie können unter Umständen die Entwicklung der Geschwister stark einschränken. So schließt z. B. die extrem ablehnende Haltung „Ich will niemals so werden wie mein Bruder!" von vorneherein viele Entwicklungsmöglichkeiten aus. Teilweise Identifikationsmuster werden als günstiger beurteilt, weil die Geschwister dann offener für eigene Veränderungen sind und auch mehr Spielräume für die Weiterentwicklung ihrer Beziehung haben.

Leider gibt es kaum systematische Studien, die die Allgemeingültigkeit dieser Beziehungstypologie belegen. Dessen ungeachtet kann das Modell in der Beratungspraxis sehr hilfreich sein und die Reflexion einer Geschwisterbeziehung anregen.

Tabelle 6.1. Bank und Kahn (1994) unterscheiden acht Geschwisterbeziehungstypen, die drei unterschiedlichen Identifikationsmustern zugeordnet werden können. Distanzierte Identifikationsmuster werden sowohl durch sehr geringe als auch durch sehr große Altersabstände begünstigt

Identifikation	Beziehungstyp	Kernsatz
eng	Symbiotisch	Wir sind gleich. Es gibt keine Unterschiede.
	Verschmelzung	Ich weiß nicht genau, wer ich eigentlich bin. Vielleicht bin ich ja wie Du.
	Idealisierung	Ich bewundere Dich so sehr, dass ich sein will wie Du.
teilweise	gegenseitig abhängig	Wir sind uns in vieler Hinsicht ähnlich. Wir werden uns immer brauchen und füreinander sorgen, trotz aller Unterschiede.
	Konstruktiv und dynamisch-unabhängig	Wir sind uns ähnlich, aber auch verschieden. Das ist eine Herausforderung und gibt uns beiden die Chance zu wachsen.
	Destruktiv und feindselig-abhängig	Wir sind in vieler Hinsicht verschieden. Wir mögen uns nicht besonders, aber irgendwie brauchen wir uns trotzdem.
distanziert	Abgrenzung	Du bist ganz anders als ich. Ich will nicht von Dir abhängig sein und nie so werden wie Du.
	Verleugnung	Wir sind absolut verschieden. Ich brauche Dich nicht, ich mag Dich nicht und es ist mir egal, ob wir uns wieder sehen oder nicht.

6.4 Geschwisterbeziehungen im Lebenslauf

Die Geburt des zweiten Kindes

Aus Sicht der Eltern bringt die Geburt des zweiten Kindes weniger Veränderungen mit sich als die Geburt des ersten Kindes (vgl. Kapitel 4). Zu diesem Zeitpunkt ist die Elternrolle meist schon stabil im Selbstkonzept und in der Paarbeziehung integriert. Doch für das ältere Kind kann die Geburt eines jüngeren Geschwisters sehr schwierig und verunsichernd sein.

Von der Triade zur Tetrade. Die Geburt eines zweiten Kindes bringt eine wesentliche strukturelle Veränderung des Familiensystems mit sich. Der Familienzuwachs verändert zunächst die äußere „Gestalt" der Familie: Aus einer familiären Triade mit drei Familienmitgliedern (Vater – Mutter – Kind) wird eine familiäre Tetrade (Vater – Mutter – zwei Geschwisterkinder). Aber auch die Beziehungen innerhalb der Familie (Partnerbeziehung, Eltern-Kind-Beziehungen, Geschwisterbeziehungen) verändern sich und entwickeln sich weiter. Der Berliner Entwicklungspsychologe Kurt Kreppner hat den Übergang von der familiären Triade zur Tetrade in Längsschnittstudien untersucht (Kreppner, 1988; Kreppner et al., 1982) und fand in den ersten beiden Jahren nach der Geburt des zweiten Kindes meist drei typische Entwicklungsphasen:

(1) **Geburt bis achter Lebensmonat.** Die Eltern müssen nun den Bedürfnissen von zwei Kindern gerecht werden. In dieser Phase versucht das ältere Geschwisterkind oft energisch, seinen Anspruch auf elterliche Zuwendung durchzusetzen. In manchen Familien kümmert sich der Vater nach der Geburt verstärkt um das ältere Kind, während die Mutter für das Baby zuständig ist. Wenn sich jedoch schwerpunktmäßig die Mutter um beide Kinder kümmert, muss sie es schaffen, sich und ihre Aufmerksamkeit möglichst „gerecht" auf beide Kinder aufzuteilen.

(2) **Achter bis 16. Lebensmonat.** Das jüngere Kind lernt krabbeln und laufen, wodurch sich sein Aktionsradius und seine Handlungsmöglichkeiten stark erweitern. Dadurch nehmen auch die Konflikte zwischen den Geschwistern zu. Deswegen müssen die Eltern in dieser Phase besonders oft schlichten und Verhaltensregeln durchsetzen. Während manche Eltern vom älteren Kind erwarten, dass es Rücksicht auf das jüngere Geschwister nimmt und eigene Bedürfnisse zurückstellt, versuchen andere Eltern, Konfliktsituationen bereits im Vorfeld zu vermeiden (z. B. durch getrennte Unternehmungen und Zimmer).

(3) **17. bis 24. Lebensmonat.** In dieser Phase nehmen die Rivalitätskonflikte allmählich ab. Die Eltern müssen deswegen nicht mehr so oft zwischen den Geschwistern vermitteln oder schlichten. Zwischen den Geschwistern bildet sich zunehmend eine eigenständige Beziehung heraus. Am Ende des zweiten Lebensjahrs hat dich die Geschwisterbeziehung als neues familiäres Subsystem entwickelt.

Geschwister in der Kindheit

Im Verlauf der ersten Lebensjahre verbringen die Geschwister zunehmend mehr Zeit miteinander. In ihrem Verhalten und ihrer Kommunikation sind sie immer stärker aufeinander bezogen. Bereits einjährige Kinder haben genauso viel Kontakt mit ihren älteren Geschwistern wie mit ihren Müttern. Geschwister im Alter zwischen drei und fünf Jahren verbringen im Durchschnitt doppelt so viel Zeit miteinander wie mit ihren Eltern (Kasten, 2004).

Nachahmungsverhalten. Kleinere Kinder orientieren sich in ihrem Verhalten meist stark an den älteren Geschwistern. In ihrem Nachahmungsverhalten zeigt sich deutlich, dass die älteren Geschwister eine Vorbildfunktion haben. Aber es kommt auch vor, dass sich Geschwister gegenseitig imitieren. Das gegenseitige Nachahmen bereitet auch den älteren Geschwistern durchaus Vergnügen.

Anhänglichkeit. Die zunehmende Vertrautheit der Geschwister äußert sich auch in einem Anhänglichkeitsverhalten, das an die emotionale Bindung zwischen Kindern und Eltern erinnert (vgl. Kapitel 5). Jüngere Kinder vermissen ihre älteren Geschwister, wenn sie abwesend sind und zeigen deutlich ihre Freude, wenn sie zurückkehren und mit ihnen spielen. In einer unvertrauten, fremden Situation haben sie weniger Angst, wenn das ältere Geschwister in der Nähe ist.

Geschlechtsunterschiede. Bereits bei kleinen Kindern macht es einen Unterschied, ob es sich bei dem älteren Geschwister um einen Bruder oder eine Schwester handelt. Jüngere Kinder im Alter von ca. 1½ bis 2 Jahren wenden sich mit ihren Bedürfnissen nach Hilfe oder Zuwendung häufiger an eine ältere Schwester als an einen älteren Bruder. Umgekehrt kümmern sich Mädchen fürsorglicher und liebevoller um ihre jüngeren Geschwister als Jungen.

Im weiteren Entwicklungsverlauf bilden sich typische Rollenverhältnisse zwischen den Geschwistern aus. Generell verstärkt sich zunächst die Tendenz, dass ältere Geschwister die Rolle des Vorbilds bzw. Lehrers übernehmen. Besonders ältere Schwestern werden von den jüngeren Geschwistern in dieser Rolle akzeptiert (Schmidt-Denter, 2005). Dagegen lösen ältere Brüder durch ihr oft dominantes, auftrumpfendes Verhalten Widerstand oder Konkurrenzverhalten aus.

In der mittleren und späten Kindheit (ca. 7 bis 12 Jahre) bilden sich wahrscheinlich wesentliche Identifikations- und De-Identifikationsmuster zwischen den Geschwistern heraus. In dieser Altersphase haben die Kinder immer stärker das Bedürfnis, sich voneinander abzugrenzen und ihre individuellen Vorlieben und Interessen zu entwickeln. Mit zunehmendem Alter werden sich die Geschwister immer ebenbürtiger und weisen schließlich einen vergleichbaren Entwicklungsstand auf.

Geschwister im Jugendalter

Die Adoleszenz (ca. 13–21 Jahre) zeichnet sich durch eine Vielzahl körperlicher und psychischer Veränderungen aus. Viele Jugendliche erleben diese Zeit als Krise. Grob und Jaschinski (2003) nennen als normative Entwicklungsaufgaben z. B. die Bewältigung der Pubertät, die zunehmende emotionale Ablösung von den Eltern, die Vorbereitung auf die Berufsausbildung, den Aufbau einer Partnerbeziehung und die Planung einer familiären Zukunft. Hinsichtlich der sozialen Beziehungen erlangen die Gleichaltrigen (peer group) im Jugendalter eine zunehmend wichtigere, oft zentrale Bedeutung. Hinzu kommt, dass die individuelle Identitätsentwicklung schwerpunktmäßig in der Adoleszenz stattfindet.

Welche Rolle spielen Geschwister für Jugendliche, und wie verändern sich die Geschwisterbeziehungen in dieser Zeit? Ganz generell wollen Jugendliche innerlich und äußerlich unabhängig von ihrer Herkunftsfamilie werden. Deswegen tendieren Jugendliche dazu, sich auch von ihren Geschwistern abzugrenzen. Zugleich werden die gleichaltrigen Freunde (peers) immer wichtiger. Jugendliche erleben häufig mehr emotionale Nähe und Vertrautheit zu Freunden als zu ihren Geschwistern. Mit den Freunden werden häufiger die „wirklich wichtigen" Dinge diskutiert, wie z. B. Jungen- oder Mädchenbekanntschaften, sexuelle Erfahrungen, wichtige Entscheidungen oder Zukunftspläne. Mit der Schwester oder dem Bruder wird dagegen öfter über familienbezogene Themen gesprochen. Auch im Hinblick auf gemeinsame Freizeitaktivitäten und jugendtypische Aktivitäten (z. B. Ausgehen, Rockkonzerte, Besuche) sind die gleichaltrigen Freunde meist wichtiger als die Geschwister (Pulakos, 1989).

Arnett (2004) unterscheidet fünf unterschiedliche Typen von Geschwisterbeziehungen in der Adoleszenz. Die Grenzen zwischen diesen Typen können fließend sein:

- ▶ **Fürsorgliche Geschwisterbeziehungen.** Ein Geschwisterkind übernimmt Verantwortung für ein anderes. Meist handelt es sich um die ältere Schwester, die sich um jüngere Geschwister kümmert.
- ▶ **Kumpelhafte Geschwisterbeziehungen.** Die Geschwister haben ein freundschaftliches, kameradschaftliches Verhältnis.
- ▶ **Konflikthafte Geschwisterbeziehungen.** Zwischen den Geschwister gibt es viel Streit und Hänseleien.
- ▶ **Rivalisierende Geschwisterbeziehungen.** Die Geschwister konkurrieren miteinander, z. B. im Hinblick auf schulische oder sportliche Leistungen.
- ▶ **Lose Geschwisterbeziehungen.** Die Beziehung ist emotional distanziert; die Geschwister haben relativ wenig miteinander zu tun.

Untersuchungen haben gezeigt, dass konflikthafte Geschwisterbeziehungen in der Adoleszenz recht häufig sind. Gründe für Streit mit dem Bruder oder der Schwester sind z. B. gegenseitige Hänseleien und Schmähungen, „Eigentumsdelikte" (z. B. das heimliche Ausborgen von Kleidungsstücken), das Eindringen in die Privatsphäre des anderen und wahrgenommene Ungerechtigkeiten der Eltern (Goodwin & Roscoe, 1990). Andererseits gibt es auch viele Jugendliche, die ein kumpelhaftes Verhältnis zu ihrem Geschwister haben (Seginer, 1998). Der Bruder oder die Schwester kann dann eine wichtige Vertrauensperson sein, vergleichbar mit einem guten Freund. Jugendliche mit mehreren Geschwistern haben auch häufig einen Lieblingsbruder oder eine Lieblingsschwester, dem bzw. der sie sich besonders nahe fühlen.

Erwachsene Geschwister

Im frühen und mittleren Erwachsenenalter rückt die Beziehung zu den Geschwistern oft in den Hintergrund. Für diese Entwicklung gibt es unterschiedliche Gründe. Früher oder später findet eine räumliche Trennung der Geschwister statt. In der Regel ziehen sie aus dem Elternhaus aus und leben in einer eigenen Wohnung. Vielfach ziehen die Geschwister aufgrund von Ausbildung oder Beruf in eine andere Stadt. Zum anderen sind im Alltag andere Beziehungen, insbesondere zum (Ehe-)Partner, zu den eigenen Kindern wichtiger. Trotzdem reißen die Kontakte zwischen den Geschwistern fast nie völlig ab. Geschwisterbeziehungen gehören damit zu den seltenen Beziehungsformen, die ein Leben lang bestehen bleiben (Cicirelli, 1995).

Viele erwachsene Geschwister sehen sich nur noch selten, z. B. an Weihnachten, bei Familienfeiern oder zu anderen besonderen Anlässen. Doch die Häufigkeit des Kontakts sagt nicht unbedingt etwas über die Art der Geschwisterbeziehung aus. Unter Umständen fühlen sich Geschwister, die relativ selten persönlichen Kontakt haben (z. B. aufgrund großer Entfernungen), sehr eng miteinander verbunden, während andere Geschwister sich zwar häufig sehen, aber gleichwohl ein distanziertes oder sogar feindseliges Verhältnis zueinander haben.

Im mittleren und höheren Erwachsenalter gibt es einen Trend zur Re-Intensivierung der Geschwisterbeziehungen. In der nachelterlichen Phase (wenn die eigenen Kinder bereits erwachsen sind) und noch stärker im höheren Alter nehmen die Anzahl der Kontakte und die emotionale Nähe zwischen den Geschwistern wieder zu. Vielfach findet diese Wiederbelebung der Geschwisterbeziehungen im Kontext von kritischen Lebensereignissen und Familienentwicklungs-aufgaben statt. So können z. B. die Pflegebedürftigkeit der alten Eltern oder der Tod des Ehe-partners Anlässe sein, die die Geschwister wieder enger zusammenbringen. Hinzu kommt, dass beim Eintritt ins Rentenalter viele beruflich bedingte Kontakte und Beziehungen wegfallen. In dieser Situation besinnen sich viele Menschen wieder auf ihre bewährten Familienbeziehungen, die möglicherweise lange brachgelegen haben (Cicirelli, 1995).

Betrachtet man die gesamte Lebensspanne, so gibt es einen U-förmigen Zusammenhang zwi-schen Lebensalter und geschwisterlicher Verbundenheit. In der Kindheit und im höheren Er-wachsenalter scheinen sich Geschwister am nächsten zu stehen. Im mittleren Alter tritt die Be-deutung der Geschwisterbeziehungen hingegen meist in den Hintergrund (Schmidt-Denter, 2005).

6.5 Stief- und Halbgeschwister

Aufgrund der in den letzten Jahrzehnten stark gestiegenen Scheidungsraten und der Zunahme alternativer Familienformen gibt es heute immer mehr Kinder, die in Stieffamilien (Patchwork-familien) aufwachsen. Statistischen Untersuchungen zufolge können wir davon ausgehen, dass bis zu 9,5 % aller Kinder in einer Stieffamilie leben (Teubner, 2002). In den meisten Fällen leben Stiefkinder nach einer Trennung bzw. Scheidung mit ihrem leiblichen Elternteil und dessen neuem (Ehe-)Partner zusammen. Wenn dieser ebenfalls Kinder in die neue Beziehung mit-bringt, sind dies Stiefgeschwister. Werden in der neuen Partnerschaft weitere Kinder geboren, so werden diese als Halbgeschwister bezeichnet.

Definition

Stiefgeschwister sind Geschwister, die genetisch nicht miteinander verwandt sind, aber in einem gemeinsamen Haushalt mit einem leiblichen Elternteil und den Kindern des anderen Elternteils zusammenleben. **Halbgeschwister** haben einen gemeinsamen leiblichen Vater bzw. eine gemeinsame leibliche Mutter.

Entwicklung von Stiefgeschwisterbeziehungen

Wenn zwei Teilfamilien zusammenziehen und eine Patchworkfamilie bilden, entsteht eine völlig neue Familien- und Geschwisterkonstellation. Veränderungen können z. B. die Größe der Fami-lie, die Geburtsrangplätze und Altersabstände der Geschwister sowie die Anzahl der Brüder und Schwestern betreffen. Kinder reagieren auf diese starken und abrupten Veränderungen häufig mit Verunsicherung und Ablehnung. So fällt es vielen Kindern anfangs sehr schwer, eine positi-ve Beziehung zum neuen Stiefelternteil und den neuen Stiefgeschwistern aufzubauen. Die Ge-schwisterbeziehungen in Stieffamilien werden oft als distanziert und problematisch beschrieben. Für den Beziehungsaufbau zwischen den Stiefgeschwistern spielen neben der Persönlichkeit der Kinder Geschlecht und Alter eine wichtige Rolle:

▶ Jungen zeigen ihre ablehnende Haltung gegenüber den Stiefgeschwistern oft offener als Mäd-chen. Diese neigen dazu, sich zurückzuziehen und sich vor allem gegenüber ihren Stiefbrü-dern abzugrenzen (Hetherington & Kelly, 2003).

▶ Ein kleiner Altersabstand ist eher ungünstig für die Entwicklung einer konstruktiven Stief-geschwisterbeziehung. Annähernd gleichaltrige Stiefgeschwister erleben sich eher als Rivalen als Stiefgeschwister mit großem Altersunterschied.

▶ Jugendlichen fällt es oft besonders schwer, mit der neuen Familiensituation und den neuen Stiefgeschwistern zurechtzukommen.

Auch das Verhalten der Eltern und der Stiefeltern kann sich mittelbar sehr stark auf das Verhältnis der Stiefgeschwister auswirken. Den Wunsch der (Stief-)Eltern, sich rasch anzufreunden und gut miteinander auszukommen, erleben die Kinder nicht selten als Druck und reagieren mit Unwillen und Trotz. Auch die Erwartung, dass sich die Kinder allmählich vom außerhalb der Stieffamilie lebenden Elternteil lösen sollten, wirkt sich negativ auf die Stiefgeschwisterbeziehung aus. Ungünstig ist es ferner, wenn sich die Kinder in der neuen Patchworkfamilie zurückgesetzt oder benachteiligt fühlen. Kinder können z. B. sehr empfindlich reagieren, wenn der leibliche Elternteil weniger Zeit mit ihnen verbringt als früher oder in Konflikten Partei für die Stiefkinder ergreift.

Nach einer oft schwierigen Anpassungsphase (ca. zwei bis drei Jahre) normalisiert sich das Verhältnis der Stiefgeschwister häufig. Spannungen, Eifersucht und Rivalität nehmen allmählich ab und pendeln sich auf ein unter Geschwistern übliches „Normalmaß" ein. Die langfristige Entwicklung von Stiefgeschwisterbeziehungen kann sehr unterschiedlich verlaufen und hängt von individuellen Bedingungen ab. Während manche Stiefgeschwister positive, tragfähige Beziehungen aufbauen, bleiben andere auf Dauer distanziert. Stiefgeschwistern, die z. B. aufgrund von Sorgerechtsregelungen nicht ständig im selben Haushalt zusammen leben, gelingt es häufig nicht, einen näheren emotionalen Kontakt zueinander zu finden (Hetherington & Kelly, 2003).

Geburt eines Halbgeschwisters

Die amerikanische Familientherapeutin Anne C. Bernstein (1990; 1993) hat sich eingehend mit Patchworkfamilien beschäftigt, in denen die Partner weitere Kinder bekommen. Sie fand heraus, dass Halbgeschwister nur selten in den ersten zwei Jahren nach dem Zusammenziehen der beiden Teilfamilien geboren werden. Die Geburt eines Halbgeschwisters ist meist ein kritisches Lebensereignis. Fast immer erleben die älteren Kinder zunächst skeptische oder ablehnende Gefühle ihrem kleinen Halbgeschwister gegenüber. Diese emotionale Distanz kann sich sogar noch verstärken, wenn das Halbgeschwister etwa zwei bis drei Jahre alt ist. In diesem Alter entdeckt es seinen eigenen Willen, testet Grenzen aus und versucht energisch, seine Bedürfnisse durchzusetzen. Im Kindergarten- und Vorschulalter kommt es dann oft zu einer Normalisierung der Beziehungen. Besonders zwischen gleichgeschlechtlichen Halbgeschwistern können sich im Lauf der Zeit durchaus positive und tragfähige Beziehungen entwickeln. Voraussetzung hierfür ist, dass sich die Kinder von den Eltern in gleicher Weise akzeptiert fühlen und die Möglichkeit haben, gemeinsame positive Erfahrungen zu machen (Bernstein, 1993; Largo & Czernin, 2003).

Typische Probleme entstehen, wenn Patchworkfamilien bei der Geburt eines neuen Halbgeschwisters noch nicht in sich gefestigt sind. Wenn das neue Familiensystem den Kindern noch nicht ausreichend Sicherheit und Geborgenheit vermittelt, sind Probleme zwischen Stief- und Halbgeschwistern wahrscheinlich. Kinder aus Scheidungsfamilien, die eine starke emotionale Bindung an den außerhalb der Stieffamilie lebenden Elternteil haben, erleben das Heranwachsen eines Halbgeschwisters oft als besonders belastend (Bernstein, 1990). Sie müssen sich nochmals innerlich und äußerlich anpassen und befürchten einen Verlust von Nähe und Zuwendung ihrer Bezugspersonen.

Günstige Bedingungen für Stief- und Halbgeschwister

Als Fazit der Geschwisterforschung kann festgehalten werden, dass die Beziehungen zwischen Stief- und Halbgeschwistern oft kompliziert und problematisch sind. Doch muss dies zwangsläufig so sein? Largo und Czernin (2003) gehen davon aus, dass diese Kinder unter günstigen Rahmenbedingungen durchaus gute Chancen haben, positive Beziehungen aufzubauen. Generell sollten (Stief-)Eltern die Verunsicherung und die emotionalen Bedürfnisse der Kinder bei der Gründung der Stieffamilie ernst nehmen und adäquat darauf reagieren. Wenn Stief- und Halbgeschwister gut miteinander auskommen sollen, müssen die folgenden Voraussetzungen erfüllt sein:

► Eltern und Stiefeltern müssen Loyalitätskonflikte der Kinder vermeiden, damit diese nicht in ihrer Beziehungsfähigkeit eingeschränkt werden.

► Die Kinder sollten sich bei ihren wichtigsten Bezugspersonen geborgen und angenommen fühlen.

► Der in der Stieffamilie lebende leibliche Elternteil sollte seine Kinder nicht vernachlässigen und ihnen keinen Grund zur Eifersucht geben.

► Eltern und Stiefeltern sollten keinen Druck auf die Kinder ausüben und sich nicht in deren Beziehungsverhalten einmischen.

► Stiefgeschwister und Halbgeschwister sollten ausreichend Gelegenheit haben, sich gegenseitig kennen zu lernen und gemeinsame Erfahrungen zu machen.

► Eltern und Stiefeltern sollten sich regelmäßig über die Entwicklung der Kinder austauschen und gegenseitig informieren.

Zusammenfassung

► Geschwisterbeziehungen sind – genau wie Eltern-Kind-Beziehungen – Primärbeziehungen, d. h. sie sind von Anfang an da und dauern so lange, bis eines der Geschwister stirbt. Geschwisterbeziehungen gehören deswegen zu den längsten Beziehungen in unserem Leben.

► Die Position in der Geschwisterreihe kann die Entwicklung eines Kindes nachhaltig beeinflussen. Erstgeborene sind häufig dominant, ehrgeizig und leistungsfähig in Schule und Beruf. Später geborene Kinder haben hingegen oft bessere soziale Kompetenzen. Die mittlere Geschwisterposition bringt die vergleichsweise schlechtesten Ausgangsbedingungen mit sich, weswegen bei Sandwich-Kindern häufig Entwicklungsprobleme zu beobachten sind. Allerdings sind allein aufgrund der Geschwisterposition keine Voraussagen über die Entwicklung eines Kindes möglich.

► Zwischen Geschwistern mit geringem Altersabstand (weniger als drei Jahre) entwickelt sich meist eine sehr enge Beziehung, die allerdings auch mit mehr Rivalität und Konflikten einhergeht. In Geschwisterbeziehungen mit einem großen Altersunterschied (mehr als sechs Jahre) entsteht dagegen meist keine so große emotionale Nähe, zugleich ist aber auch weniger Aggressivität vorhanden. Die Entwicklungsbedingungen von Nachzügler-Kindern mit mehr als sechs Jahre älteren Geschwistern sind denen von Einzelkindern vergleichbar.

► Die geschlechtsspezifische Erziehung von Kindern wirkt sich auch auf deren Rollenverhalten in Geschwisterbeziehungen aus. Das Geschlechtsrollenverhalten von Kindern wird vor allem dann verstärkt, wenn ältere gleichgeschlechtliche Geschwister vorhanden sind.

- Geschwister können sich emotional unterschiedlich nahe stehen. Ihre Beziehungen bewegen sich zwischen den Polen „Identifikation" und „De-Identifikation". Bank und Kahn (1994) unterschieden acht Geschwisterbeziehungstypen, die einer engen, teilweisen oder distanzierten Identifikation zugeordnet werden können. Distanzierte Identifikationsmuster werden sowohl durch sehr geringe als auch durch sehr große Altersabstände begünstigt.

- Nach der Geburt des zweiten Kindes lassen sich typische Entwicklungsphasen unterscheiden, in denen sich die Eltern den Erfordernisse der neuen Familienkonstellation anpassen und in der sich die Geschwisterbeziehung herausbildet. Die Geschwisterbeziehungen in der frühen Kindheit sind stark durch Nachahmungsverhalten und wechselseitige Anhänglichkeit gekennzeichnet. Die älteren Geschwister übernehmen oft die Funktion eines Lehrers.

- In der Adoleszenz gibt es ein großes Spektrum unterschiedlicher Geschwisterbeziehungen. Im Allgemeinen tendieren Jugendliche dazu, sich von ihren Geschwistern abzugrenzen; es gibt in dieser Zeit aber auch sehr enge, kumpelhafte Geschwisterbeziehungen

- Betrachtet man die gesamte Lebensspanne, so gibt es einen U-förmigen Zusammenhang zwischen Lebensalter und geschwisterlicher Verbundenheit. Während die Bedeutung der Geschwister im mittleren Erwachsenenalter meist am geringsten ist, kommt es im höheren Alter zu einer Re-Intensivierung der Geschwisterbeziehungen.

- Zwischen Stief- und Halbgeschwistern treten häufig spezifische Probleme und Konflikte auf. Diese sind auf die abrupten Veränderungen der Familiensystems zurückzuführen, auf die die Kinder zunächst mit Unsicherheit und Ablehnung reagieren. Doch auch das Verhalten der (Stief-)Eltern wirkt sich mittelbar auf das Verhältnis der Kinder aus. Unter günstigen Rahmenbedingungen haben jedoch auch Stief- und Halbgeschwister gute Chancen, positive Beziehungen zueinander aufzubauen.

Praxisübung

„Ich wollte ihr doch nur etwas zu spielen geben . . ."

Frau Hansen, eine junge Frau, kommt mit ihrem 4-jährigen Sohn Timo in die Erziehungsberatung. Seit der Geburt seiner Schwester Ellen vor acht Monaten ist Timo eifersüchtig, launisch und überempfindlich. Bei geringfügigen Anlässen reagiert er mit dramatischen Wutausbrüchen, wirft sich auf den Boden und schluchzt herzzerreißend. Morgens weigert er sich beharrlich, in den Kindergarten zu gehen; manchmal gelingt es nur unter Anwendung von körperlichem Zwang, ihn anzuziehen und ins Auto zu befördern. Seiner kleinen Schwester Ellen gegenüber verhält sich Timo zuweilen aggressiv und gemein. Neulich hat er einmal während ihres Mittagsschlafs Teile seiner Holzeisenbahn in ihr Bettchen geworfen. Der Mutter, die, durch Ellens angstvolles Schreien alarmiert, hinzueilte, erklärte er: „Ich wollte ihr doch nur etwas zu spielen geben!".

- Welche weiteren Informationen würden Sie erfragen, um den Fall angemessen beurteilen zu können?
- Wie sollte Frau Hansen mit Timos Eifersucht umgehen? Sammeln Sie Anregungen und Vorschläge, die im Rahmen der Beratung besprochen werden könnten.

Prüfungsfragen und Denkanstöße

(1) Welche wichtigen Einflussfaktoren für die Entwicklung von Geschwisterbeziehungen kennen Sie?

(2) Bitte reflektieren Sie die Entwicklung Ihrer eigenen Geschwisterbeziehungen! Welche Rolle spielen Nähe, Identifikation und Rivalität in der Beziehung zu Ihrem Bruder bzw. Ihrer Schwester?

(3) Warum werden im höheren Erwachsenenalter häufig die Geschwisterbeziehungen wieder wichtig?

(4) Unter welchen Bedingungen können sich in Patchworkfamilien gute Beziehungen zwischen den Stief- und Halbgeschwistern entwickeln?

Weiterführende Literatur

▶ Kasten, H. (2003). Geschwister. Vorbilder, Rivalen, Vertraute (5. Auflage). München: Reinhard.
Das wohl beste deutschsprachige Fachbuch zum Thema Geschwisterbeziehungen – inzwischen schon fast ein „Klassiker". Die wichtigsten Theorien und Ergebnisse der Geschwisterforschung werden differenziert und trotzdem gut verständlich dargestellt.

▶ Armbrust, J. (2007). Streit unter Geschwistern: So lösen Eltern erfolgreich Konflikte. Freiburg: Urania.
In diesem Elternratgeber wird erklärt, warum es zu Konflikten zwischen Geschwistern kommt. Anhand anschaulicher Fallbeispiele wird gezeigt, wie Eltern mit solchen Situationen umgehen können. Der Autor ist Diplom-Sozialpädagoge mit langjähriger Berufserfahrung in der Erziehungsberatung.

7 Paarbeziehungen

Das Thema „Liebe und Partnerschaft" hat im Leben der meisten Menschen eine wichtige Bedeutung. Eine harmonische Paarbeziehung wird oft als elementare Voraussetzung für Glück und Zufriedenheit angesehen. Zugleich haben Menschen heute sehr unterschiedliche Vorstellungen von Liebe, Partnerschaft und Familie. So wollen sich z. B. längst nicht alle Partner längerfristig binden, heiraten oder Kinder haben. Im Alltag werden Paarbeziehungen sehr unterschiedlich gelebt. Während die einen der Meinung sind, dass sich eine gute Beziehung durch romantische, leidenschaftliche Gefühle auszeichnet, glauben die Anderen, dass Freundschaft und gegenseitiges Verständnis entscheidend sind. Manche Partner trennen sich nach einiger Zeit wieder, andere bleiben ihr Leben lang zusammen. Um zu verstehen, wie Paarbeziehungen „funktionie-

ren", werden wir uns in diesem Kapitel mit einer Reihe von spannenden Fragen auseinandersetzen. Wann fühlen sich zwei Menschen so zueinander hingezogen, dass sie sich verlieben und zusammenbleiben möchten? Welche Erwartungen haben Sie aneinander, und unter welchen Bedingungen sind sie zufrieden oder unzufrieden mit ihrer Paarbeziehung? Was hält Ehen und Partnerschaften auf Dauer zusammen, und was passiert mit Paaren, die über viele Jahre und Jahrzehnte hinweg zusammenleben? Wir zeigen unterschiedliche psychologische Zugänge, die jeweils eine bestimmte Sichtweise auf Liebe und Partnerschaft beinhalten. Eines ist jedoch sicher: die Liebe zwischen zwei Menschen ist letztlich mit wissenschaftlichen Theorien und Modellen nicht vollständig zu erklären …

7.1 Paarbeziehungen früher und heute

Die Ehe als normatives Lebensmodell. Wenn ältere Menschen über ihr Leben erzählen, wird uns oft bewusst, dass sich unser Verständnis von Ehe und Partnerschaft im letzten Jahrhundert grundlegend gewandelt hat. Noch vor zwei bis drei Generationen war das Zusammenleben als Paar praktisch nur im Rahmen einer Ehe denkbar. Die Ehe wiederum wurde vor allem als Wirtschafts- und Zweckgemeinschaft angesehen. Die meisten Menschen heirateten nicht aus Liebe, sondern weil die Gründung einer Familie und deren Existenzsicherung nur im Rahmen einer Ehe möglich war. Nicht selten gab es arrangierte Ehen, bei denen z. B. die Eltern den Bräutigam aufgrund pragmatischer und ökonomischer Erwägungen auswählten. Heirat, Familiengründung und lebenslange Partnerschaft waren gesellschaftlich und religiös verankerte Selbstverständlichkeiten. Insbesondere für Frauen gab es im Grunde kaum Wahlmöglichkeiten jenseits dieser Norm.

Moderne Pluralität. Im Vergleich zu früher gibt es heute eine große Vielfalt möglicher Lebens- und Beziehungsformen. Vor allem junge Menschen sehen die Ehe nicht mehr als normatives Lebensmodell, sondern als eine unter mehreren gleichwertigen Optionen. Neben der traditionellen Ehe mit Kindern gibt es Paarbeziehungen mit unterschiedlicher Dauer und unterschiedlichem Verbindlichkeitsgrad. Sie sind mit und ohne gemeinsamen Haushalt sowie mit und ohne Kinder möglich. Ferner gibt es die Alternative, vorübergehend oder auf Dauer ohne Partner zu leben.

Singles. Heute entscheiden sich zunehmend mehr Menschen bewusst für ein Leben ohne festen Partner (Singles). Hierfür spielen unterschiedliche Motive eine Rolle: Manche junge Erwachsene wollen sich noch nicht binden, sondern (zunächst) ihre Freiheit genießen. Dies kann z. B. auch kurzfristige Liebesbeziehungen ohne Verbindlichkeitsanspruch beinhalten. Auch nach einer Scheidung kann der Wunsch nach persönlicher Unabhängigkeit den Ausschlag für ein Leben ohne Partner geben. Daneben gibt es Personen, die alleine leben, obwohl sie gerne einen Partner hätten. Obwohl es keine verlässlichen Statistiken über allein lebende Menschen gibt, wird davon ausgegangen, dass es vor allem in der Altersgruppe von 20 bis 40 Jahren viele Singles gibt. Vor allem in den Großstädten ist der Anteil dieser Gruppe relativ hoch.

Nicht-eheliche Lebensgemeinschaften. Auch die Zahl der unverheiratet zusammenlebenden Paare ist seit den 1970er Jahren stark angestiegen Bei jüngeren Menschen zwischen 20 und 30 Jahren sind Lebensgemeinschaften ohne Trauschein etwa genauso häufig wie eheliche Partnerschaften (Schneider et al., 2000). Im Gegensatz zu früher ist eine „wilde Ehe" heute nichts Anrüchiges mehr. Mittlerweile ist diese Form des partnerschaftlichen Zusammenlebens gesellschaftlich weitgehend akzeptiert. Nicht-eheliche Lebensgemeinschaften umfassen unterschiedliche Typen von Paarbeziehungen. Neben Paaren, die die Institution der Ehe ablehnen oder eine Paarbeziehung ohne Verpflichtung wünschen, gibt es Paare, die „auf Probe" zusammenleben und eine spätere Heirat anstreben oder zumindest nicht ausschließen. Langzeitstudien zeigen, dass viele unverheiratet zusammenlebenden Partner ehefreundlich eingestellt sind und später tatsächlich heiraten. Häufig ist die Geburt eines Kindes der Anlass dafür (Schmidt-Denter, 2005).

Veränderte Erwartungen an die Paarbeziehung. Die psychologische Bedeutung von Liebe und Partnerschaft hat sich im Zuge der gesellschaftlichen Modernisierung stark verändert. Ehen und Paarbeziehungen werden heute zunehmend unter dem Aspekt der „Liebespartnerschaft" eingegangen. Oft existieren hohe Ansprüche im Hinblick auf romantische Gefühle und ein harmonisches Zusammenleben mit dem Partner. Auch bei der Familiengründung betrachten es viele Menschen als wichtige Voraussetzung, den richtigen Partner dafür zu finden. Gleichzeitig bringen diese veränderten Erwartungen bezüglich Ehe und Partnerschaft ein erhöhtes Risiko für das Scheitern von Paarbeziehungen mit sich (Nave-Herz, 2006).

7.2   Psychologische Theorien zu Partnerwahl und Partnerschaft

Determinanten der Partnerwahl

Mit dem Bedeutungswandel der Paarbeziehung von der ehelichen Wirtschaftsgemeinschaft zur Liebespartnerschaft haben Zuneigung und Liebe einen zentralen Stellenwert bei der Partnerwahl bekommen. Warum aber entscheiden wir uns für einen Partner, wann verlieben wir uns? Was macht eine Person als potenziellen Partner attraktiv? Gilt eher das Sprichwort „Gegensätze ziehen sich an" oder vielmehr „Gleich und Gleich gesellt sich gern"? Aus der sozialpsychologischen Forschung wissen wir, dass es vielfältige Ursachenfaktoren für die gegenseitige Anziehung zwischen zwei Menschen gibt. Dabei scheinen vier Aspekte besonders bedeutsam für die Partnerwahl zu sein (vgl. Aronson et al., 2004):

(1) **Nähe/Verfügbarkeit.** Je häufiger wir Menschen sehen und mit ihnen kommunizieren, desto höher ist die Wahrscheinlichkeit, dass sie unsere Freunde oder Beziehungspartner werden.

Dieser Zusammenhang zwischen bloßer Verfügbarkeit und Vertrautheit ist wissenschaftlich gut belegt und wird als „mere-exposure-Effekt" bezeichnet. Viele Partner lernen sich dort kennen, wo sie sich täglich begegnen, am Arbeitsplatz, an der Hochschule oder in der Nachbarschaft.

(2) **Wahrgenommene Ähnlichkeit.** Die vermutlich wichtigste Determinante für gegenseitige Anziehung ist die Ähnlichkeit der Partner. Die meisten Menschen fühlen sich zu Menschen hingezogen, die sie als ähnlich erleben (z. B. Herkunft, Musikgeschmack, Einstellungen, Intelligenz, Körpergröße). Die Tendenz, einen Partner mit ähnlichen Merkmalen und Eigenschaften zu wählen, wird auch als Homogamie bezeichnet. Manchmal fühlen sich Menschen aber auch von Menschen angezogen, die in bestimmten Aspekten anders sind als sie selbst (Heterogamie).

Partnervermittlung per Homogamie-Prinzip

Partnervermittlungsagenturen und Singlebörsen nutzen das Homogamie-Prinzip, um möglichst gut zueinander passende Partner zusammenzubringen. So muss z. B. bei der größten deutschen Internet-Partnerbörse Parship ein Fragebogen mit 80 Items ausgefüllt werden, z. B. zu Persönlichkeit, Einstellungen und Interessen. Nach einem Computeralgorithmus werden daraufhin „matching points" errechnet, die den Übereinstimmungsgrad mit anderen Partnersuchenden abbilden. Maximal sind dabei 100 matching points möglich. Ab 54 % Übereinstimmung wird ein potenzieller Partner als hinreichend passend angesehen. Der Partnersuchende erhält daraufhin Kontaktvorschläge, die nach Anzahl der matching points sortiert sind; ferner ein Persönlichkeitsprofil und ein Foto. Nach einer eigenen Umfrage finden etwa ein Drittel aller Teilnehmer über Parship tatsächlich einen festen Partner. Das Vermittlungsverfahren von Parship gilt als vergleichsweise seriös, doch gibt es auch hier keinerlei Erfolgsgarantie, den Partner fürs Leben zu finden . . .

(3) **Gegenseitige Sympathie.** Die meisten Menschen mögen es, gemocht zu werden. Wenn wir wissen, dass jemand uns mag oder verliebt ist, fühlen wir uns ebenfalls zu ihm hingezogen. Dieser einfache Effekt ist so stark, dass er sogar die geringe Ähnlichkeit eines potenziellen Partners überlagern kann: Ein als sympathisch erlebter Partner wird dann (unabhängig von seinen tatsächlichen Eigenschaften) auch als ähnlich wahrgenommen.

(4) **Körperliche Attraktivität.** Für das Zustandekommen einer Paarbeziehung spielt körperliche Attraktivität eine herausragende Rolle. Männer wie Frauen bevorzugen attraktive Partner – und zwar auch dann, wenn sie behaupten, dass dieses Kriterium nicht ausschlaggebend sei. Auch der Ähnlichkeitseffekt ist in diesem Kontext bedeutsam: Partner reagieren vor allem dann positiv aufeinander, wenn sie sich als ähnlich attraktiv einschätzen.

Geschlechtsspezifische Unterschiede. Ähnlichkeit und körperliche Attraktivität des potenziellen Partners haben sowohl für Männer als auch für Frauen einen hohen Stellenwert. Allerdings schätzen Männer die körperliche Attraktivität einer Partnerin tendenziell als noch wichtiger ein. Hingegen bewerten Frauen häufiger den sozioökonomischen Status und die Leistungsfähigkeit (z. B. im Beruf) des Partners als wichtiges Kriterium. Die Merkmale Intelligenz und Charakter werden von Frauen etwas häufiger genannt. Hinsichtlich der Bewertung von Persönlichkeit und Humor konnten in wissenschaftlichen Untersuchungen keine oder nur sehr geringfügige geschlechtsspezifische Unterschiede nachgewiesen werden.

Abbildung 7.1. Sowohl Männer als auch Frauen neigen dazu, Paarbeziehungen mit einem Partner einzugehen, den sie als ähnlich erleben. Diese Tendenz wird auch als Homogamie bezeichnet

Erwartungen und Bedürfnisse in Paarbeziehungen

Es gibt viele Motive dafür, einen Menschen zu lieben und eine Beziehung zu ihm einzugehen. Doch die Gründe, aus denen man sich verliebt, sind nicht unbedingt dieselben, die eine langfristige Beziehung aufrechterhalten. So werden Partner für kurzfristige Beziehungen (z. B. für eine erotische Affäre) nach anderen Kriterien ausgewählt als langfristige Partner (Fletcher et al., 2004).

Wenn wir verstehen wollen, was Paare längerfristig zusammenhält, müssen wir nach deren psychologischer Funktion für die Partner fragen. Abhängig von unterschiedlichen Erwartungen und Bedürfnissen der Partner lassen sich unterschiedliche Beziehungsmotive unterscheiden. Auf die Frage „Warum sind Sie (noch) mit Ihrem Partner zusammen?" wird man sehr unterschiedliche Antworten erhalten. Für manche Partner haben z. B. Erotik und Leidenschaft eine wichtige Funktion für ihre Paarbeziehung:

▶ „Ich fühle mich auch nach all den Jahren immer noch körperlich stark zu meinem Mann hingezogen."

▶ „Wenn sie nicht so einen attraktiven Körper hätte, würde ich das ganze Theater nicht mitmachen."

Für andere Partner sind gegenseitiges Verstehen, Freundschaft und Kameradschaft das auf lange Sicht wichtigste Fundament einer Paarbeziehung:

▶ „Meine Frau ist gleichzeitig meine beste Freundin. Es gibt niemand, der mich so gut kennt und dem ich so vertraue wie ihr."

▶ „Liebe heißt für mich, dass man sich mag und aufeinander verlassen kann."

Für wieder andere Partner stellt das Bedürfnis nach materieller Sicherheit eine wichtige Grundlage ihrer Beziehung dar:

▶ „Zu zweit kommt man einfach besser durchs Leben. Und wenn ich krank bin, kümmert sich meine Frau um mich."

▶ „Wenn das Haus nicht auf seinen Namen eingetragen wäre, hätte ich ihn vielleicht schon verlassen."

Manchmal sind sich Paare gar nicht darüber bewusst, was ihre Beziehung eigentlich zusammenhält – manchmal zeigt sich das Fundament der Partnerschaft erst bei einem Konflikt. Mary (2008) hat auf der Grundlage seiner Erfahrungen als Paartherapeut vier Beziehungstypen beschrieben, in denen unterschiedliche Beziehungsmotive der Partner im Vordergrund stehen.

Bedürfnisorientierte Beziehungen. Beide Partner können ihre Bedürfnisse in der Beziehung gut erfüllen. Die Bedürfnisse können dabei sehr unterschiedlicher Art sein: Während für ein Paar Sexualität und Leidenschaft besonders wichtig sind, stehen für andere Paare die Bedürfnisse nach Sicherheit und Geborgenheit oder nach geistigem Austausch im Mittelpunkt. Manchmal ist es auch einfach die Sehnsucht, „nicht allein zu sein". Diese Bedürfnisse können sehr stark sein und Paare ein Leben lang zusammenhalten.

Projektorientierte Beziehungen. Diese Beziehungen dienen der Verwirklichung von gemeinsamen Vorhaben und Lebensträumen, beispielsweise der Gründung einer Familie. Auch der Aufbau einer Firma, ein künstlerisches Projekt und soziales oder politisches Engagement können gemeinsame Projekte eines Paars sein. Der Partner wird geliebt, weil er bestimmte Lebensentwürfe teilt und man gemeinsam an deren Realisierung arbeitet. Der freundschaftliche Aspekt der Liebe steht im Mittelpunkt der Partnerschaft.

Wesenhafte Ergänzungen. Manchmal lieben sich Paare deswegen, weil sie das Gefühl haben, sich gegenseitig zu ergänzen. Erst durch ihre Paarbeziehung fühlen sich die Partner „ganz". In diesen Partnerschaften ist es die Unähnlichkeit des Anderen, die die Partner aneinander bindet. So fühlt sich vielleicht ein Mann von der Kreativität und Spontaneität seiner Partnerin besonders angezogen; während diese in der ruhigen Art ihres Partners inneren Halt findet.

Gemeinsamer Beziehungsmythos. Manche Paarbeziehungen werden von einer gemeinsamen Glückserwartung zusammengehalten, die auf Beziehungsmythen beruht. Dies kann z. B. der Beziehungsmythos sein, „für immer zusammenzubleiben" und glücklich zu werden, wenn dies gelingt. Ein anderer Beziehungsmythos wäre, „eine offene Beziehung zu führen". In diesem Fall versprechen sich die Partner durch das Zulassen von Nebenbeziehungen besonderes Glück. Beziehungsmythen können eine hohe Bindekraft haben. Wenn sie zerstört werden, kann dies die Paarbeziehung existenziell erschüttern.

Mary (2008) weist darauf hin, dass diese Beziehungstypen selten „in Reinkultur" vorkommen. In der Realität gibt es oft eine Vermischung unterschiedlicher Beziehungsmotive. Darüber hinaus können im Verlauf einer Paarbeziehung und abhängig von neuen Lebenssituationen unterschiedliche Beziehungsmotive in den Vordergrund treten.

Die Dreieckstheorie der Liebe

Der Sozialpsychologe Robert Sternberg (1988) geht davon aus, dass Liebe für verschiedene Menschen etwas ganz Unterschiedliches bedeuten kann. In seiner Dreieckstheorie der Liebe beschreibt er drei unterschiedliche Arten von Liebe:

(1) **Intimität** bezieht sich auf Gefühle der Nähe, Vertrautheit und Geborgenheit in einer Paarbeziehung.
(2) **Leidenschaft** bezieht sich auf den „heißen" Teil einer Paarbeziehung, also Verliebtheit, körperliche Anziehung, Sexualität etc.
(3) **Verbindlichkeit** (commitment) besteht aus zwei bewussten Entscheidungen für den Partner: Eine kurzfristige Entscheidung wird bei der Partnerwahl getroffen. Die langfristige Entscheidung bedeutet, dass man die Paarbeziehung aufrechterhalten und mit dem Partner zusammenbleiben will (Treue).

Diese drei Bestandteile der Liebe können in unterschiedlich starker Ausprägung vorhanden sein. Je nach Kombination der einzelnen Komponenten ergeben sich verschiedene Arten der Liebe.

Abbildung 7.2. Dreieckstheorie der Liebe nach Sternberg (1988). Das Modell beschreibt drei psychologische Komponenten von Liebe: Intimität, Leidenschaft und Verbindlichkeit. Je nach Kombination der einzelnen Komponenten ergeben sich verschiedene Arten der Liebe. **Leidenschaft** allein (ohne Intimität und Verbindlichkeit) bedeutet eher Verliebtheit, **Intimität** ohne Leidenschaft und Verbindlichkeit lediglich Sympathie, **Verbindlichkeit** ohne Intimität und Leidenschaft ist so etwas wie Leere Liebe. Kameradschaftliche Liebe ergibt sich aus der Kombination von Intimität und Verbindlichkeit (ohne Leidenschaft), Romantische Liebe aus der Kombination von Leidenschaft und Intimität ohne Verbindlichkeit

So mag z. B. ein junger Mann ziemlich viel Leidenschaft und körperliche Anziehung für eine Mitstudentin empfinden (Verliebtheit). Gleichzeitig kennt er sie vielleicht noch nicht gut genug, um Intimität und Vertrautheit zu erleben oder um bereit zu sein, irgendeine Verpflichtung einzugehen. Im Verlauf einer Paarbeziehung kann sich eine romantische Liebe entwickeln, die vor allem durch Leidenschaft und Intimität charakterisiert ist. Die „vollkommene Liebe" ergibt sich nach Sternbergs Modell aus der Kombination aller drei Komponenten (Leidenschaft, Intimität und Verbindlichkeit). Möglicherweise tritt im Lauf der Zeit auch die anfängliche Verliebtheit in den Hintergrund. Kameradschaftliche Liebe ist durch Liebe und Treue gekennzeichnet, nicht aber durch Leidenschaft.

Paarbeziehungen aus bindungstheoretischer Perspektive

Erwachsene Bindungsstile. Eine wesentliche Annahme der Bindungstheorie ist, dass der in der frühen Kindheit erlernte Bindungsstil ein „Arbeitsmodell" dafür ist, wie spätere soziale Beziehungen erlebt und gestaltet werden (vgl. Kapitel 5). Danach sind Menschen, die als Kinder eine sichere Bindungsbeziehung zu ihren Eltern hatten, auch als Erwachsene in der Lage, eine befriedigende und stabile Partnerschaft aufzubauen. Menschen, die als Kinder einen vermeidenden Bindungsstil zu ihren Eltern hatten, sind eher vorsichtig beim Eingehen einer Paarbeziehung und fühlen sich bei zu großer Nähe des Partners schnell unwohl. Menschen, die ängstlich-ambivalente Beziehungen zu ihren Eltern hatten, wünschen sich hingegen besonders viel Intimität und machen sich gleichzeitig viele Sorgen darüber, dass ihr Partner ihre Zuneigung nicht erwidert.

Auswirkungen auf die Paarbeziehung. In zahlreichen empirischen Untersuchungen zeigte sich, dass sich die Bindungsstile Erwachsener auf die Qualität und die Stabilität ihrer Paarbeziehungen auswirken (Aronson et al., 2004):

▶ Erwachsene mit einem **sicheren Bindungsstil** haben die haltbarsten Langzeitbeziehungen von allen drei Bindungstypen. Sie erleben einen relativ hohen Grad an Beziehungszufriedenheit und Verpflichtung.

- Personen mit **ängstlich-ambivalentem Bindungsstil** haben im Durchschnitt die kürzesten Partnerschaften. Sie gehen einerseits am schnellsten eine Beziehung ein, andererseits geraten sie bei Paarproblemen und -konflikten am leichtesten aus dem Gleichgewicht.
- Menschen mit *vermeidendem Bindungsstil* beginnen überhaupt seltener eine Paarbeziehung. Sie bewahren auch in einer festen Partnerschaft Distanz und fühlen sich weniger verpflichtet.

Das Zusammenspiel von Bindungsstilen. In einer Paarbeziehung treffen zwei Bindungsstile aufeinander, aus deren Kombination unterschiedliche Beziehungsdynamiken entstehen. Diese wirken sich in typischer Weise auf die Partnerschaft aus:
- Wenn beide Partner einen sicheren Bindungsstil aufweisen, sind Beziehungszufriedenheit und Beziehungsstabilität am größten.
- Paare, in denen beide Partner ängstlich-ambivalent gebunden sind, berichten über geringe Zufriedenheit mit der Paarbeziehung. Häufig sind negative, problematische Kommunikationsmuster in der Partnerschaft.

Interessant ist die Kombination ängstlich-ambivalenter und vermeidender Bindungsstil, weil hier die Partner dem „Arbeitsmodell" des jeweils Anderen entsprechen: Ängstliche Personen erwarten, viel mehr in die Paarbeziehung investieren zu müssen als ihr Partner, um die ersehnte Nähe zu bekommen. Dagegen gehen vermeidende Personen davon aus, sich eher abgrenzen zu müssen, um unabhängig zu bleiben. Insofern wäre zu vermuten, dass diese Paarbeziehungen generell konfliktanfällig und kurzlebig sind. Doch Morgan und Shaver (1999) zeigt, dass hier das Geschlecht der Partner eine entscheidende Rolle spielt. Die Paarbeziehungen von ängstlichen Frauen und vermeidenden Männern sind nahezu genauso stabil wie die sicher gebundener Partner. Dies scheint an den geschlechtsspezifischen Rollenerwartungen der Partner zu liegen: „Er ist halt ein Mann" bzw. „Frauen sind so." Deswegen kann das Beziehungsverhalten des Partners viel eher toleriert werden als bei Paaren, in denen der Mann ängstlich und die Frau vermeidend ist.

Die austauschtheoretische Perspektive der Paarbeziehung

Kosten-Nutzen-Abwägungen. Einen anderen Zugang für das Verständnis von Paarbeziehungen gibt die Theorie des sozialen Austauschs. Austauschtheoretische Modelle gehen von einer ökonomischen Betrachtung sozialer Beziehungen aus. Der Grundgedanke ist, dass bei der Partnerwahl und der Zufriedenheit mit der Beziehung das Verhältnis von Kosten und Nutzen entscheidend ist. Der Nutzen umfasst dabei alle positiven, wertvollen und befriedigenden Aspekte der Paarbeziehung. Kosten hingegen sind negative Aspekte der Beziehung, wie z. B. störende oder verletzende Verhaltensweisen des Partners. Nach einem einfachen Kosten-Nutzen-Modell müssten Partner in dem Maß zufrieden mit ihrer Partnerschaft sein, in dem der Nutzen die Kosten überwiegt. Sie treffen eine verbindliche Entscheidung, mit dem Partner zusammenzubleiben (commitment). Wenn hingegen vorwiegend negative, belastende Gefühle erlebt werden, müssten die jeweiligen Partner mit der Paarbeziehung unzufrieden sein und sich trennen, wenn keine Aussicht auf Besserung besteht.

Vergleichsniveau. Wie zufrieden Partner mit ihrer Paarbeziehung sind, hängt jedoch noch von weiteren Variablen ab. Hier spielt zunächst das individuelle Vergleichsniveau eines Partners eine wichtige Rolle. Dabei wird die aktuelle Paarbeziehung z. B. mit einer früheren Partnerschaft verglichen: Ist Ingo ein besserer Liebhaber als mein erster Freund Gerd? Habe ich mit meiner

Ex-Frau Inge weniger gestritten als mit Barbara? Ebenso wird die eigene Paarbeziehung mit anderen Paarbeziehungen verglichen: Wie geht es meiner besten Freundin Anja in ihrer Ehe, würde ich mit ihr tauschen?

Bewertung von Alternativen. Aber auch die Beurteilung möglicher Alternativen zur aktuellen Partnerschaft ist bedeutsam für die Qualität und Stabilität einer Paarbeziehung. Möglicherweise wird erwartet, dass eine Beziehung zu einem anderen Partner (den man gerade kennen gelernt hat) viel harmonischer und befriedigender wäre als die aktuelle Ehe. In anderen Fällen verbleiben Partner vielleicht in einer wenig befriedigenden Paarbeziehung, weil dies im Vergleich zur Alternative des Alleinlebens als das „kleinere Übel" bewertet wird.

Investitionen in die Paarbeziehung. Die Alltagserfahrung zeigt, dass manche Menschen zwar unzufrieden mit ihrer Paarbeziehung sind, sich aber trotzdem nicht vom Partner trennen wollen. Dieses Phänomen lässt sich dadurch erklären, dass Partner im Normalfall sehr viel in ihre Paarbeziehung investieren, sei es in emotionaler, zeitlicher oder materieller Hinsicht:
▸ „Ich denke an all die Jahre, in denen wir uns bemüht haben, eine gute und harmonische Ehe zu führen."
▸ „Wir haben uns etwas zusammen aufgebaut – eine Familie, ein Haus, Freunde. Das will ich nicht kaputt machen."
▸ „Diese lange und teure Paartherapie kann doch nicht vergebens gewesen sein!"
Das Investitionsmodell der Paarbeziehung (Rusbult, 1988) besagt: Je mehr man in seine Beziehung investiert hat, desto schwerer ist es, diese Partnerschaft zu beenden. Umgekehrt gesprochen fällt es den Partnern vielleicht leichter, eine zeitweilig unbefriedigende Situation zu ertragen.

Austauschtheoretische Modelle der Paarbeziehung werden manchmal als mechanisch und vereinfachend kritisiert. Forschungsergebnisse zeigen jedoch, dass sie die Beziehungszufriedenheit und die Stabilität einer Partnerschaft erstaunlich gut vorhersagen können, wenn man neben subjektiven Kosten und Nutzen weitere Variablen berücksichtigt. In der Paarberatung kann das Modell hilfreich sein, um Partner zu einer differenzierten Reflexion ihrer Beziehung anzuregen.

Abbildung 7.3. Das Investitionsmodell der Paarbeziehung (Rusbult, 1988) ist eine Erweiterung des austauschtheoretischen Kosten-Nutzen-Modells. Abhängig vom individuellen Vergleichsniveau, der Bewertung etwaiger Beziehungsalternativen und ihren Beziehungsinvestitionen entscheiden sich Menschen für oder gegen ein Zusammenbleiben mit ihrem Partner (commitment)

7.3 Paarentwicklung

Paarbeziehungen aus systemischer Sicht

Das Paar als Beziehungssystem. Aus Sicht der Systemtheorie kann ein Paar als intimes Beziehungssystem definiert werden. Dieses umfasst zwei erwachsene Beziehungspartner, die sich einander zugehörig fühlen und eine gemeinsame Zukunftsperspektive teilen. Sofern ein Paar Kinder hat, stellt es ein familiäres Subsystem dar. Wie in allen Beziehungssystemen gibt es auch in Paarbeziehungen vielfältige Selbstorganisationsprozesse. So sind Paare z. B. in der Lage, sich an äußere Veränderungen und Anforderungen anzupassen und sich im Lauf der Zeit zu verändern. Insbesondere im Kontext der Elternschaft und der Veränderung beruflicher und privater Rollen treten solche Veränderungen der Paarbeziehung auf.

Ko-Evolution. Partner sind in ihrem Alltag und in ihrer Entwicklung eng aufeinander bezogen. Der Paartherapeut Jürg Willi bezeichnet die gemeinsame Entwicklung des Paars als Ko-Evolution. Damit ist gemeint, dass sich Paare in wechselseitiger Bezogenheit weiterentwickeln. Ko-Evolution umfasst vielfältige Veränderungs- und Wachstumsprozesse, die sowohl individuell als auch auf der Paarebene stattfinden:

► **Individuelle Ebene.** Die Paarbeziehung ist Entwicklungskontext für die Weiterentwicklung der beiden Partner. Dabei beeinflussen sich die Partner gegenseitig (Felser, 2007). Im Idealfall unterstützen sie sich z. B. bei ihrer beruflichen Karriere sowie bei der Lösung privater Probleme. Individuelle Entscheidungen werden unter Berücksichtigung der Auswirkungen auf den Partner getroffen.

► **Paarebene.** Die Partnerschaft entwickelt sich als Ganzes weiter. Die Veränderungen der Paarbeziehung betreffen z. B. die Definition der Partnerschaft, gemeinsame Ziele, Paarmythen und den Stil bzw. die Qualität der partnerschaftlichen Kommunikation.

Kommunikation zwischen den Partnern. Die Qualität der partnerschaftlichen Kommunikation ist einer der wichtigsten Faktoren für die Beziehungszufriedenheit (Schmidt-Denter, 2005). Zufriedene Paare zeichnen sich durch positive, beziehungsstabilisierende Kommunikationsmuster aus, z. B.:

► Zuhören und Bemühen um gegenseitiges Verstehen
► wertschätzende Kommunikation
► positive Beziehungserfahrungen im gemeinsamen Alltag
► Offenheit und Vertrauen
► gemeinsame Aktivitäten des Paars
► gegenseitige Unterstützung und Solidarität
► konstruktive Konfliktlösung
► Humor und eine positive Lebenseinstellung.

Paare mit positiven Kommunikationsmustern schaffen es, ihre Beziehung auf einem befriedigenden Niveau zu halten. Sie haben positive Zukunftserwartungen und glauben an die Wachstumsmöglichkeiten ihrer Beziehung. Dadurch wird die Paarbeziehung ständig gestützt und wiederhergestellt (vgl. Wunderer & Schneewind, 2008). Systemtheoretisch ausgedrückt bewirken positive Kommunikationsmuster negative Rückkoppelungsprozesse in der Beziehungsdynamik des Paars.

Bei unzufriedenen Paaren ist es hingegen umgekehrt: Hier verstärken sich negative Kommunikationsmuster im Sinne eines Teufelskreises. Dies ist z. B. der Fall, wenn ein Streit zwischen

Ehepartnern durch gegenseitige Kritik, negative Interpretationen und aggressives Verhalten immer weiter eskaliert. Eine solche Eskalationsspirale destabilisiert die Paarbeziehung und kann langfristig zur Trennung der Partner führen. Gottman und Silver (2000) beschreiben vier typische Kommunikationsmuster, die sie als „apokalyptische Reiter" auf dem Weg zu einer Auflösung der Paarbeziehung bezeichnen:

▶ Kritik (gegenseitige Vorwürfe, Schuldzuweisungen, ständiges Nörgeln)
▶ Verachtung (Abwertung des Partners, Beleidigungen, sarkastische, verletzende Bemerkungen)
▶ Rechtfertigung (Abwehr, Zurückweisen eigener Mitschuld, Gegenvorwürfe)
▶ Mauern (Rückzugsverhalten, Abblocken, Kommunikationsverweigerung bei gleichzeitig starker innerer Erregung).

Solche destruktiven Kommunikationsmuster können zwar gelegentlich bei allen Paaren vorkommen, doch wenn sie den Beziehungsalltag dominieren, führen sie mit hoher Wahrscheinlichkeit zur Trennung der Partner. Die Lösung von Problemen wird dann als immer schwieriger erlebt, und die gesamte Paarbeziehung erscheint in einem ungünstigen Licht. Oft wird die gesamte Paargeschichte in einem negativen Sinne neu interpretiert. Die Partner erinnern sich dann nur noch an negative Beziehungserfahrungen, während die gemeinsamen glücklichen Zeiten „ausgeblendet" oder abgewertet werden.

Stressbewältigung in der Partnerschaft. Die Qualität und Stabilität einer Paarbeziehung lässt sich gut daran ablesen, wie die Partner mit Stressoren und belastenden Lebensereignissen umgehen (Bodenmann, 2000). Typische Stressoren sind z. B. berufliche Belastungen, die Koordination von Beruf und Kindererziehung oder die Betreuung eines chronisch kranken Familienmitglieds. Prinzipiell wirkt sich Stress meist negativ auf eine Paarbeziehung aus. So nimmt die positive Kommunikation der Partner unter Stress oft stark ab. Die Partner haben weniger Zeit füreinander; sie sind gereizt oder mit sich selbst beschäftigt und haben weniger Lust auf Sex. Entscheidend ist nun, wie die Partner die Stressbelastungen bewältigen. Dabei lassen sich individuelle und dyadische Copingstrategien unterscheiden. Während die Partner beim individuellen Coping unabhängig voneinander versuchen, mit ihren Belastungen zurechtzukommen, ziehen die Partner beim dyadischen Coping gemeinsam „an einem Strang".

Bodenmann (2000) unterscheidet unterschiedliche Formen des dyadischen Copings:

▶ **Gemeinsames dyadisches Coping:** Die Partner versuchen, den Stress gemeinsam zu bewältigen, z. B. durch Lösungsdiskussionen, eine effektivere Aufgabenteilung oder belastungsreduzierende Aktivitäten (gemeinsamer Kurzurlaub, Saunabesuch etc.).
▶ **Supportives dyadisches Coping:** Die Partner unterstützen sich gegenseitig, wenn Probleme oder Belastungen auftreten, z. B. durch hilfreiche Gespräche, Verständnis und Trost sowie konkrete Hilfestellungen.
▶ **Delegiertes dyadisches Coping:** Ein Partner, der sich durch Stress belastet fühlt, bittet den anderen, ihm bestimmte Aufgaben abzunehmen (z. B. Einkaufen, Kinder abholen, Anrufe erledigen etc.).

Es gilt als wissenschaftlich gesichert, dass zufriedene Paare mehr auf solche dyadischen Stressbewältigungsstrategien zurückgreifen als unzufriedene Paare. Dyadisches Coping führt zu einer deutlich besseren Qualität der Paarbeziehung und zu einem geringeren Scheidungsrisiko (Bodenmann, 2002; 2004). Was können wir aus diesen Erkenntnissen folgern? Paare sollten lernen, möglichst konstruktiv mit Stressbelastungen umzugehen und sich in „schlechten Zeiten" gegenseitig zu unterstützen. Wegen der wichtigen Bedeutung, die das dyadische Coping für die Paarbeziehung hat, wurden mittlerweile Stressbewältigungstrainings speziell für Paare entwickelt. Die Paare lernen darin, ihre individuellen und gemeinsamen Strategien der Belastungsbewältigung zu verbessern, und werden angeleitet, günstige Kommunikationsmuster einzuüben.

Partner- und Elternebene. Mit dem Übergang zur Elternschaft und der Geburt weiterer Kinder entstehen für das Paar neue Rollenanforderungen (Säuglingspflege, Kinderbetreuung, Erziehung). Um diese Anforderungen angemessen bewältigen zu können, müssen die Eltern als Erziehungsteam hinreichend gut funktionieren. Sie müssen lernen, den Familienalltag gemeinsam zu organisieren, sich bei der Kindererziehung gegenseitig zu unterstützen und die elterlichen Aktivitäten des jeweils anderen Partners zu respektieren. Diese Erziehungspartnerschaft jenseits der intimen Liebesbeziehung wird auch „Elternallianz" genannt. Partner- und Elternrollen sind dabei in komplexer Weise miteinander verbunden.

Aus systemischer Sicht ist es jedoch wichtig, bei Paaren mit Kindern zwischen der Partnerebene und der Elternebene zu unterscheiden. So gehen z. B. Belastungen und Konflikte in der Paarbeziehung oft mit einer schlechteren elterlichen Kooperation einher. Umgekehrt können Probleme auf der Elternebene zu einer Erosion der Paarbeziehung führen, was wiederum zu einer Beeinträchtigung der Elternallianz führen kann. Dieser Teufelskreis auf der Eltern- und Paarebene wirkt sich sekundär auch auf die Kinder aus: Wenn die Elternallianz der Partner nicht mehr richtig funktioniert, können sich z. B. Eltern-Kind-Koalitionen bilden. Häufig wird dann die Mutter-Kind-Beziehung enger, während sich die Vater-Kind-Beziehung verschlechtert (Schneewind, 2005).

Im Familienalltag kann es auch vorkommen, dass die Partnerrolle vollständig von der Elternrolle überlagert wird. Vielfach harmonieren die Partner als Eltern gut miteinander, während die ursprüngliche Definition ihrer Paarbeziehung in den Hintergrund tritt. Die Partner begegnen sich dann fast nur noch als Eltern und kaum mehr als Liebende. Während einige Partner die Entwicklung einer solchen „Familienliebe ohne Leidenschaft" (Welter-Enderlin, 1999) als normal hinnehmen oder sogar gutheißen, sind andere unzufrieden mit dieser Veränderung der Paarbeziehung. Dies ist z. B. dann der Fall, wenn mindestens einer der Partner das Gefühl hat, dass seine Bedürfnisse nach Nähe, Intimität oder Sexualität auf Dauer zu kurz kommen.

Partnerschaft als gemeinsame Entwicklungsaufgabe

Die individuelle Perspektive. Der Aufbau intimer Liebesbeziehungen gilt traditionell als wichtige Entwicklungsaufgabe des frühen Erwachsenenalters. Eine eigene Paarbeziehung fördert die Ablösung von den Eltern und die Autonomieentwicklung. Jugendliche sehen deswegen eine feste Freundin bzw. einen festen Freund als wichtigen Schritt beim Erwachsenwerden an (Grob & Jaschinski, 2003). Aktuelle Umfragen zeigen außerdem, dass sich die meisten junge Menschen eine „klassische" Familie mit (Ehe-)Partner und Kindern wünschen. Bei solchen Erwartungen bezüglich Partnerschaft und Familie spielen eigene Beziehungserfahrungen in der Herkunftsfamilie offenbar eine wichtige Rolle (Seiffge-Krenke et al., 2001).

Die systemische Perspektive. Aus Sicht der Systemtheorie ist die Gestaltung der Paarbeziehung eine gemeinsame und langfristige Entwicklungsaufgabe für beide Partner. Geht man vom Normalfall der Elternschaft aus, so ergeben sich analog zum Modell des Familienlebenszyklus (Carter & McGoldrick, 1989) typische Phasen im Zusammenleben eines Paares. Durch verschiedene Anforderungen auf der Paar- und Elternebene ergeben sich phasentypische Paarentwicklungsaufgaben (vgl. Tabelle 7.1).

Tabelle 7.1. Normative Paarentwicklungsaufgaben sind Anforderungen, die eine langfristige Partnerschaft in Verbindung mit Elternschaft mit sich bringt. Für nicht-normative Paarbeziehungsmodelle muss die Tabelle entsprechend modifiziert und ergänzt werden (z. B. homosexuelle Paare mit und ohne Kinder, kinderlose Paare oder Paare, die sich erst im höheren Alter kennen lernen)

Phase	Paarentwicklungsaufgaben
Paare in der Frühphase ihrer Beziehung	▶ Lernen, zusammen zu leben ▶ Klärung der Aufgabenteilung zwischen den Partnern ▶ Abgrenzung gegenüber konkurrierenden Beziehungen ▶ Sicherstellung des gemeinsamen Lebensunterhalts ▶ Einigung zur Frage der Familienplanung
Paare mit kleinen Kindern	▶ Anpassung der Paarbeziehung an die Erfordernisse der Kinderpflege und -betreuung ▶ Differenzierung zwischen Partner- und Elternrolle ▶ Ausübung einer funktionsfähigen Elternallianz
Paare mit älteren Kindern/Jugendlichen	▶ Aufrechterhalten einer stabilen, befriedigenden Paarbeziehung ▶ Anpassung der Elternrolle an die Bedürfnisse und Kompetenzen der älter werdenden Kinder ▶ Entlassen der Kinder in die Eigenständigkeit
Paare in der nachelterlichen Phase	▶ Aushandeln eines neuen Verständnisses der Paarbeziehung ▶ Neuorientierung hinsichtlich des individuellen und gemeinsamen Lebensstils ▶ Integration neuer Aufgaben und Rollen im Kontakt mit den erwachsenen Kindern und ggf. den Enkeln
Paare in der späten Lebensphase	▶ Gemeinsame Anpassung an veränderte zeitliche, finanzielle und soziale Rahmenbedingungen nach der Pensionierung ▶ Anpassung des gemeinsamen Lebensalltags an veränderte Bedürfnisse und Fähigkeiten im Alter ▶ Auseinandersetzung mit Krankheit, Pflegebedürftigkeit und Tod des Partners ▶ Klärung: Was wird nach meinem/unserem Tod?

Allerdings gibt es auch Paare, für die dieses normative Modell nicht zutrifft. So sind beispielsweise Paare, die gewollt oder ungewollt kinderlos bleiben, nicht mit den Anforderungen der Elternschaft konfrontiert, müssen aber dafür andere Paarentwicklungsaufgaben bewältigen (z. B. Bewältigung eines unerfüllten Kinderwunsches; Auseinandersetzung mit Sinnfragen etc.). Auch Menschen, die sich erst im höheren Erwachsenenalter für eine Partnerschaft entscheiden (z. B. nach dem Tod des ersten Partners), haben es mit anderen Themen und Problemen zu tun als jüngere Paare.

Leidenschaft und Treue – ein Widerspruch? Paarbeziehungen sind (insbesondere wenn die Partner gemeinsame Kinder haben) auf Dauer angelegt. Traditionell versprechen sich die Partner gegenseitige Solidarität und Treue „in guten und in schlechten Zeiten" – im Idealfall ein Leben lang. Andererseits haben moderne Paare meist hohe Ansprüche an den Partner bzw. die Partnerschaft. Von einer guten Paarbeziehung wird erwartet, dass die Partner auf Dauer romantische Gefühle füreinander hegen und sich in seelischer und erotischer Hinsicht gut verstehen. Die hohen Scheidungsraten zeigen jedoch, dass diese doppelte Erwartung häufig nicht eingelöst werden kann. Langfristige Treue und Leidenschaft scheinen auf Dauer schwer vereinbar zu sein. Warum ist dies so?

Die Paartherapeutin Rosemarie Welter-Enderlin (1999) vertritt die These, dass moderne Paarbeziehungen ein Dilemma beinhalten: Die meisten Partner wollen beides: die Wurzeln der Zugehörigkeit und die Flügel der Leidenschaft und Autonomie. Häufig ist die Paarbeziehung mit entsprechenden Erwartungen und Hoffnungen überfrachtet. Wenn diese hohen Erwartungen enttäuscht werden, entstehen Unzufriedenheit, Krisen und Konflikte. Eine intime Paarbeziehung gleicht deswegen oft einem Balanceakt. Paradoxerweise scheint dauerhafte Intimität am ehesten Paarbeziehungen möglich zu sein, in denen die Partner ihre prinzipielle Fremdheit respektieren: „Intimität heißt in des Wortes tiefstem Sinn: Erkennen seiner selbst sowie Erkennen des Partners als „nicht-Ich" (Welter-Enderlin, 1999, S. 324).

Jenseits phasenspezifischer Anforderungen können wir abschließend einige allgemeine Paarentwicklungsaufgaben formulieren:

▶ Immer wieder bewusst auf positive Kommunikation mit dem Partner achten.
▶ Stress und Belastungen gemeinsam bewältigen (lernen).
▶ Die Paarbeziehung immer wieder neu, interessant und attraktiv für beide Partner gestalten.
▶ Die Paarbeziehung nicht mit Erwartungen überfrachten.
▶ Neugierig auf den Partner bleiben.

Zusammenfassung

▶ Paarbeziehungen haben für Partner heute eine andere Bedeutung als noch vor wenigen Generationen. Heute wird die Ehe nicht mehr als normatives Lebensmodell, sondern als eine unter mehreren gleichwertigen Optionen angesehen. Während der Versorgungsaspekt einer Partnerschaft in den Hintergrund gerückt ist, hat die romantische Liebe einen zentralen Stellenwert bekommen.

▶ Die sozialpsychologische Forschung hat gezeigt, dass für die Partnerwahl vier Aspekte besonders wichtig sind: Nähe/Verfügbarkeit, Ähnlichkeit, gegenseitige Sympathie und körperliche Attraktivität. Dabei gibt es nur relativ geringe Unterschiede zwischen Männern und Frauen.

▶ Abhängig von unterschiedlichen Erwartungen und Bedürfnissen der Partner lassen sich unterschiedliche Beziehungsmotive beschreiben, die eine Paarbeziehung auf Dauer zusammenhalten. Mary (2008) unterscheidet in diesem Kontext bedürfnisorientierte Beziehungen, projektorientierte Beziehungen, wesenhafte Ergänzungen der Partner und gemeinsame Paarmythen.

▶ Die Dreieckstheorie der Liebe beschreibt drei psychologische Komponenten von Liebe: Intimität, Leidenschaft und Verbindlichkeit (commitment). Diese drei Bestandteile können in unterschiedlich starker Ausprägung vorhanden sein. Je nach Kombination der einzelnen Komponenten ergeben sich verschiedene Arten der Liebe (z. B. Verliebtheit, romantische Liebe, kameradschaftliche Liebe).

▶ Die Bindungstheorie geht davon aus, dass die in der frühen Kindheit erworbenen Bindungsstile entscheidend für Verhalten und Gefühle in einer erwachsenen Paarbeziehung sind. Wenn beide Partner einen sicheren Bindungsstil aufweisen, sind Beziehungszufriedenheit und Beziehungsstabilität am größten. Wenn beide Partner unsicher gebunden sind, ist dies mit geringer Beziehungszufriedenheit und negativen Kommunikationsmuster in der Partnerschaft verbunden.

▶ Die Theorie des sozialen Austauschs betrachtet Paarbeziehungen unter ökonomischen Aspekten. Im Hinblick auf ihre Zufriedenheit mit der Paarbeziehung wägen die Partner Kosten und Nutzen ab, wobei auch das individuelle Vergleichsniveau und mögliche Alternativen zur aktuellen Beziehung berücksichtigt werden. Auch emotionale und materielle Investitionen in die Paarbeziehung sind bedeutsam für das commitment der Partner. Je mehr in der Vergangenheit in die Beziehung investiert wurde, desto schwerer ist es, diese wieder zu beenden.

▶ Aus systemischer Sicht sind Paare intime Beziehungssysteme, die sich gemeinsam weiterentwickeln (Ko-Evolution). Bei Paaren mit Kindern können Partner- und Elternrollen unterschieden werden, die eng miteinander verzahnt sind. Im Familienalltag wird die Partnerrolle häufig von der Elternrolle überlagert.

▶ Die Qualität der partnerschaftlichen Kommunikation ist einer der wichtigsten Faktoren für die Zufriedenheit in Paarbeziehungen. Positive Kommunikationsmuster bedingen meist negative Rückkoppelungsprozesse, die sich beziehungsstabilisierend auswirken. Negative Kommunikationsmuster ziehen tendenziell eine konflikthafte Entwicklung und die Verschlechterung der Paarbeziehung nach sich.

▶ Die Qualität einer Paarbeziehung kommt auch in der Art und Weise zum Ausdruck, wie die Partner mit Stress und Belastungen umgehen. Zufriedene Paare schaffen es besonders gut, dyadische (partnerschaftliche) Copingstrategien einzusetzen. Dabei lassen sich Strategien der wechselseitigen Unterstützung und der gemeinsamen Bewältigung unterscheiden.

▶ Paarentwicklungsaufgaben ergeben sich zum einen aus den verschiedenen Anforderungen auf Paar- und Elternebene, die Partner im Familienlebenszyklus gemeinsam bewältigen müssen. Zum anderen lassen sich allgemeine, phasenübergreifende Paarentwicklungsaufgaben formulieren, die auf eine langfristig positive Gestaltung der Paarbeziehung abzielen.

Praxisübung

Zwei 45-jährige Ehepartner in der Paarberatung[1]

Sie: Mein Mann macht es sich wirklich saumäßig bequem. Er versteht überhaupt nicht, warum ich unzufrieden bin! Ich komme mir vor wie ein Stück des häuslichen Inventars. Nett, dass man es besitzt, aber nicht besonders aufregend. Manchmal eine Streicheleinheit, der obligate Blumenstrauß am Samstag, wie man ein gutes Stück ein bisschen pflegt. Damit das traute Heim auch schön gemütlich ist … Aber Nähe und Leidenschaft ist das nicht! Ganz im Gegenteil, es ist erstickend langweilig.

Er: Meine Arbeit frisst mich einfach total auf. Meine Frau hat das doch auch gewollt, dass ich Chef werde im Betrieb. Ich gehe ja auch mit ihr ins Theater, obwohl mich das nicht interessiert. Aber zu Hause ist für mich der Ort der Erholung, nicht des Theaters. Und Sex ist schließlich auch nicht alles.

Sie: Du bist doch schon lange nicht mehr an mir interessiert als Frau! Vorne herum spielst Du den braven Buben, und hintenrum hältst Du Dir die Ohren zu, wenn ich mit Dir reden will. Innerlich hast Du Dich schon lang getrennt von mir als Frau! Dafür raspelst Du Süßholz mit Deinen Sekretärinnen.

Er: Unsinn! Ich würde mich doch nie von Dir trennen! Du bist doch die Mutter unserer Kinder, also stehe ich auch zu Dir, durch Dick und Dünn …

---

[1] Das Übungsbeispiel ist entlehnt aus Welter-Enderlin (1999, S. 285).

▶

- ▶ Welche Beziehungsmotive im Sinne von Mary (2008) vermuten Sie bei diesem Ehepaar?
- ▶ Bitte beschreiben Sie negative Kommunikationsmuster der Partner!
- ▶ Welche Vermutungen haben Sie hinsichtlich der Gründe, weshalb die Ehepartner in die Paarbera-

tung kommen? Benutzen Sie bei Ihrer Hypothesenbildung austauschtheoretische Annahmen über die Paarbeziehung.
- ▶ Wie könnten Sie in der Beratung vorgehen, um die Ressourcen der Paarbeziehung zu explorieren?

Prüfungsfragen und Denkanstöße

(1) Bitte beschreiben Sie unterschiedliche psychologische Aspekte des Phänomens „Liebe"! Warum kann es sinnvoll sein, diese Aspekte voneinander zu unterscheiden?

(2) Bitte legen Sie anhand des Investitionsmodells von Rusbult (1988) dar, warum viele Menschen in ihrer Paarbeziehung bleiben, obwohl sie mit ihrer Partnerschaft unzufrieden sind!

(3) Überlegen Sie: Welcher psychologische Teufelskreis kann sich in einer Paarbeziehung entwickeln, in der sich der Ehemann kontaktvermeidend und distanziert, die Ehefrau ängstlich und nähesuchend verhält?

(4) Was versteht man unter dyadischem Coping? Warum ist dies wichtig für eine Paarbeziehung?

(5) Inwiefern lässt sich die Gestaltung der Paarbeziehung als Entwicklungsaufgabe von zwei Beziehungspartnern begreifen?

Weiterführende Literatur

- ▶ Welter-Enderlin (1999). Leidenschaft und lange Weile. Frauen und Männer in Zeiten des Übergangs. München: Piper.
  Die Autorin ist eine der bekanntesten Paartherapeutinnen im deutschsprachigen Raum. In ihrem Buch analysiert sie anhand von Fallgeschichten das Problem moderner Paare, ihre Bedürfnisse nach Leidenschaft und Verwurzelt-Sein miteinander zu verbinden

- ▶ Wunderer, E. & Schneewind, K.A. (2008). Liebe ein Leben lang? Was Paare zusammenhält. München: dtv.
  Ein seriöser und empfehlenswerter Ratgeber, der auf einer Langzeitstudie mit mehr als 600 Paaren basiert. Zahlreiche Tests und Übungen erlauben es dem Leser, die Ressourcen und Verbesserungsmöglichkeiten der eigenen Partnerschaft zu erkennen. Besonders wichtig für eine gelingende Ehe sind Vertrauen und Offenheit, Liebe und Zuneigung, vor allem jedoch: Toleranz und Akzeptanz.

8 Regenbogenfamilien

unter Mitarbeit von Christina Göttgens

Was Sie in diesem Kapitel erwartet

Es ist noch nicht sehr lange her, dass gleichgeschlechtliche Lebensweisen und Elternschaft für weite Teile der Gesellschaft (einschließlich vieler Homosexueller selbst) als unvereinbar galten. Doch inzwischen sind lesbische Mütter oder schwule Väter mit Kindern gar nicht mehr so selten. Experten schätzen, dass in Deutschland rund ein Drittel aller lesbischen Frauen und ein Fünftel aller schwulen Männer Eltern sind. Für diese Familien hat sich inzwischen der Name Regenbogenfamilien etabliert. Wie geht es Eltern und Kindern in diesen Familien? Inwieweit unterscheidet sich das Familienleben von dem anderer Familien? Entwickeln sich die Kinder anders als Kinder heterosexueller Eltern? In dieses Lehrbuch wurde ein eigenes Kapitel über Regenbogenfamilien aufgenommen, um der wachsenden Bedeutung alternativer Familienformen Rechnung zu tragen und deren gesellschaftliche Bedeutung zu würdigen. Wir gehen auf Statistiken, rechtliche Aspekte und ausgewählte Forschungsergebnisse ein, diskutieren mögliche Schwierigkeiten und spezifische Familienentwicklungsaufgaben in Regenbogenfamilien aus familienpsychologischer Sicht und zeigen professionelle Unterstützungsangeboten für Regenbogenfamilien auf.

8.1 Gleichgeschlechtliche Partnerschaft und Familie

In diesem Lehrbuch der Familienpsychologie werden zwei Merkmale als konstitutiv für Familien betrachtet, nämlich das subjektive Erleben von Nähe und Verbundenheit sowie das Vorhandensein von Eltern-Kind-Beziehungen (vgl. Kapitel 1). Ob die Eltern der Kinder in einer heterosexuellen oder in einer homosexuellen Partnerschaft leben, spielt nach dieser Definition zunächst keine Rolle. Insofern sind gleichgeschlechtliche Paare, die mit Kindern zusammenleben, ganz eindeutig Familien. Allerdings entsprechen diese Familien nicht der üblichen Vorstellung von einer „normalen" Familie – sie stellen eine nicht-normative bzw. nicht-traditionelle Alternative zum klassischen Familienmodell dar.

Homosexuelle Eltern – zwischen allen Stühlen

In den letzten Jahren hat sich für gleichgeschlechtliche Paare mit Kindern der Name Regenbogenfamilien etabliert. Diese Bezeichnung leitet sich von der Regenbogenflagge ab. Diese ist heute weltweit das Symbol von Lesben, Schwulen und Bisexuellen, die sich selbstbewusst zu ihrer sexuellen Orientierung bekennen. Doch auch in der schwul-lesbischen community (Szene) wurden Regenbogenfamilien lange Zeit eher distanziert betrachtet. So waren Kinder aus einem früheren heterosexuellen Lebensabschnitt vielfach eine Art Tabu. Mütter und Väter, die sich nach einigen Jahren Ehe dafür entschieden, in einer gleichgeschlechtlichen Paarbeziehung zu leben und trotzdem weiterhin Eltern zu bleiben, mussten eine Gratwanderung absolvieren. Oftmals gehörten sie nirgendwo so richtig dazu. In der community vermieden sie es oft, sich als

Mutter bzw. Vater zu outen, in ihren alten sozialen Bezügen war das homosexuelle coming out schwer vermittelbar. Angst vor Ausgrenzung und Stigmatisierung der eigenen Person und vor allem ihrer Kinder erschwerten das offene Umgehen mit dem neuen Lebensentwurf. So lebten bis weit in die 1980er Jahre hinein viele lesbische Mütter und schwule Väter mit ihren Kindern gesellschaftlich „unsichtbar".

Mit noch mehr Schwierigkeiten mussten lesbische oder schwule Paare lange Zeit rechnen, wenn sie eine Familie gründen oder ein Kind adoptieren wollten. Viele Menschen empfanden den Kinderwunsch von Schwulen und Lesben als unnatürlich, anstößig oder illegitim. Diese geringe gesellschaftliche Akzeptanz hing eng mit der generellen Stigmatisierung gleichgeschlechtlicher Paarbeziehungen und damit einhergehenden Vorurteilen zusammen. Diese waren durchaus auch bei vielen Sozialwissenschaftlern vorhanden. Bis weit in die 1970er Jahre erschienen psychologische Fachaufsätze, die schwulen und lesbischen Eltern mangelnde Erziehungsfähigkeit sowie moralische und psychische Defizite unterstellten. Erst im Verlauf der letzten 30 Jahre wurden, zuerst in Zusammenhang mit Sorgerechtsprozessen in den USA, differenzierte wissenschaftliche Studien vorgelegt, die dieses Bild eindeutig widerlegen (Jansen & Steffens, 2006).

In den letzten Jahren ist eine zunehmende Toleranz gegenüber gleichgeschlechtlichen Lebensweisen zu beobachten. Im Kontext dieser Entwicklung war bedeutsam, dass sich inzwischen viele Personen des öffentlichen Lebens offen zu ihrer Homosexualität bekennen. Auch das seit 2001 in Deutschland geltende Lebenspartnerschaftsgesetz hat dazu beigetragen, dass gesellschaftliche Vorurteile gegenüber homosexuellen Paaren und Eltern zusehends verblassen. Innerhalb der Schwulen- und Lesbenbewegung beginnen lesbische Mütter und schwule Väter in den letzten Jahren verstärkt, ihren Platz einzufordern. Der Lesben- und Schwulenverband Deutschland (LSVD) hat darauf reagiert. Innerhalb dieses Verbands sind verschiedene Interessengruppen zusammengeschlossen, u. a. die Initiative Lesbischer und Schwuler Eltern (ILSE).

Definition

Der Begriff **Regenbogenfamilien** umfasst alle Familienkonstellationen, in denen die biologischen und sozialen Eltern der Kinder in einer gleichgeschlechtlichen Partnerschaft leben. Neben lesbischen und schwulen Paaren, die mit Kindern aus einer früheren heterosexuellen Beziehung zusammenleben, gibt es Paare, die ihren Kinderwunsch z. B. durch Insemination, künstliche Befruchtung oder Adoption realisieren. Solche Regenbogenfamilien werden auch als **queer families** bezeichnet.

Unterschiedliche Konstellationen in Regenbogenfamilien

Wie kommen Regenbogenfamilien zustande? Woher stammen die Kinder? Welche Beziehungskonstellationen gibt es zwischen Eltern und Kindern?

Gleichgeschlechtliche Patchworkfamilien. Die meisten Kinder, die in Regenbogenfamilien aufwachsen, stammen aus früheren heterosexuellen Beziehungen lesbischer Mütter bzw. schwuler Väter. In der Regel hatten diese ein spätes coming out. Damit ist gemeint, dass sie zunächst gemeinsam mit den Kindern in einer Ehe oder einer heterosexuellen Partnerschaft gelebt hatten. Erst in Zusammenhang mit der Gründung ihrer Regenbogenfamilie outen sie ihre Homosexualität.

Wenn lesbische Mütter bzw. schwule Väter ihre Kinder in die neue Paarbeziehung mitbringen, entstehen gleichgeschlechtliche Patchworkfamilien. Die Elternschaft wird dann von zwei Müttern oder von zwei Vätern ausgeübt. Die biologischen Eltern des Kindes werden als Mutter bzw.

Vater, deren Partner als Co-Mutter bzw. Co-Vater bezeichnet. Co-Mütter und Co-Väter sind damit die sozialen Eltern. Derzeit ist die lesbische Patchworkfamilie die häufigste Form der Regenbogenfamilie, denn meistens wird nach einer Trennung das Sorgerecht bzw. die Erziehungsverantwortung weiterhin von der Mutter wahrgenommen.

Queer families (englisch: sonderbare Familien). Ursprünglich kinderlose gleichgeschlechtliche Paare, die eine Familie gründen, bezeichnet man als queer families. Am häufigsten entscheiden sich diese Paare für eine gezielt herbeigeführte Schwangerschaft. Die Zeugung des Kindes kann auf natürlichem Wege erfolgen, öfter wird jedoch die Möglichkeit der künstlichen Befruchtung gewählt (Insemination oder In-vitro-Fertilisation). Zunehmend mehr Paare machen heute von den Angeboten der modernen Reproduktionsmedizin Gebrauch. Für die Herbeiführung der Schwangerschaft gibt es unterschiedliche Möglichkeiten:

► Ein lesbisches Paar bittet z. B. einen männlichen Freund, einen schwulen Bekannten oder den Bruder der künftigen Co-Mutter, seinen Samen zu spenden.
► Immer häufiger lässt sich eine der Partnerinnen mit einer anonymen Samenspende (z. B. von einer Samenbank) befruchten.
► Manchmal tun sich ein lesbisches und ein schwules Paar zusammen, um gemeinsam Eltern zu werden. In diesen Fällen ist es möglich, dass ein Kind zwei Mütter und zwei Väter hat (biologische und soziale Eltern).

Definition

Bei der **künstlichen Befruchtung** gibt es unterschiedliche Vorgehensweisen. Als Insemination wird die Übertragung des männlichen Spermas in den Genitaltrakt der Frau bezeichnet, z. B. mit einer Spritze. Bei der In-vitro-Fertilisation (IVF) – lateinisch für Befruchtung im Glas – werden die Eizellen mit dem aufbereiteten Sperma des Vaters in einem Reagenzglas zusammengebracht. In Deutschland wird IVF bei lesbischen Paaren (zumindest offiziell) nicht angewandt.

In Deutschland verkaufen die meisten Samenbanken kein Sperma an lesbische Frauen, weil die Rechtslage hinsichtlich der Vaterschaft der Kinder unklar ist. Aus diesem Grund nehmen viele lesbische Paare Kontakt zu ausländischen Samenbanken auf. So genannte Yes-Spender sind damit einverstanden, dass das Kind, wenn es erwachsen ist, die Identität des biologischen Vaters erfährt und ggf. Kontakt mit ihm aufnimmt, wohingegen No-Spender anonym bleiben. Die meisten Spermaspender sind No-Spender, und auch die meisten lesbischen Paare entscheiden sich für eine anonyme Spermaspende. Allerdings suchen mehr und mehr lesbische Paare einen Samenspender, der (sofern das Kind dies später wünscht) bereit ist, seine Identität offen zu legen und ggf. mit dem Kind in Kontakt zu treten (Scheib, Riordan & Rubin, 2003).

Für schwule Paare ist es im Vergleich dazu noch schwieriger, einen Kinderwunsch unter biologischer Beteiligung des Partners zu realisieren. Anders als in anderen Ländern sind Leihmutterschaften in Deutschland grundsätzlich verboten. In den USA und Kanada ist die Leihmutterschaft eine relativ verbreitete Möglichkeit, ein Kind legal von einer Frau austragen zu lassen. Nach der Geburt verliert die biologische Mutter ihre Rechte gegenüber dem Kind. In Europa ist die Leihmutterschaft u. a. in Belgien, den Niederlanden, Griechenland und Großbritannien gesetzlich erlaubt.

Eine legale Möglichkeit auf Elternschaft kann die Adoption oder die Übernahme einer Pflegschaft sein. Allerdings ist es für gleichgeschlechtliche Paare nicht leicht, ein Kind zu adoptieren.

Zum einen gibt es in Deutschland sehr viel mehr Bewerber für eine Adoption als zu vermittelnde Kinder, zum anderen sind die zu erfüllenden Kriterien streng und die Vermittlungsverfahren langwierig. Das Zusammenleben in einer gleichgeschlechtlichen Paarbeziehung gilt hier immer noch als ein Handicap. Selbst wenn ein homosexuelles Bewerberpaar schon seit vielen Jahren in einer stabilen Beziehung lebt, werden in der Realität meist Bewerberpaare vorgezogen, die in traditionellen Familien leben. Hingegen steht die sexuelle Orientierung der Bewerberpaare der Vermittlung von Pflegekindern heute nicht (mehr) im Wege. Die Erklärung dafür liegt auf der Hand: Es gibt viel mehr zu vermittelnde Kinder als potentielle Pflegeeltern.

Beispiel

Zwei Mütter und ein Baby . . .

Martina und Inge wollten schon immer gemeinsam ein Kind haben. Sie sind bereits seit langer Zeit ein Paar. Im September 2001 haben sie nach dem neuen Lebenspartnerschaftsgesetz geheiratet. Nach vielen Diskussionen und Abwägungen verschiedener Möglichkeiten entschlossen sie sich, dass Martina ein Baby austragen soll. Inges Bruder sollte den Samen spenden. Damit, so hatten sich die Frauen überlegt, ist Inge (als Co-Mutter) dem gemeinsamen Kind auch biologisch „so nahe wie möglich". Inges Bruder war einverstanden und fungierte als Samenspender. Durch Insemination wurde Martina nach einigen Versuchen schwanger. Tom wurde im Dezember 2003 geboren. Der Samenspender und Onkel des Kindes ist neben den beiden Müttern die wichtigste Bezugsperson für Tom. Bei Behörden haben Inge und Martina ihn aber nie als Vater angegeben. In der Geburtsurkunde ist Martina als Mutter angegeben, beim Vater steht „unbekannt".

Homosexuelle Ein-Eltern-Familien. Auch unter homosexuellen Eltern gibt es die Konstellation der allein erziehenden Mutter bzw. des allein erziehenden Vaters. Dabei entscheiden sich homosexuelle Eltern aus ähnlichen Gründen für ein Leben ohne feste Paarbeziehung wie heterosexuelle Eltern. Manchmal leben die Eltern auch allein, obwohl sie gerne wieder einen Partner hätten. So können z. B. Trennung oder Tod des Partners, aber auch bewusst gewählte Alleinerziehungsverantwortung für das Kind eine Rolle für diese Entscheidung spielen.

Rechtliche Aspekte

Das Lebenspartnerschaftsgesetz. Gleichgeschlechtliche Partnerschaften sind nur in wenigen Ländern (u. a. Spanien, Niederlande und Belgien) rechtlich völlig der Ehe gleichgestellt. In Deutschland haben gleichgeschlechtliche Paare seit 2001 die Möglichkeit, eine „eingetragene Lebenspartnerschaft" einzugehen. Das Lebenspartnerschaftsgesetz (LPartG) wird allgemein als wichtiger Schritt angesehen, gleichgeschlechtlichen Partnerschaften eine gesetzliche Grundlage und damit auch mehr gesellschaftliche Anerkennung zu verleihen. Rechtsvergleichende Untersuchungen haben ergeben, dass das LPartG in seiner Fassung von 2001 ca. zwei Drittel der Rechtsfolgen der Ehe abdeckt (vgl. v. Puttkamer, 2001). Am 1. 1. 2005 trat eine Novellierung des LPartG in Kraft. In diesem fand eine weitere Angleichung an die Ehe statt, vor allem in der Hinterbliebenenversorgung bei der gesetzlichen Rente. Seitdem haben Lebenspartner und Lebenspartnerinnen ein Anrecht auf eine Witwen- bzw. Witwerrente. Auch die Stiefkindadoption der leiblichen Kinder des Partners ist seitdem innerhalb der Lebenspartnerschaft möglich.

Benachteiligung gegenüber Ehepaaren. Dennoch wird immer wieder bemängelt, dass eingetragene Lebenspartner gegenüber Ehepartnern benachteiligt sind. So sind z. B. die Lebenspartner gesetzlich verpflichtet, sich gegenseitig finanziell zu unterstützen, werden aber steuerrechtlich beide wie Ledige behandelt. Dadurch ist das Familieneinkommen unter Umständen deutlich geringer als bei Ehepaaren in vergleichbaren Lebenssituationen. Die völlige Gleichstellung der eingetragenen Lebenspartnerschaft mit der Ehe stößt derzeit noch auf starke politische Widerstände, z. B. seitens konservativer politischer Parteien und Kirchenvertreter.

Ein weiteres Problem vieler Regenbogenfamilien ist die Tatsache, dass im deutschen Recht die soziale Elternschaft als „Elternschaft zweiter Klasse" behandelt wird. Juristisch gesehen gilt die biologische Elternschaft als Hauptkriterium für Familienzugehörigkeit. Bei Beziehungskonstellationen jenseits des traditionellen Familienmodells kommt es deswegen häufig zu juristischen Irritationen. So erhält z. B. der Vater eines Kindes automatisch das Sorgerecht für ein Kind, selbst wenn er keine Erziehungsleistungen erbringen will oder kann. Hingegen müssen z. B. lesbische Co-Mütter, die die Kinder ihrer Lebenspartnerin adoptieren wollen, oft mit Vorurteilen bei Familienrichtern rechnen. Selbst wenn die Rechtslage bei Vorliegen einer eingetragenen Lebenspartnerschaft eindeutig ist, kommt es häufig vor, dass Adoptionsverfahren bei lesbischen Stiefkindadoptionen behindert oder verschleppt werden.

8.2   Daten, Erkenntnisse, Forschungsergebnisse

Es gibt bis heute keine verlässlichen Angaben über die Häufigkeit von Regenbogenfamilien und die Anzahl der Kinder, die bei gleichgeschlechtlichen Eltern aufwachsen. Dies liegt vor allem daran, dass viele schwule Männer und lesbische Frauen ihre sexuelle Identität aus Angst vor Stigmatisierung verbergen. Ferner befürchten sie vielfach Nachteile bei der Vergabe des elterlichen Sorgerechts. Ungeachtet dieser Probleme wird davon ausgegangen, dass in den USA etwa 1 bis 3 Millionen homosexuelle Väter mit 2 bis 4 Millionen Kindern leben. Die Zahl der lesbischen Mütter in den USA wird zwischen 1 und 5 Millionen mit ca. 4 bis 10 Millionen Kindern geschätzt. Für Deutschland gibt zwar keine verlässlichen Statistiken, doch können wir prinzipiell davon ausgehen, dass die amerikanischen Befunde auf hiesige Verhältnisse übertragbar sind (vgl. Fthenakis, 2000). Experten schätzen, dass in Deutschland rund ein Drittel aller lesbischen Frauen und ein Fünftel aller schwulen Männer Eltern sind. Die bisher veröffentlichten Zahlenangaben für Deutschland weichen jedoch stark voneinander ab. Während Rauchfleisch (1997) davon ausgeht, dass ca. 650.000 Kinder in lesbischen Familien aufwachsen, beziffert Peuckert (2008) diesen Anteil sehr vorsichtig auf 11.500 Kinder. Bekannt ist ferner, dass nach einer Trennung oder Scheidung vom heterosexuellen Partner die Kinder in den meisten Fällen bei der Mutter bleiben. Nur selten nehmen homosexuelle Väter ihre Kinder in eine neue Beziehung mit – hierin unterscheiden sie sich übrigens nicht von heterosexuellen Vätern.

Bis heute gibt es kaum deutschsprachige Fachliteratur über homosexuelle Elternschaft und Familiengründung. Am ehesten findet man wissenschaftliche Veröffentlichungen in internationalen Fachzeitschriften. Darin geht es meist um die Erziehungsfähigkeit (parental fitness) von homosexuellen Paaren und mögliche Risiken für die kindliche Entwicklung. Aussagekräftige Studien, die sich mit dem Familienwunsch und der Familienentwicklung von homosexuellen Menschen beschäftigen, liegen bisher nicht vor. Es gibt jedoch mittlerweile eine ganze Reihe von informativen Ratgebern und Erfahrungsberichten über gleichgeschlechtliche Elternschaft und Regenbogenfamilien (LSVD, 2007; Streib, 2007; Toevs & Brill, 2002).

Lesbische Mütter

Lesbische Mütter sind sehr häufig mit negativen Stereotypen konfrontiert. Oft wird vermutet, dass lesbische Frauen eher männlich und demzufolge wenig „mütterlich" seien. Auch wird oft unterstellt, dass sich bei lesbischen Frauen alles um die Verwirklichung erotischer Bedürfnisse dreht und dass die Kinder deswegen zu wenig Aufmerksamkeit bekommen. Forschungsergebnisse zeigen aber, dass diese Klischees meist jeder Grundlage entbehren. Zwischen heterosexuellen und lesbischen Müttern gibt es viel mehr Ähnlichkeiten als Unterschiede. Sowohl heterosexuelle als auch lesbische Mütter sehen die Verantwortung für ihre Kinder als wichtigste Aufgabe in ihrem Leben an (und nicht etwa Partnerschaft bzw. Sexualität). Auch das Erziehungsverhalten der beiden Müttergruppen ist offenbar ähnlich.

Abbildung 8.1. Lesbische Mütter und ihre Kinder – ein Anblick, der viele Menschen auch heute noch irritiert. Doch Regenbogenfamilien werden zunehmend sozial akzeptiert und fordern ihren Platz in unserer Gesellschaft ein. Sie zeigen, dass die heutige Familienrealität vielfältig und bunt wie ein Regenbogen ist

In den vorliegenden Studien konnten keine Anzeichen für ein ausgeprägt „maskulines" Verhalten lesbischer Mütter im Umgang mit den Kindern nachgewiesen werden. Lesbische Mütter lieben ihre Kinder genauso wie heterosexuelle Mütter – unabhängig von deren Geschlecht. Interessanterweise haben Kinder lesbischer Frauen häufiger Kontakt zu ihren biologischen Vätern als die Kinder allein erziehender heterosexueller Mütter. Offenbar reflektieren lesbische Mütter die Entwicklung der Geschlechterrollen stärker. Der Kontakt zum Vater soll aufrechterhalten werden, weil die Kinder auch ein männliches Rollenmodell haben sollen. Insbesondere bei Jungen wird dies für wichtig gehalten.

Die Rollenaufteilung innerhalb lesbischer Familien unterscheidet sich deutlich vom traditionellen Modell in heterosexuellen Familien. So streben lesbische Paare eine möglichst partnerschaftliche Verteilung von Familien- und Berufstätigkeiten an. Erziehungsleistungen werden meist viel stärker als in heterosexuellen Partnerschaften gewürdigt. Auch dann, wenn eine der Frauen die klassische „Ernährerrolle" hat, besteht eine hohe beiderseitige Partnerzufriedenheit (vgl. Fthentakis 2000).

Zusammenfassend kann festgestellt werden, dass sich lesbische Mütter hinsichtlich ihrer Erziehungsfähigkeit und ihres Erziehungsverhaltens nicht grundlegend von heterosexuellen Müttern unterscheiden (Schmauch, 2008). Die tendenziell höhere Beziehungszufriedenheit lesbischer Mütter hängt vor allem mit der flexibleren Rollenverteilung der Partnerinnen und der beiderseitigen Wertschätzung der jeweiligen Aufgabenbereiche zusammen. Dass lesbische Mütter den Kontakt ihrer Kinder zu erwachsenen männlichen Bezugspersonen eher unterstützen, liegt offenbar an der stärkeren Sensibilisierung für die Relevanz männlicher Rollenvorbilder.

Schwule Väter

Forschungsergebnisse zeigen, dass der größte Teil der homosexuellen Väter geschieden ist. Diese Männer waren zunächst verheiratet und hatten Kinder, bevor sie sich zu ihrer homosexuellen Identität bekannten. Die Gründe, aus denen diese Männer heiraten, sind vielschichtig: Der Wunsch nach Kindern und Familie, sozialer und kultureller Druck, die Hoffnung, mit der Heirat homosexuelle Phantasien zu überwinden sowie Ambivalenzen der sexuellen Identität (Patterson, 1995). Mit dem outing des Mannes kommt es zumeist zur Trennung von seiner Frau. Bei einer Scheidung wird in der Regel die alleinige Sorge für die Kinder der Mutter übertragen; nur selten leben die Kinder beim Vater. Homosexuelle Väter haben nach einer Scheidung vor allem im Rahmen von Besuchsregelungen Kontakt zu ihren Kindern. Ferner gibt es auch schwule Väter, die „offiziell" bei ihrer Familie bleiben und versuchen, ein Arrangement zu treffen, ohne sich von ihrer Ehepartnerin zu trennen. In einigen Fällen führen schwule Väter auch ein Doppelleben, bei dem weder die (Ehe-)Partnerin noch andere Personen aus dem sozialen Umfeld von der Homosexualität wissen. Dies ist meist extrem belastend für die Betroffenen. Dahinter steht oft die Angst vor sozialer Ausgrenzung und vor allem vor dem Verlust der Kinder.

Wie steht es mit der Bereitschaft und der Fähigkeit homosexueller Väter, Erziehungsverantwortung zu übernehmen? Nach heutigem Forschungsstand unterscheidet sich der Erziehungsstil schwuler Väter nicht wesentlich von dem heterosexueller Väter. Tendenziell stellen sie sogar eine stabilere Umwelt für ihre Kinder bereit und bauen häufiger positive Beziehungen zu ihren Kindern auf. Im Vergleich mit allein erziehenden heterosexuellen Vätern haben homosexuelle Väter einen stringenteren Erziehungsstil und setzen ihren Kindern konsequenter Grenzen. Entgegen des verbreiteten Klischees vom weiblichen, „tuntenhaften" Homosexuellen zeigen schwule Väter auch kein überzogenes Geschlechterrollenverhalten. Generell scheinen homosexuelle Väter ihr Erziehungsverhalten stärker zu reflektieren als heterosexuelle Väter. Sie wissen, dass ihre Homosexualität für viele andere Menschen ein Anlass ist, sie in dieser Hinsicht genauer zu beobachten. Im Familienalltag neigen schwule Väter zu einem flexiblen Umgang mit Partner- und Elternrollen. So legen schwule Väter weniger Wert auf die Rolle des Familienernährers und vertreten prinzipiell weniger traditionelle Einstellungen hinsichtlich ihrer Elternrolle (Fthentakis, 2000).

Probleme schwuler Väter zeigen sich oft im Zusammenhang mit der Offenlegung ihrer sexuellen Identität. Dieses Bekenntnis des Vaters gegenüber dem Kind ist meist ein sehr emotionales Ereignis, mit dem viele Ängste verbunden sind (z. B. vor Zurückweisung, Verletzung oder Schädigung der Vater-Kind-Beziehung). Einige Väter schaffen es nicht befriedigend, diese Aufgabe zu bewältigen. Aber auch Väter, denen dieser Schritt gelingt, sehen sich mit weiteren schwierigen Fragen konfrontiert: Wie offen sollen sie hinsichtlich ihrer schwulen Liebesbeziehungen mit dem Kind sein, und inwieweit können sie ihr Kind mit der homosexuellen community konfrontieren? Viele Väter machen sich Sorgen, ob sich dies negativ auf die Entwicklung oder psychische Gesundheit ihres Kindes auswirkt. Einige Väter nehmen deswegen auch professionelle Beratung in Anspruch (vgl. Bigner & Bozett, 1990).

Auswirkungen auf die Kinder

Welche Folgen hat es für Kinder, wenn sie gleichgeschlechtliche Eltern haben bzw. bei diesen aufwachsen? Laien nehmen oft an, dass ein großer Teil der Kinder ebenfalls homosexuell wird. Auch wird vermutet, dass die Kinder zwangsläufig unter der „unnatürlichen" Familienkonstellation leiden, sich schämen oder von anderen Kindern gehänselt werden. Heute wissen wir, dass die meisten dieser Befürchtungen unbegründet sind. Allerdings muss man berücksichtigen, dass die Beziehungs- und Familiengeschichten in Regenbogenfamilien sehr vielfältig sind. Manche dieser Kinder erleben starke elterliche Konflikte während der Zeit, in der ihre biologischen Eltern zusammenleben und sich z. B. der Vater als homosexuell outet. Andere Kinder wachsen von Anfang an bei ihren lesbischen Müttern auf und kennen möglicherweise ihren Vater gar nicht; wieder andere leben bei einem allein erziehenden Elternteil mit wechselnden Partnern. Doch ungeachtet der Komplexität der unterschiedlichen Familiendynamiken gibt es eine ganze Reihe wissenschaftlicher Erkenntnisse zur Entwicklung von Kindern aus Regenbogenfamilien.

Insgesamt ist davon auszugehen, dass sich Kinder mit homosexuellen Eltern nicht wesentlich anders als Kinder mit heterosexuellen Eltern entwickeln. Dies betrifft zunächst die sexuelle Orientierung: Zwar werden zwischen 6 und 9 % der Kinder von homosexuellen Eltern später selbst schwul bzw. lesbisch, doch ist dieser Anteil keineswegs höher als in Familien mit heterosexuellen Eltern. Die Kinder lesbischer Mütter bzw. schwuler Väter entwickeln in aller Regel eine Geschlechtsidentität, die ihrem biologischen Geschlecht entspricht. Außerdem zeigen sie keine Auffälligkeiten hinsichtlich ihres Geschlechtsrollenverhaltens (z. B. Tendenz zu besonders männlichem Rollenverhalten bei Mädchen). Auch in Studien zum Beziehungs- und Freundschaftsverhalten von Kindern aus Regenbogenfamilien wurden keine Unterschiede zu gleichaltrigen Kindern aus heterosexuellen Elternhäusern gefunden. Sie sind ebenso gut sozial integriert und weder ängstlicher noch depressiver. Die soziale Kompetenz von Kindern aus Regenbogenfamilien wird häufig sogar als besonders ausgeprägt beschrieben (Jansen & Steffens, 2006). Wahrscheinlich liegt dies an der oft großen Offenheit und Kommunikationsbereitschaft in diesen Familien.

Viele Kinder gehen mit der Homosexualität ihrer Eltern durchaus offen um, z. B. gegenüber Freunden, Bekannten oder Lehrern. Allerdings gibt es dabei gerade hier große Unterschiede. Kinder schwuler Väter verschweigen ihren Freunden gegenüber die Homosexualität ihres Vaters häufiger, als dies Kinder aus lesbischen Familien tun. Das Verhalten der Kinder hängt offenbar vor allem damit zusammen, wie die Eltern selbst mit ihrer sexuellen Identität umgehen. Auch das Alter der Kinder beim elterlichen coming out muss berücksichtigt werden. Erfolgt dieses erst in der Adoleszenz des Kindes, so ist das Vermeidungs- und Verleugnungsverhalten ausgeprägter als bei jüngeren Kindern. Kinder aus queer families, die ihre Eltern von Anfang an als gleichgeschlechtliches Paar kennen, erleben weniger innere Konflikte als Kinder in lesbischen bzw. schwulen Nachscheidungsfamilien.

Häufig wird vermutet, dass Kinder lesbischer bzw. schwuler Eltern diskriminiert und ausgegrenzt werden. Die vorliegenden Forschungsergebnisse deuten darauf hin, dass die Kinder in der Tat häufig mit unterschiedlichen Formen sozialer Stigmatisierung konfrontiert sind und dies als belastend erleben. Bei Kindern schwuler Väter sind entsprechende Befürchtungen ausgeprägter als bei Kindern lesbischer Mütter. Zugleich scheinen diese Erfahrungen die emotionale und soziale Entwicklung nicht nachhaltig zu beeinträchtigen. Die meisten Kinder sind in der Lage, geeignete Bewältigungsstrategien zu entwickeln. Hierbei dürfte die Qualität der Vater-Kind-Beziehung bzw. der Mutter-Kind-Beziehung eine zentrale Rolle spielen.

Über mögliche Entwicklungsprobleme von Kindern, die durch eine Samenspende gezeugt wurden, gibt es bislang kaum wissenschaftlichen Studien. Allerdings wissen wir, dass viele adoptierte Jugendliche Identitätsprobleme erleben und wissen wollen, von wem sie abstammen. Unabhängig von der Qualität der Eltern-Kind-Beziehung versuchen viele Jugendliche, mehr über ihre leiblichen Eltern zu erfahren, z. B. durch eigene Nachforschungen. Manchmal entstehen in die

Und was sagen die Kinder dazu?[1]

Christian (15) lebt bei seinen Vätern Guido und Thomas in einem kleinen Dorf in der Eifel. Guido ist eigentlich Christians Onkel. Er und Thomas sind schon seit 15 Jahren ein Paar. Als Christian vor fünf Jahren in ein Heim sollte, entschieden sich Guido und Thomas spontan, den Jungen als Pflegekind aufzunehmen. Am Anfang fand es Christian sehr gewöhnungsbedürftig, bei Schwulen zu leben. „Ich hab mir das nicht ausgesucht. Am Anfang war's schlimm für mich." Aber inzwischen hat sich das Familienleben gut eingespielt. Christian besucht die 9. Klasse eines Gymnasiums. Als er neu in der Schule war, litt er sehr unter den Schwulenwitzen und Sticheleien seiner Mitschüler. Aber das hat inzwischen aufgehört. „Meine Freunde wissen es alle und finden es o. k. Mittlerweile ist alles ganz positiv. Ich selbst bin übrigens nicht schwul", grinst Christian. Ob eine Frau im Haus fehlt? „Nö, mir geht da eigentlich nichts ab. Guido und Thomas sind zwei tolle Väter. Außerdem haben wir im Freundeskreis viele Frauen. Es ist ja nicht so, als wären hier nur Männer."

---

[1] Nach einer authentischen Fallgeschichte (vgl. Streib-Brzič & Gerlach, 2006, S. 91 ff.)

ser Phase auch erhebliche Konflikte mit den Adoptiveltern (Scholz, 1995). In amerikanischen Studien zeigte sich, dass sich auch Kinder in queer families, die mit Hilfe einer Samenspende gezeugt wurden, als Jugendliche verstärkt mit der Frage nach ihren biologischen Wurzeln beschäftigen. Wir können annehmen, dass es günstig für die Identitätsentwicklung der Kinder ist, wenn sie spätestens dann die Möglichkeit haben, etwas über ihren biologischen Vater zu erfahren oder ihn kennen zu lernen (Scheib, Riordan & Rubin, 2005).

Als Fazit kann festgehalten werden, dass sich die Kinder gleichgeschlechtlicher Eltern hinsichtlich ihrer Gefühle, ihrer Beziehungen und ihres Verhaltens kaum anders entwickeln als die Kinder heterosexueller Eltern. Bereits in einer Anfang der 1970er Jahre durchgeführten Studie über lesbische Familien wurden die Ergebnisse auf einen einfachen Nenner gebracht: Entscheidend für die kindliche Entwicklung ist nicht die sexuelle Orientierung der Eltern, sondern deren Liebe, Zuwendung und Verständnis (Basile, 1974).

8.3 Regenbogenfamilien aus familienpsychologischer Sicht

Familienentwicklungsaufgaben

In Regenbogenfamilien ist vieles, aber längst nicht alles anders als in heterosexuellen Familien. So gibt es z. B. hinsichtlich der einzelnen Phasen im Familienlebenszyklus zahlreiche Gemeinsamkeiten. Auch lesbische und schwule Eltern müssen vielfältige Erziehungsaufgaben meistern, die sich mit dem Alter der Kinder kontinuierlich verändern. Und auch die Kinder aus Regenbogenfamilien sind mit den üblichen Entwicklungsanforderungen konfrontiert, wie z. B. dem Aufbau von Freundschaften zu Gleichaltrigen, der Suche nach der eigenen Identität und später der Ablösung von den Eltern.

Doch neben diesen normativen Anforderungen müssen in Regenbogenfamilien ganz spezifische, nicht-normative Familienentwicklungsaufgaben bewältigt werden. Diese ergeben sich aus der sexuellen Orientierung der Eltern und den damit verbundenen Lebensentwürfen. Eltern in

Regenbogenfamilien müssen sich mit zahlreichen rechtlichen Schwierigkeiten auseinandersetzen, etwa bei der Adoption der biologischen Kinder des Partners. Wenn die Kinder aus einer früheren heterosexuellen Partnerschaft stammen, sind zahlreiche Probleme und Belastungen zu bewältigen. Bei einer Scheidung müssen die Ex-Partner gemeinsam tragfähige Lösungen finden, die den Bedürfnissen der Kinder entsprechen. Dies betrifft vor allem die Aufrechterhaltung und Gestaltung des Kontakts zum nicht-sorgeberechtigten Elternteil.

Gleichgeschlechtliche Paare mit Kinderwunsch müssen bereits im Vorfeld ihrer Elternschaft zahlreiche Entscheidungen treffen, die unter Umständen eine große Tragweite haben. Kommt z. B. bei einem lesbischen Paar ein männlicher Freund oder Bekannter als Samenspender in Frage? Soll dieser später eine Bezugsperson für das Kind sein? Oder ist vielleicht eine anonyme Samenspende vorzuziehen (NO-Spender)? Welche Möglichkeit ist für ein schwules Paar mit Kinderwunsch am besten geeignet, und welche Risiken birgt z. B. die Annahme eines Pflegekinds?

Auch im Verlauf sind Regenbogenfamilien mit zahlreichen nicht-normativen Anforderungen konfrontiert. Dabei sind alle Familienmitglieder betroffen. Schwule und lesbische Eltern und ihre Kinder müssen lernen, mit Vorurteilen und stigmatisierenden Erfahrungen umzugehen. Ferner müssen die Kinder auch eine eigene Identität unabhängig vom gleichgeschlechtlichen Lebensentwurf ihrer Eltern entwickeln (vgl. Tabelle 8.1). Darüber hinaus ergeben sich vielfältige Anforderungen im erweiterten Familiensystem. Dies gilt z. B. für biologische Elternteile, die nicht mit den Kindern zusammenleben oder für die Eltern von Co-Müttern und Co-Vätern, die ihre Großelternschaft jenseits einer Blutsverwandtschaft definieren müssen.

Belastungen und Ressourcen in Regenbogenfamilien

Aus familienpsychologischer Sicht ist davon auszugehen, dass Regenbogenfamilien mit besonderen Belastungen (Stressoren) konfrontiert sind. Diese Stressoren treten vor allem in Form von negativen Reaktionen der sozialen Umwelt auf (z. B. Vorurteile, Ablehnung, Ausgrenzung). Für lesbische und schwule Eltern ist es belastend, wenn ihnen die Erziehung ihrer Kinder nicht zugetraut wird oder eine psychische Schädigung der Kinder befürchtet wird. Solche negativen Haltungen sind erfahrungsgemäß nicht nur im weiteren sozialen Umfeld verbreitet (z. B. Schule, Nachbarn, Arbeitskollegen), sondern oft auch in den Herkunftsfamilien und im Freundeskreis der Eltern. Die Kinder wiederum fühlen sich vor allem durch negative Reaktionen Gleichaltriger belastet, wie z. B. Mitschüler, neuer Freunde oder der Mitglieder der Fußballmannschaft.

Wie gut die Mitglieder von Regenbogenfamilien mit solchen Belastungen zurechtkommen, hängt entscheidend von ihren Bewältigungsressourcen ab. Dabei sind Ressourcen wichtig, die auch in traditionellen Familien bei der Bewältigung belastender Situationen hilfreich sind, z. B. gute Kontakte zu Familienmitgliedern und Freunden, eine positive Lebenseinstellung und soziale Kompetenzen. Auch das Selbstbewusstsein und die psychische Stabilität der Eltern wirken sich positiv auf die Fähigkeit ihrer Kinder aus, mit Diskriminierungen umzugehen. Je mehr Ressourcen in einem Familiensystem vorhanden sind, desto größer ist die Wahrscheinlichkeit, dass Belastungen erfolgreich gemeistert werden können (vgl. Kapitel 3).

Vieles deutet darauf hin, dass eine Ressource besonders wichtig ist: Ein offener und selbstverständlicher Umgang mit der Homosexualität trägt entscheidend zur seelischen Gesundheit aller Familienmitglieder und zur Funktionsfähigkeit des Familiensystems bei. Zu dieser Offenheit gehört, dass Eltern und Kinder in Regenbogenfamilien sich nicht als besser oder schlechter be-

Tabelle 8.1. Nicht-normative Familienentwicklungsaufgaben in Regenbogenfamilien stellen unterschiedliche Anforderungen an Eltern und Kinder. Aus systemischer Sicht kann die Tabelle noch um weitere Familienperspektiven ergänzt werden, z. B. biologische Eltern, Geschwister, Großeltern

Familienphasen	Familienentwicklungsaufgaben		
	Perspektive der Eltern	⇔	**Perspektive der Kinder**
Gleichgeschlechtliche Paare mit Kinderwunsch (queer families)	▶ Abwägung der Möglichkeiten zur Realisierung des Kinderwunschs ▶ Definition aller Bezugspersonen für das Kind		
Gleichgeschlechtliche Paare mit Kindern aus heterosexueller Beziehung	▶ Erweiterung der Familiengrenzen und Integration des Co-Elternteils in das bestehende Eltern-Kind-System ▶ Spätes coming out, Zeitpunkt und Form des coming out bestimmen ▶ Verändertes Lebensmodell nach außen vertreten		▶ coming out der lesbischen/schwulen Eltern akzeptieren lernen ▶ Trennung der biologischen Eltern emotional bewältigen ▶ Respektieren des neuen Lebenspartners ▶ Reaktionen der Umwelt auf veränderte Familienkonstellation einschätzen lernen
Gleichgeschlechtliche Paare mit kleinen Kindern	▶ Bildung einer funktionsfähigen Elternkoalition (die oft aus mehr als zwei Elternteilen besteht, die teilweise räumlich getrennt leben) ▶ Reflexion der Wahl der Bezugspersonen für das Kind hinsichtlich Praktikabilität und realer Verantwortungsübernahme		▶ Beziehungsaufbau zu biologischen und sozialen Eltern ▶ Beziehungsaufbau zu anderen Familienmitgliedern (Großeltern, Stiefgeschwistern, biologischem Vater etc.)
Gleichgeschlechtliche Paare mit Schulkindern	▶ Haltung gegenüber neuen Bezugspersonen entwickeln (z. B. outing gegenüber Lehrern)		▶ Entwicklung einer eigenen „anderen" Familienidentität ▶ Reaktionen der Umwelt verarbeiten lernen
Gleichgeschlechtliche Paare mit Jugendlichen	▶ Unterstützung der Kinder bei der Identitäts- und Autonomieentwicklung ▶ Toleranz und Kompromissbereitschaft bei differierenden Wünschen und Zielen		▶ Entwicklung von Copingstrategien bei Stigmatisierung ▶ Identitätsentwicklung in Abgrenzung bzw. Identifikation mit dem Lebensentwurf der Eltern

greifen, sondern als in mancher Hinsicht etwas anders. Je besser es Regenbogenfamilien gelingt, ein solches familiäres Selbstverständnis zu entwickeln und sich gegenseitig zu unterstützen, desto weniger werden sie mit Anfeindungen und Sticheleien konfrontiert (Rauchfleisch, 2001).

Beratung und Unterstützung für Regenbogenfamilien

Obwohl Regenbogenfamilien keineswegs per se als Problemfamilien anzusehen sind, müssen wir doch von einem spezifischen Unterstützungsbedarf ausgehen. In einigen Großstädten sind deswegen mittlerweile entsprechende Angebote wie z. B. Beratungsmöglichkeiten und Selbsthilfegruppen entstanden. Doch in kleineren Städten und in ländlichen Regionen existieren meist keine Anlaufstellen für gleichgeschlechtliche Eltern. Vor diesem Hintergrund ergeben sich vielfältige Aufgaben, z. B. im Hinblick auf Beratung, Fortbildung und die Koordination unterschiedlicher Hilfen. Einige Beispiele:

► Mitarbeiter psychosozialer Beratungsstellen sollten grundlegende Kenntnisse über die spezifischen Bedürfnisse und Probleme von Regenbogenfamilien haben und in der Lage sein, kompetente Information und Beratung anzubieten.

► Konkrete Beratungsinhalte sind z. B. die psychologische Begleitung bei Coming-out-Prozessen; Beratung bei Trennung und Familienkonflikten aufgrund einer homosexuellen Paarbeziehung; Kinderwunschberatung für lesbische und schwule Paare; Informationen zum Lebenspartnerschaftsgesetz und zur Stiefkindadoption.

► In Familienbildungsstätten und Familienzentren könnten Gruppen für Eltern und Kinder aus Regenbogenfamilien angeboten werden (Spielgruppen, Erfahrungsaustausch, soziale Kontakte etc.).

► Für Mitarbeiter von Sozial- und Gesundheitsdiensten, Behörden und Familiengerichten sollten Fortbildungen in Bezug auf die Besonderheiten gleichgeschlechtlicher Elternschaft bereitgestellt werden. So ist es z. B. wichtig, Hebammen für die Bedürfnisse lesbischer Paare zu sensibilisieren.

► Angehende Sozialpädagoginnen, Psychologen, Hebammen und Erzieherinnen sollten bereits im Rahmen ihrer Ausbildung die Möglichkeit haben, spezielle Lehrveranstaltungen und Workshops zum Thema Regenbogenfamilien zu besuchen.

► Gleichgeschlechtliche Lebens- und Familienformen sollten darüber hinaus im Rahmen des Schulunterrichts adäquat behandelt werden, um Unwissen und Stigmatisierung in der Bevölkerung weiter abzubauen.

Zusammenfassung

► In Regenbogenfamilien leben die biologischen und sozialen Eltern der Kinder in einer gleichgeschlechtlichen Partnerschaft. Gleichgeschlechtliche Patchworkfamilien entstehen, wenn Kinder aus einer früheren heterosexuellen Partnerschaft in eine neue homosexuelle Paarbeziehung mitgebracht werden. Schwule oder lesbische Paare, die ihren Kinderwunsch z. B. durch Samenspende oder Adoption verwirklichen, werden als queer families bezeichnet.

► Das seit 2001 in Deutschland geltende Lebenspartnerschaftsgesetz legitimiert erstmalig gleichgeschlechtliche Beziehungen und ermöglicht seit der Novellierung von 2005 Stiefkindadoptionen durch Co-Mütter bzw. Co-Väter. Eine vollständige rechtliche Gleichstellung der eingetragenen Lebenspartnerschaft im Vergleich zur Ehe gibt es nicht.

► Die Forschung hat gezeigt, dass lesbische Mütter und schwule Väter über angemessene Fähigkeiten verfügen, ihre Kinder zu erziehen und ihnen eine gelungene emotionale, soziale und sexuelle Entwicklung zu ermöglichen. Die Rollenaufteilung in Regenbogenfamilien unterscheidet sich häufig vom traditionellen Modell in heterosexuellen Familien. Oft wird eine möglichst partnerschaftliche Verteilung von Familien- und Berufstätigkeiten angestrebt. Erziehungsleistungen werden stärker gewürdigt als in heterosexuellen Partnerschaften.

▶ Es gibt keine signifikanten Entwicklungsunterschiede zwischen Kindern heterosexueller und homosexueller Eltern. Obwohl die Kinder meist unterschiedliche Formen von Stigmatisierung erleben, scheinen diese Erfahrungen ihre emotionale und soziale Entwicklung nicht nachhaltig zu beeinträchtigen. Die meisten Kinder aus Regenbogenfamilien entwickeln sich hinsichtlich ihrer Gefühle, ihrer Beziehungen und ihres Verhaltens völlig normal. Ihre sozialen Kompetenzen sind sogar oft überdurchschnittlich.

▶ Regenbogenfamilien haben zusätzlich zu normativen auch zahlreiche nicht-normative Familienentwicklungsaufgaben zu bewältigen. Diese entstehen vor allem aufgrund gesellschaftlicher Diskriminierungen und rechtlicher Benachteiligungen.

▶ Wie gut die Mitglieder von Regenbogenfamilien mit spezifischen Anforderungen und Stressoren zurechtkommen, hängt von ihren Bewältigungsressourcen ab. Eine besonders wichtige Ressource ist ein offener und selbstverständlicher Umgang mit dem alternativen Familienmodell. Dieser stärkt die psychische Gesundheit der Familienmitglieder und bewirkt eine Abnahme negativer Reaktionen im sozialen Umfeld.

▶ Es ist davon auszugehen, dass es in Regenbogenfamilien spezifische Unterstützungsbedürfnisse gibt. Für die sozialen Berufe ergeben sich dabei vielfältige Aufgaben. Neben der Bereitstellung von Kontakt-, Informations- und Beratungsangeboten für Regenbogenfamilien sind Fortbildungen für Mitarbeiter unterschiedlicher Einrichtungen ein wichtiges Tätigkeitsfeld.

Praxisübung

Ich will meine Kinder nicht verlieren!

Erstgespräch in einer Familienberatungsstelle. Herr B. ist Vater von zwei Kindern, Leonie (11) und Max (15). Seine Frau, mit der er seit 18 Jahren verheiratet ist, weiß von dem Besuch. Herr B. hat das Gefühl, sich in einer ausweglosen Situation zu befinden. Bereits seit seiner Jugend fühlt er sich erotisch von Männern angezogen. Seine Ehefrau wusste von seinen vorehelichen homosexuellen Kontakten und auch von mehreren kurzen Affären, die er während seiner Ehe mit jungen Männern hatte. Herr B. sagt, seine Frau habe dies immer akzeptiert, und das Arrangement sei viele Jahre gut gegangen. Doch vor einiger Zeit hat sich Herr B. in einen gleichaltrigen Mann verliebt, zu dem er seit ca. einem Jahr eine innige und liebevolle Beziehung pflegt. Ihm ist klar geworden, dass er mit seinem Freund zusammenleben will. Gleichzeitig macht er sich große Sorgen, Leonie und Max zu verlieren. Seinen Kindern hat Herr B. noch gar nichts gesagt, zuerst will er sich mit seiner Frau einigen. Doch Frau B. lehnt eine einvernehmliche Trennung kategorisch ab. Vor allem droht sie mit völligem Entzug der Kinder, wenn ihr Mann seine Familie „im Stich lässt". Auf Anraten seines Freundes wollte sich Herr B. in einer Schwulenorganisation in der nächsten Großstadt beraten lassen, seine Frau weigert sich jedoch, in diesen „Homo-Laden" auch nur einen Fuß zu setzen. Somit sieht Herr B. in der „normalen" Familienberatungsstelle die letzte Chance, gemeinsam mit seiner Frau eine Lösung zu finden.

▶ Im Moment ist Herr B. sehr durcheinander und ratlos. Was ist für ihn in dieser Situation wichtig? Welche Unterstützung braucht er, um sich besser orientieren und Entscheidungen treffen zu können?

▶ Was würden Sie Herrn B. im Hinblick auf sein Verhalten gegenüber seiner Frau und seinen Kindern raten?

▶ Am Ende des Erstgesprächs bieten Sie Herrn B. einen weiteren Beratungstermin an. Welche Ideen haben Sie im Hinblick auf die Planung weiterer Beratungsgespräche?

Prüfungsfragen und Denkanstöße

(1) Welche Formen von Regenbogenfamilien kennen Sie?

(2) Welche Argumente sollten lesbische Paare mit Kinderwunsch bei der Wahl eines Samenspenders abwägen? Berücksichtigen Sie bei Ihren Überlegungen die Bedürfnisse und Interessen aller Beteiligten (Kind, Mutter/Co-Mutter, biologischer Vater/Samenspender)!

(3) In welcher Hinsicht unterscheiden sich Kinder aus Regenbogenfamilien in ihrer Entwicklung von Kindern aus traditionellen Familien?

(4) Bitte beschreiben Sie normative und nicht-normative Familienentwicklungsaufgaben in Regenbogenfamilien!

(5) Welche Folgen kann ein spätes coming out für ein bestehendes Familiensystem haben? Bitte berücksichtigen Sie die Perspektive aller Betroffenen (Eltern, Kinder, Ex-Partner, Großeltern, soziales Umfeld)!

Weiterführende Literatur

▶ Rauchfleisch, U. (1997). Alternative Familienformen. Eineltern, gleichgeschlechtliche Paare, Hausmänner. Göttingen: Vandenhoeck & Ruprecht.
Der Autor hat Forschungsergebnisse zusammen getragen, die zeigen, dass sich Kinder, die in alternativen Familien aufwachsen, genauso gut entwickeln wie Kinder in traditionellen Familienformen. Das Buch zeigt die Chancen alternativer Familien auf und geht der Frage nach, warum es immer noch so viele gesellschaftliche Vorurteile gegen nicht-normative Familienmodelle gibt.

▶ Toevs, K. & Brill, S. (2002). The Essential Guide to Lesbian Conception, Pregnancy and Birth. Los Angeles/NY: Alyson books.
Weil es bislang kaum deutsche Literatur über und für *queer families* gibt, ist es empfehlenswert, auf englischsprachige Literatur zurückzugreifen. Das Buch von Toevs und Brill ist ein umfangreicher und detaillierter Ratgeber auf dem Weg zur Regenbogenfamilie. Im Mittelpunkt steht die Frage „how to do it".

▶ LSVD (Hrsg.) (2007). Regenbogenfamilien – alltäglich und doch anders. Beratungsführer für lesbische Mütter, schwule Väter und familienbezogenes Fachpersonal. Köln: Informationsbroschüre des LSVD.
Der wohl umfassendste deutschsprachige Ratgeber für gleichgeschlechtliche Eltern. Mit vielen lebensnahen Erfahrungsberichten und ausführlichen Informationen von A wie Adoption bis Z wie Zeugungsarten. Zu bestellen über www.family.lsvd.de.

9 Gewalt in der Familie

unter Mitarbeit von Ute Gäs-Zeh

Was Sie in diesem Kapitel erwartet

„Familiendrama in Aachen – Mann schlägt Frau und Tochter krankenhausreif". Zeitungsmeldungen wie diese werden von der Öffentlichkeit mit Betroffenheit und Unverständnis aufgenommen. Doch obwohl die Familie von den meisten Menschen als Ort von emotionaler Nähe, Sicherheit und Wertschätzung betrachtet wird, ist dies nur eine Seite der Medaille: In nicht wenigen Familien gibt es auch ernsthafte Konflikte und Gewalt. Was genau ist in diesem Zusammenhang mit „Gewalt" gemeint, wie kann es dazu kommen? Im folgenden Kapitel beschäftigen wir uns mit häuslicher Gewalt und der Frage, wie sich diese auf die betroffenen Familienmitglieder auswirkt. Obwohl es schwierig ist, genaue Angaben zur Häufigkeit von unterschiedlichen Formen häuslicher Gewalt zu machen, ist davon auszugehen, dass der „Tatort Familie" ein verbreitetes Phänomen ist. Aus Sicht der Familienpsychologie interessiert vor allem, warum es zu Gewalt zwischen Familienmitgliedern kommt. Wir werden verschiedene Erklärungsansätze und sozialwissenschaftliche Erkenntnisse zur Entstehung von Gewalthandeln besprechen und – wiederum abschließend – untersuchen, welche Möglichkeiten es für Angehörige von sozialen Berufen gibt, Gewalt in Familien vorzubeugen, sie zu beenden oder ihre negativen Auswirkungen zu begrenzen.

9.1 Häusliche Gewalt und ihre Folgen

Die meisten Menschen wissen aus eigener Erfahrung, dass es in einer Familie auch Spannungen, Streit und Konflikte gibt. Doch in manchen Fällen können solche Spannungen zu verletzendem und gewalttätigem Verhalten führen. In der Fachsprache wird Gewalt zwischen Familienmitgliedern häufig mit dem Begriff der häuslichen Gewalt bezeichnet. Darunter fallen nicht nur Gewalt in Paarbeziehungen (z. B. vor, während und nach einer Trennung), sondern auch Gewalt gegen Kinder, Gewalt von Kindern gegenüber ihren Eltern, Gewalt zwischen Geschwistern und Gewalt gegen im Haushalt lebende ältere Menschen. Betrachten wir zunächst einige Aspekte von Gewalthandeln zwischen Familienmitgliedern:

▶ **Täter-Opfer-Beziehung.** Bei häuslicher Gewalt können (Ehe-)Partner, Eltern, Kinder und andere Familienmitglieder Täter oder Opfer sein. In der Regel existiert eine emotionale Bindung zwischen Täter bzw. Täterin und Opfer. Diese besteht in der Regel auch nach einer räumlichen Trennung weiter.

▶ **Leben im gemeinsamen Haushalt.** Gewalt in der Familie findet meist in der gemeinsamen Wohnung bzw. im privaten Raum statt. Diese Tatsache wirkt sich stark auf das Sicherheitsgefühl des Opfers aus.

▶ **Verletzungsabsicht des Täters.** Gewalt wird meist als absichtsvolle Handlung definiert, die das Ziel hat, eine andere Person zu verletzen bzw. zu schädigen. Aus Sicht des Opfers ist die wahrgenommene Verletzungsabsicht oft bedeutsamer als die tatsächlich erlittene Schädigung. Manche Formen der Gewalt können aber auch ohne bewusste Absicht stattfinden (z. B. aus Fahrlässigkeit, Unkenntnis oder aufgrund einer psychischen Beeinträchtigung des Täters).

▶ **Physische und psychische Misshandlungen.** Gewalt hat körperliche und seelische Aspekte. Physische Gewalt äußert sich in einem körperlichen Angriff (z. B. Schlagen, Treten). Auch sexuelle Übergriffe stellen primär eine Form von körperlicher Gewalt dar (ausführlich hierzu Amann & Wipplinger, 2005). Psychische Gewalt äußert sich in seelischen Misshandlungen (z. B. Demütigen, Angstmachen, Androhen körperlicher Gewalt). Seelische Misshandlungen sind schwer nachzuweisen, da sie keine körperlich sichtbaren Spuren hinterlassen.

▶ **Schweregrade von Gewalt.** Gewalt kommt in unterschiedlichen Abstufungen vor. Physische Gewalt reicht von Schubsen, Festhalten, Schütteln, Stoßen, Ohrfeigen, Treten und Würgen bis hin zu schweren Misshandlungen und Tötungsdelikten. Psychische Misshandlungen reichen von Lieblosigkeit, Ignorieren, Abwerten und Schimpfen bis zu massiven Bedrohungen und Psychoterror.

▶ **Machtgefälle zwischen Täter und Opfer.** Bei Gewaltanwendung nutzt der Täter bzw. die Täterin meist ein Machtgefälle zu seinem Opfer aus. Gewalt kann aber auch das Ziel haben, ein solches Machtgefälle aufrecht zu erhalten, herzustellen oder wiederherzustellen.

Definition

Mit dem Begriff **häusliche Gewalt** werden verschiedene Formen der Gewaltanwendung zwischen Familienmitgliedern bezeichnet, die in der Regel im gleichen Haushalt zusammenleben. Häusliche Gewalt umfasst körperliche und seelische Verletzungen in unterschiedlichen Abstufungen. Meist ist sie Ausdruck eines Machtgefälles zwischen Täter und Opfer.

Vernachlässigung als Form seelischer Misshandlung

Es ist davon auszugehen, dass Kinder noch viel stärker als Erwachsene unter seelischen Misshandlungen leiden. Auch die Vernachlässigung von Kindern durch ihre Eltern ist als Form seelischer Misshandlung zu betrachten (Engfer, 2002). Bei Vernachlässigung werden kindliche Grundbedürfnisse (z. B. Ernährung, Körperpflege, emotionale Zuwendung, Geborgenheit, Anregung und Abwechslung) nicht oder nicht ausreichend befriedigt. Die dadurch ausgelöste Unterversorgung des Kindes kann zu ernsthaften Beeinträchtigungen seiner Entwicklung führen.

Folgen erlebter Gewalt

Körperliche Verletzungen. Physische Gewalt führt je nach Schweregrad zu körperlichen Verletzungen. Diese können z. B. in Form von Prellungen und blauen Flecken bis hin zu Verstauchungen, Knochenbrüchen, offenen Wunden und Kopf- bzw. Gesichtsverletzungen erkennbar sein. In Extremfällen kann körperliche Gewalt den Tod des Opfers verursachen.

Psychische und psychosomatische Beeinträchtigungen. Jenseits körperlicher Verletzungen kann häusliche Gewalt gravierende psychische und psychosomatische Folgen nach sich ziehen. Allerdings sind seelische Verletzungen und auch der Zusammenhang zu Gewalt bzw. Vernachlässigung für Außenstehende viel schwerer zu erkennen als körperliche Verletzungen. Mögliche psychische Folgen sind z. B. Scham- und Schuldgefühle, Ängste, Depressionen oder Suizidgedanken; psychosomatische Folgen können körperliche Beschwerden wie Migräne, Magenschmerzen oder Schlafstörungen sein.

Soziale Folgen. Häusliche Gewalt kann sich stark auf das Sozialverhalten und die sozialen Beziehungen der Familienmitglieder auswirken. Dabei kommt es z. B. zu einem sozialen Rückzug oder dem Abbruch von außerfamiliären Beziehungen. Innerhalb des Familiensystems stellt häusliche Gewalt ein gravierendes Risiko für Trennung und Scheidung dar. Die gewaltsame Eskalation von Paarkonflikten kann dazu führen, dass ein weiteres Zusammenleben für das Opfer (in der Regel die Partnerin) nicht mehr möglich ist. Hinsichtlich der sozialen Folgen häuslicher Gewalt sind Kinder in starkem Maße mitbetroffen, auch wenn sie nicht unmittelbar Opfer sind.

Probleme der kindlichen Entwicklung. Bei Kindern kann häusliche Gewalt Entwicklungsstörungen verursachen. Insbesondere dann, wenn Gewalterfahrungen und Vernachlässigung über längere Zeit hinweg andauern, ist von einer ernsthaften Gefährdung des Kindeswohls auszugehen. Kindliche Entwicklungsstörungen können sich z. B. in aggressiven Verhaltensauffälligkeiten, Störungen des Sozialverhaltens, Einnässen, Schulversagen oder einer allgemeinen Entwicklungsverzögerung manifestieren.

9.2 Wie verbreitet ist häusliche Gewalt? Schätzungen und Statistiken

In der öffentlichen Diskussion über Gewalt in der Familie finden vor allem Zahlenangaben und Statistiken große Beachtung. Quantitative Untersuchungen zu diesem Thema gelten jedoch als Messungen auf schwierigem Terrain. Einerseits wird häusliche Gewalt im Vergleich zu öffentlich ausgeübter Gewalt vielfach als weniger gravierend, ja als „normal" bewertet. Andererseits ist Gewalt gesellschaftlich tabuisiert, und es gilt als selbstverständlich, die Anwendung von Gewalt abzulehnen. Aufgrund dieser doppelbödigen Normen ist die Häufigkeit von gewalttätigem Verhalten zwischen Familienmitgliedern in einer repräsentativen Befragung nur schwer erfassbar. Es ist davon auszugehen, dass die Ergebnisse solcher Untersuchungen das tatsächliche Ausmaß von häuslicher Gewalt unterschätzen und lediglich die Spitze eines Eisbergs sichtbar machen. Polizeiliche Kriminalstatistiken liefern zwar Anhaltspunkte für die Häufigkeit und die Verbreitung von häuslicher Gewalt, doch führen diese lediglich die angezeigten Fälle auf (Hellfeld). Gewalthandlungen, bei denen keine Anzeige erstattet wird (Dunkelfeld) bleiben unberücksichtigt.

Gewalt in Paarbeziehungen

Folgt man den Ergebnissen einer Studie des Bundesfamilienministeriums (2003), so haben rund 25 % der in Deutschland lebenden Frauen schon einmal körperliche Übergriffe durch einen Beziehungspartner erlebt. Bei etwa 70 % der befragten Frauen waren die Gewalterfahrungen ausschließlich auf der Ebene körperlicher Auseinandersetzungen, bei insgesamt 30 % kam es auch zu sexuellen Übergriffen. Nur ein relativ kleiner Teil der Opfer zeigt die körperliche Gewalt des Partners an oder sucht professionelle Hilfe, selbst bei massiven und wiederholten Übergriffen. Nach Informationen der Bundesregierung suchen jährlich ca. 45.000 Frauen mit ihren Kindern Zuflucht in einem Frauenhaus (Deutscher Bundestag, 1999).

Man geht davon aus, dass Gewalt in Paarbeziehungen meistens von männlichen Partnern ausgeübt wird. Allerdings müssen die vorliegenden Statistiken mit Vorsicht interpretiert werden,

Abbildung 9.1. Bei körperlicher Gewalt in Paarbeziehungen ist meistens der männliche Partner der Täter. Nicht selten ist Alkohol im Spiel, wenn es zu „handgreiflichen" Auseinandersetzungen kommt

z. B. weil es männlichen Partnern besonders schwer fällt, sich als Opfer von häuslicher Gewalt zu outen. Immerhin gibt es empirische Hinweise darauf, dass in bis zu 38 % der Fälle beide Partner Gewalt anwenden, wenn auch in unterschiedlicher Form. Rund die Hälfte aller Gewaltvorkommnisse ist auf leichtere Formen von Gewalt zurückzuführen (z. B. Schlagen mit der flachen Hand). Gut ein Drittel der Partnergewalt beruht auf schweren Formen des Tretens, in einem Sechstel der Fälle wird mit Gegenständen nach dem Partner geworfen. Bei den schwersten Formen körperlicher Gewalt, den Tötungsdelikten gegen den Partner, sind Männer etwa doppelt so häufig die Täter als Frauen (vgl. Lamnek, Lüdke & Ottermann, 2006).

Gewalt von Eltern gegenüber ihren Kindern

Die Anwendung leichterer Formen von Gewalt ist in der Kindererziehung immer noch sehr verbreitet. Viele Eltern betrachten z. B. körperliche Bestrafungen („Züchtigung") als moralisch vertretbar oder sogar als pädagogisch sinnvoll (Buchner et al., 2001). Dabei wird vielfach unterschätzt, wie nachhaltig sich auch vermeintlich leichte Formen von Gewalt auf die kindliche Entwicklung auswirken können.

Insgesamt ist der Forschungsstand bezüglich der Häufigkeit unterschiedlicher Formen von Gewalt gegen Kinder sehr lückenhaft. So gibt es z. B. weder verlässliche Angaben dazu, wie viele Fälle von Misshandlung bzw. Vernachlässigung insgesamt vom zuständigen „Allgemeinen Sozialen Dienst" der Jugendämter bearbeitet wurden, noch bei wie vielen solcher Fälle interveniert wurde. Anhaltspunkte für die Häufigkeit körperlicher Gewalt gegen Kinder liefern soziologische Dunkelfeldstudien. Im elften Kinder- und Jugendbericht (BFSFSJ, 2002) wird davon ausgegangen, dass 10 % bis 15 % aller Eltern ihre Kinder häufig und schwerwiegend körperlich bestrafen.

Gewalt gegen ältere Menschen

Es gibt nur wenige Untersuchungen über häusliche Gewalt gegen ältere Menschen. In der Polizeilichen Kriminalstatistik kommen diese Fälle kaum vor, weil sie nur sehr selten zur Anzeige gebracht werden, auch weil z. B. demenzerkrankte oder verwirrte alte Menschen nicht zuverlässig über erlittene Übergriffe Auskunft geben können. Die Dunkelziffer von Gewalt gegen alte, insbesondere pflegebedürftige Familienmitglieder wird jedoch als relativ hoch eingeschätzt. Häufigste Formen sind körperliche und psychische Misshandlungen, Vernachlässigung und finanzielle Schädigungen. Die Folgen der Gewaltereignisse liegen vorwiegend auf psychischemotionaler Ebene (z. B. Ängste, Gefühl der Missachtung und Erniedrigung).

9.3　Bedingungen und Ursachen für Gewalt in Familien

Die populäre Annahme, nur besonders sadistische Menschen seien in der Lage, andere Familienmitglieder zu schlagen, ist schon angesichts der weiten Verbreitung von häuslicher Gewalt nicht plausibel. Realistischer ist die Vermutung, dass häusliche Gewalt sehr häufig in „ganz normalen", sozial weitgehend unauffälligen Familien vorkommt (vgl. Honig, 1992). Unter welchen Bedingungen kommt es zu körperlichen Übergriffen zwischen Familienmitgliedern? Wie kommt es zu Vernachlässigung von Kindern oder alten, pflegebedürftigen Menschen? Diese Fragen sind nicht leicht zu beantworten. Zum einen gibt es vielfältige Ursachen für häusliche Gewalt, zum anderen sind diese in komplexer Weise miteinander verknüpft. Fast nie führt eine einzelne Ursache zu Gewalt oder Vernachlässigung. In der Regel wirken viele Faktoren zusammen und beeinflussen sich gegenseitig, ein „multifaktorielles Bedingungsgefüge".

Täterbezogene Faktoren

Gewalt als Belastungsreaktion. Aus der psychologischen Aggressionsforschung wissen wir, dass aggressives Verhalten häufig durch Stressbelastungen und Frustrationen bedingt ist (Frustrations-Aggressions-Hypothese). Auch häusliche Gewalt tritt oft in Situationen auf, in denen sich Familiemitglieder psychisch belastet oder frustriert fühlen.

Die Belastungs- und Überforderungssituationen basieren auf akuten oder chronischen Belastungen:

- ▶ **akute Belastungssituation:** z. B. das „provozierende" Verhalten eines Kindes im Supermarkt, das den Anweisungen der Mutter demonstrativ nicht folgt. Eine mögliche Verhaltensreaktion ist die Bestrafung des Kindes durch körperliche Gewalt (z. B. Ohrfeige, Stoßen etc.).
- ▶ **chronische Belastungssituation:** z. B. in der Pflege älterer Menschen, wenn die Bedürfnisse des pflegenden Familienangehörigen dauerhaft zu kurz kommen. Denkbare Verhaltensreaktionen sind körperliche, aber auch seelische Misshandlungen (z. B. grobe Behandlung, Vernachlässigung der Körperpflege, Alleinlassen etc.).

Psychische Probleme und Defizite. Studien zeigen, dass häusliche Gewalt häufig von Personen ausgeübt wird, die psychische Probleme haben. Die „Gefährlichkeit" psychisch kranker Menschen wird zwar in der öffentlichen Diskussion meist weit überschätzt (Angermeyer & Schulze, 1998). Dennoch neigen Personen mit bestimmten Persönlichkeitsstörungen (z. B. antisoziale Persönlichkeitsstörung; Borderline-Persönlichkeitsstörung) häufig zu Aggressivität, seelischer Grausamkeit und Gewalttätigkeit. Auch im Rahmen mancher psychischen Erkrankung (z. B. affektive und schizophrene Störungen) kann es zeitweise zu Vernachlässigung von Kindern oder auch zu gewaltsamem Verhalten kommen (z. B. wenn der Betroffene große Angst erlebt). Auch scheinen ein niedriges Selbstwertgefühl und ein labiles Selbstkonzept die Neigung zu gewalttätigem Verhalten zu begünstigen (Wahl, 1990). Ein enger Zusammenhang besteht zwischen häuslicher Gewalt und Alkoholmissbrauch. Bei bis zu 50 % der gewalttätigen Auseinandersetzungen zwischen Partnern ist Alkohol im Spiel. Wahrscheinlich spielt hierbei die enthemmende Wirkung des Alkohols eine wichtige Rolle. Allerdings führen viele Täter die Wirkung des Alkohols auch nachträglich als „Entschuldigung" für ihr gewalttätiges Verhalten an. Die Annahme, dass Alkohol per se gewalttätiges Verhalten auslöst, ist jedoch problematisch.

Lebensgeschichtliche Erfahrungen der Täter. Gewaltausübende Männer (und auch Frauen) sind oft selbst in einer gewalttätigen Umgebung aufgewachsen. In vielen Familien lässt sich häusliche

Gewalt über mehrere Generationen hinweg feststellen. Im Sinne der sozialen Lerntheorie wird gewalttätiges Verhalten offenbar in der Herkunftsfamilie anhand erwachsener Vorbilder erlernt. Gewaltausübende Personen haben schon in ihrer Kindheit gelernt, Gewalt als probate und „normale" Form der Auseinandersetzung bzw. der Erziehung zu betrachten und wenden solche Verhaltensmuster nun in der eigenen Familie an. Oft geschieht dies auch unreflektiert oder mangels alternativer Verhaltensmöglichkeiten.

Faktoren des Familiensystems

Interpersonelle Konfliktdynamiken. Aus systemischer Sicht müssen bei häuslicher Gewalt die Perspektiven von mindestens zwei Konfliktbeteiligten berücksichtigt werden. Gewalt ist nach dieser Auffassung nicht linear, sondern zirkulär bedingt. Dies bedeutet, dass es nicht den einen Schuldigen gibt, sondern dass sowohl Täter als auch Opfer durch ihr Verhalten zur Entstehung der Gewaltprobleme beitragen:

▶ **Eskalationsdynamik** durch vorwiegend positive Rückkoppelungsprozesse. Die Verhaltensweisen der beteiligten Familienmitglieder schaukeln sich wechselseitig im Sinne einer Konflikteskalation auf. Ab einem bestimmten Konfliktniveau kann es von einem oder beiden Konfliktbeteiligten zu körperlichen oder seelischen Gewalthandlungen kommen. Geht ein solcher Eskalationsprozess immer weiter, so kommt es irgendwann zu einer „Resonanzkatastrophe", d. h. das Beziehungs- oder Familiensystem löst sich auf (Trennung, Scheidung, Kontaktabbruch).

▶ **Zyklische Konfliktdynamik** durch ein Zusammenspiel von positiven und negativen Rückkoppelungsprozessen; Beispiel: eine Frau, die von ihrem Partner geschlagen wurde, droht mit Scheidung, sucht Zuflucht in einem Frauenhaus oder erstattet Strafanzeige. Zeigt sich der Partner reumütig und gelobt glaubwürdig Besserung, kann es zu einer Versöhnung kommen (negative Rückkoppelung). Sobald sich der Beziehungsalltag wieder eingespielt hat, werden die alten Konfliktmuster wieder wirksam, an deren Ende ein erneuter gewaltsamer Übergriff steht (positive Rückkoppelung).

An diesem systemischen Verständnis von häuslicher Gewalt wird oft kritisiert, dass die Verantwortlichkeit des Täters relativiert wird und dass dem Opfer gleichsam eine Mitschuld an der erlittenen Gewalt zugewiesen wird. Für die professionelle Arbeit mit betroffenen Familien wird indessen häufig gefordert, die Verantwortlichkeit des Täters klar zu benennen (Goldner et al., 1992).

Machtverhältnisse in Partnerschaft und Familie. Häusliche Gewalt ist in der Regel Ausdruck eines Machtgefälles zwischen Täter und Opfer. Dies bedeutet, dass Gewalt instrumentell eingesetzt wird, um sich gegenüber dem Partner, den Kindern oder anderen Familienmitgliedern durchzusetzen. Bei Gewalt in der Kindererziehung ist unmittelbar ersichtlich, dass diese ein Machtmittel der Eltern darstellt (z. B. zur Bestrafung oder Disziplinierung der Kinder). Aber auch im Falle von Vernachlässigung sind die Ressourcen ungleich verteilt: Sowohl Kinder als auch pflegebedürftige alte Menschen sind in vieler Hinsicht auf die Hilfe anderer Familienmitglieder (Eltern, pflegende Tochter) angewiesen.

Der Zusammenhang zwischen Machtverteilung in der Paarbeziehung und gewalttätigem Verhalten ist oft komplexer. Auf den ersten Blick ist Gewalt auch hier eine Option des „mächtigeren" (meist männlichen) Partners, um seine Interessen durchzusetzen. Allerdings tritt Gewalt ja auch und gerade in Familien auf, in denen der Ehemann seinen Status als Familienoberhaupt bedroht sieht (z. B. durch Arbeitslosigkeit). In diesen Fällen liegt eine Statusinkonsistenz vor, weil der Partner seinen sozial definierten Anforderungen als Ernährer der Familie nicht angemessen nachkommen kann oder seine Partnerin z. B. über ein höheres Einkommen verfügt als er. In Ermangelung „legitim" begründbarer Autorität kann Gewalt ein letztes Mittel sein, um die familiären Machtverhältnisse wieder zurechtzurücken. In solchen Fällen ist häusliche Gewalt ein spezifisch männliches Verhalten, das dazu dient, Gefühle von Unfähigkeit und Ohnmacht zu kompensieren.

Soziokulturelle und gesellschaftliche Faktoren

Soziale und strukturelle Risikofaktoren. Soziale Probleme wie Arbeitslosigkeit und Armut wirken sich stark auf den Alltag und die Beziehungen in den betroffenen Familien aus – und damit auch auf das Auftreten häuslicher Gewalt. So haben viele Studien gezeigt, dass das Risiko für Gewalt und Vernachlässigung in Familien erhöht ist, in denen gesellschaftlich bedingte und strukturelle Belastungen vorhanden sind Es handelt sich dabei z. B. um Belastungen wie Arbeitslosigkeit, niedrige Berufszufriedenheit, finanzielle Probleme und beengte Wohnverhältnisse. Ferner sind soziale Isolation, Delinquenz sowie Alkohol- und Drogenmissbrauch als Risikofaktoren für häusliche Gewalt zu betrachten (vgl. Gelles, 1997).

Besonders deutlich ist der Zusammenhang zwischen solchen Risikofaktoren und häuslicher Gewalt bei einer Kumulation (Häufung) von sozialen Belastungen. Vielfach wird in diesem Zusammenhang von „Multi-Problem-Familien" gesprochen, insbesondere dann, wenn noch individuelle und paarbezogene Probleme hinzutreten. Dies ist z. B. in einer Familie der Fall, in der beide Eltern arbeitslos sind, Schulden haben und zeitweise erhebliche Mengen Alkohol konsumieren. Vielleicht ist der Vater schon einmal mit dem Gesetz in Konflikt gekommen und die Kinder haben schulische Probleme. Hinzu kommen ggf. Beziehungsprobleme und die chronische Erkrankung eines Familienmitglieds.

Definition

Als **Multi-Problem-Familien** bezeichnet man Familien, in denen eine Kumulation individueller und sozialer Probleme auftritt, welche die Bewältigungskompetenzen des Familiensystems überfordert. Aus diesem Grund benötigen Multi-Problem-Familien in besonderem Maße professionelle Hilfe und Unterstützung.

Soziokulturelle Einflüsse. Aus soziologischer Sicht ist Gewalt ein Phänomen, das wesentlich durch gesellschaftliche Verhältnisse und sozialkulturelle Normen bedingt ist. Diese Normen umfassen z. B. die Akzeptanz von Gewalt in der Familie. Während z. B. schwere Formen von Kindesmisshandlung geächtet sind, werden leichtere Formen von Gewalt gegen Kinder (z. B. als Erziehungsmaßnahme) vielfach geduldet oder sogar als pädagogisch sinnvoll erachtet.

Dass häusliche Gewalt (insbesondere schwerere Formen davon) weitgehend eine „Männerdomäne" ist, dürfte zum Teil ebenfalls soziokulturelle Ursachen haben. Gewalt hängt nämlich eng mit der männlichen Geschlechterrolle zusammen. So gilt es nicht nur als männlich, über Kraft, Stärke und Selbstsicherheit zu verfügen. Zur männlichen Rolle gehört auch ein markantes, dominantes Auftreten und die Fähigkeit, seine Interessen durchzusetzen – notfalls mit Gewalt. Aus feministischer Sicht ist häusliche Gewalt ein Phänomen des Patriarchats, also gesellschaftlicher Machtverhältnisse, in denen der Mann der „Herr im Hause" ist. Da Jungen und Männer quasi von Kindheit an in patriarchalische Rollenmuster „hineinsozialisiert" werden, ist es für sie schwierig, eine völlig gewaltfreie Männlichkeit zu leben (Böhnisch & Winter, 1993).

Der Einfluss sozialer Normen zeigt sich auch darin, dass häusliche Gewalt in vielen Familien mit Migrationshintergrund als legitim und durchaus „normal" gilt. So orientieren sich z. B. viele türkische bzw. türkischstämmige Männer an den traditionellen Normen ihrer Herkunftskultur, die auch die Option zu Unterdrückungs- und Strafmaßnahmen gegen andere Familienmitglieder beinhalten (vgl. Toprak, 2005). In der psychosozialen Praxis sind diese Familien oft sehr schwer zu erreichen. Fachkräfte mit eigenem Migrationshintergrund scheinen noch die besten Chancen zu haben, Zugang zu diesen Familien zu finden.

9.4   Interventions- und Hilfekonzepte

Gewalt in der Familie ist ein Problem, bei dem in der Regel professionelle Intervention und Hilfe notwendig werden. Neben dem Opferschutz und der Prävention von häuslicher Gewalt hat in den letzten Jahren auch die Täterarbeit an Bedeutung gewonnen. Experten sind sich darüber einig, dass eine wirksame Bekämpfung häuslicher Gewalt eine enge Zusammenarbeit von Polizei, Justiz sowie medizinischen und sozialen Berufen erfordert. In vielen deutschen Städten und Regionen gibt es mittlerweile Bündnisse und Netzwerke gegen häusliche Gewalt. In der Arbeit mit betroffenen Familien ist nicht nur ein breites Grundlagenwissen über psychosoziale Hintergründe von häuslicher Gewalt wichtig, sondern auch Kenntnisse über rechtliche Aspekte sowie grundlegende Kompetenzen in Beratung und Krisenintervention.

Rechtliche Aspekte. Häusliche Gewalt erfüllt meist mehrere Straftatbestände gleichzeitig (z. B. Körperverletzung, Bedrohung, Nötigung). In dem seit 2002 geltenden Gewaltschutzgesetz (GewSchG) werden die Opfer häuslicher Gewalt unter den besonderen Schutz des Staates gestellt und die Täter stärker zur Rechenschaft gezogen als zuvor. Auch im Bereich der Jugendhilfe, wo der Schutz vor Kindeswohlgefährdung traditionell eine zentrale Aufgabe ist, gab es in den letzten Jahren wichtige Neuerungen. So wurde das Kinder- und Jugendhilfegesetz (KJHG) im Jahr 2005 durch das so genannten Kinder- und Jugendhilfeweiterentwicklungsgesetz (KICK) erweitert (§ 8a SGB VIII). Darin werden unter anderem die Jugendhilfeträger zu einer besonders sorgfältigen Personalauswahl verpflichtet. Es muss z. B. routinemäßig überprüft werden, ob Mitarbeiter wegen bestimmter Straftaten rechtskräftig verurteilt wurden (z. B. wegen Verletzung gegen die Fürsorge- oder Aufsichtspflicht, wegen Misshandlung, sexuellen Missbrauchs oder wegen der Verbreitung von pornographischen Medien). Diese Personen dürfen von Gesetz wegen nicht in der Betreuung von Kindern und Jugendlichen eingesetzt werden.

Spagat zwischen Kontrolle und Hilfe. Eine besondere Schwierigkeit im Umgang mit häuslicher Gewalt ist der schwierige Spagat zwischen Kontrolle und Hilfe. In der Sozialen Arbeit ist dieses Problem als „doppeltes Mandat" bekannt. So haben z. B. Sozialarbeiter des Jugendamtes einerseits die Aufgabe, Eltern in schwierigen Lebenslagen zu unterstützen. Andererseits müssen sie kontinuierlich überprüfen, ob die Eltern ihren Erziehungsaufgaben gewachsen sind oder möglicherweise ihre Fürsorgepflicht verletzen. Deswegen ist es immer schwierig, Kontrolle richtig zu „dosieren":

► Zu wenig Kontrolle beinhaltet das Risiko, dass frühe Anzeichen oder sogar eindeutige Hinweise für häusliche Gewalt übersehen werden.

► Zu viel Kontrolle kann bewirken, dass Familienmitglieder zu Unrecht als Täter verdächtigt und stigmatisiert werden. Zu viel Kontrolle kann unter Umständen auch dazu führen, dass

Gewalttäter besonders geschickte Strategien entwickeln, um sich Interventionen zu entziehen oder Hilfsangebote zu hintertreiben.

Akuthilfe und Opferschutz

Soforthilfe bei häuslicher Gewalt. In akuten Notsituationen sollen sich Betroffene oder auch Zeugen zunächst an den polizeilichen Notruf wenden. Seit Inkrafttreten des Gewaltschutzgesetzes sind Mitarbeiter der Polizei entsprechend geschult und arbeiten meist gut mit sozialen Einrichtungen (z. B. Frauenhäuser, Beratungsstellen etc.) zusammen. Der Täter kann dann z. B. polizeilich verpflichtet werden, die Wohnung sofort zu verlassen und vorläufig nicht in Kontakt mit der Familie zu treten. In einigen deutschen Städten (z. B. Berlin, Hamburg und Frankfurt) existieren auch Interventionszentralen bei häuslicher Gewalt, die mit dem Einverständnis der Opfer von der Polizei benachrichtigt werden und in einer geeigneten Form auf die Opfer (meist Frauen und Kinder) zugehen. Je nach individuellen Erfordernissen wird z. B. sofortige psychologische Krisenhilfe oder die Begleitung in ein Frauenhaus angeboten. In diesen Interventionszentralen sind rund um die Uhr Ansprechpartner erreichbar, so dass in der Regel unmittelbar geeignete Maßnahmen eingeleitet werden können.

Inobhutnahme. Bei schweren Formen von Gewalt oder Vernachlässigung ist es zum Wohl des Kindes notwendig, dass eine Trennung von den Eltern erfolgt. Dies ist z. B. bei einer Inobhutnahme (§ 42 KJHG) der Fall. Viele der betroffenen Kinder werden in Pflegefamilien oder Heimen untergebracht. Aus bindungstheoretischer Sicht (vgl. Kapitel 5) befinden sich diese Kinder in einem emotionalen Dilemma. Einerseits fühlen sie sich durch die Trennung von ihren Eltern belastet und wünschen sich, wieder bei ihnen zu sein. Andererseits fürchten sie deren vernachlässigendes und misshandelndes Verhalten. Für diese widerstreitenden Bedürfnisse gibt es keine ideale Lösung. Umso wichtiger ist es, die Kinder im Umgang mit der Trennungssituation durch unterschiedliche und aufeinander abgestimmte Hilfen zu unterstützen.

Traumatisierte Kinder dürften in einer Pflegefamilie oder einer familienähnlichen Betreuungssituation die besten Chancen haben, neue und tragfähige Bindungsbeziehungen aufzubauen. Doch für manche Kinder mit Gewalterfahrungen in der Herkunftsfamilie ist es zunächst günstiger, Zuwendung in einem nicht familiär strukturierten Umfeld zu erhalten. Darüber hinaus belegen Praxiserfahrungen, dass sich viele betroffene Kinder nur schwer in ihren Pflegefamilien einleben. Deswegen sollte unter Berücksichtigung des individuellen Hintergrunds manchmal auch eine Heimunterbringung als Alternative zur Pflegefamilie erwogen werden.

Prävention von häuslicher Gewalt

Eine der wichtigsten Aufgaben in der Arbeit mit Familien ist die Prävention, d. h. die Vorbeugung und Verhinderung von häuslicher Gewalt. Je nachdem, ob es in einer Familie bereits zu gewalttätigen Handlungen gekommen ist und welche Folgeprobleme bestehen, unterscheidet man zwischen primärer, sekundärer und tertiärer Prävention.

> **Definition**
>
> Der Begriff **Prävention** bezieht sich auf die Vermeidung von problematischen Entwicklungen und Verhaltensweisen sowie von Folgeproblemen. Primäre Prävention beinhaltet vorbeugende Maßnahmen, bevor ein Problem überhaupt auftritt. Sekundäre Prävention umfasst Maßnahmen für Risikogruppen, während tertiäre Prävention auf die Verhinderung bzw. Begrenzung von Folgeschäden bei bereits verfestigten Problemen abzielt.

Primäre Prävention. Maßnahmen der primären Prävention dienen der Vorbeugung und Verhütung häuslicher Gewalt, damit es in einer Familie erst gar nicht zu gewaltsamen Übergriffen kommt. Sie richten sich deswegen an ein breites Publikum. Zur primären Prävention gehören Angebote, die der Information und Aufklärung dienen, ferner Maßnahmen, die Jugendliche und Erwachsene zu einer gewaltfreien Konfliktlösung befähigen. Beispiele für solche Angebote sind:

▶ öffentliche Aufklärung und Information (z. B. in den Medien),
▶ Elternkurse zur Verbesserung der Erziehungskompetenz,
▶ Informationsveranstaltungen und Fortbildungen, z. B. für Erzieherinnen und Lehrer,
▶ Anti-Gewalt-Trainings in Kindergärten und in Schulen.

In den vergangenen Jahren wurden zahlreiche Präventionsprogramme entwickelt. Bei der konkreten Gestaltung dieser Angebote müssen die Besonderheiten der jeweiligen Zielgruppe (z. B. Eltern, Kinder, Schulsozialarbeiter, Migrantenfamilien etc.) berücksichtigt werden. Im Zuge des Ausbaus vieler Kindertagesstätten zu Familienzentren ergeben sich zahlreiche Möglichkeiten, Kinder und Eltern mit präventiven Angeboten zu erreichen.

Sekundäre Prävention. Maßnahmen der sekundären Prävention umfassen die Früherkennung sich anbahnender Gewaltprobleme sowie gezielte Interventionen bei Risikofamilien. Fachkräfte, die mit Eltern, Kindern und Jugendlichen arbeiten, sollten in der Lage sein, Anzeichen für die Entwicklung häuslicher Gewalt frühzeitig zu erkennen und adäquate Schritte einzuleiten. Hierbei ist die Kenntnis von Risikofaktoren (z. B. in Multi-Problem-Familien) ebenso wichtig wie die Kenntnis von Zuständigkeiten, Ansprechpartnern und verschiedenen Handlungsmöglichkeiten bei häuslicher Gewalt. Der gesetzliche Schutz vor Kindeswohlgefährdung (§ 8a SGB VIII) sieht deswegen die intensive Zusammenarbeit verschiedener Institutionen bei der Früherkennung von Gewaltproblemen vor. Die bundesweite Einführung sozialer Frühwarnsysteme zielt darauf ab, Risiken und Anzeichen für häusliche Gewalt möglichst früh zu erkennen und schwerwiegende Fälle von Gewalt und Misshandlung in Familien zu verhindern.

Tertiäre Prävention. Wenn es in einer Familie bereits zu körperlicher Gewalt gekommen ist und weitere gewaltsame Übergriffe wahrscheinlich sind, müssen Maßnahmen der tertiären Prävention ergriffen werden. Wenn z. B. ein Elternteil aufgrund von Kindesmisshandlung rechtskräftig verurteilt ist, muss es das Ziel sein, Wiederholungstaten zu vermeiden. In der Regel reichen einzelne Intervention (z. B. Anti-Gewalt-Trainings als Bewährungsauflage) nicht aus, um bei Gewalttätern nachhaltige Verhaltensänderungen zu bewirken. Erfolgversprechender ist eine Kombination unterschiedlicher, gut abgestimmter und zeitlich ausgedehnter Maßnahmen (z. B. vorübergehende Veränderung der Wohnsituation; psychologische Beratung/Therapie; Teilnahme an einer Selbsthilfegruppe etc.). Wenn ein erhebliches Risiko für weitere massive Gewalthandlungen besteht, müssen geeignete Maßnahmen des Opferschutzes ergriffen werden (z. B. Herausnahme eines Kindes aus der Familie).

Hilfestellung, Beratung und Therapie

Hilfen zur Erziehung. Das System der Hilfen zur Erziehung (HzE) gilt als Rechtsanspruch für Eltern, wenn „eine dem Wohl des Kindes oder Jugendlichen entsprechende Erziehung nicht gewährleistet ist" (§ 27 I SGB VIII). Das HzE-System besteht ebenfalls aus drei verschiedenartigen Interventionsformen:

- **Ambulante Hilfen** (§§ 28–31 SGB VIII) umfassen Erziehungsberatung, Soziale Gruppenarbeit, Erziehungsbeistandschaft/Betreuungshilfe sowie die Sozialpädagogische Familienhilfe (SPFH).
- **Teilstationäre Hilfe** (§ 32 SGB VIII) bezeichnet Tagesgruppen, in denen gefährdete und auffällige Kinder nach dem Schulbesuch gezielt betreut und gefördert werden können. Zudem können sie dort bei Verdacht auf Kindeswohlgefährdung genauer beobachtet werden.
- **Stationäre Hilfen** (§§ 33–35 SGB VIII) umfassen die Vollzeitpflege in einer Pflegefamilie oder Erziehungsstelle, die Heimerziehung und sonstige betreute Wohnformen und die intensive sozialpädagogische Einzelbetreuung.

Beratungsstellen. Heute gibt es in den meisten deutschen Städten Beratungsstellen für Kinder, Jugendliche und Eltern. Diese Einrichtungen bieten Hilfe, Beratung und zum Teil auch Therapie bei unterschiedlichen familiären Problemen an. Als Kooperationspartner der Jugendämter sind sie Teil der kommunalen Kinder-, Jugend- und Familienhilfe. Damit sind Beratungsstellen nicht nur Ansprechpartner für hilfesuchende Familienmitglieder, sondern auch für Fachkräfte z. B. aus Kindergärten, Schulen und Jugendeinrichtungen.

Beratungsstellen stellen Hilfe und Unterstützung bei unterschiedlichen familiären Problemen, die mit häuslicher Gewalt einhergehen können, bereit:
- durch Beratungen für Familien in Trennungs- und Scheidungssituationen, in denen es erfahrungsgemäß häufig zu massiven Konflikten und Gewaltausbrüchen kommt
- durch Hilfe in Erziehungsfragen, insbesondere im Umgang mit Kindern, die von ihren Eltern als „schwierig" erlebt werden; denn Überforderungssituationen können zu gewalttätigen „Kurzschlussreaktionen" führen.

Darüber hinaus gibt es heute zahlreiche spezifische Beratungseinrichtungen für bestimmte Zielgruppen, z. B. Kinder, Mädchen und Frauen als Opfer von häuslicher Gewalt oder Betroffene von sexueller Gewalt. Auch Frauenhäuser bieten im Rahmen ihrer Möglichkeiten Beratung an oder vermitteln in ambulante oder stationäre psychotherapeutische Einrichtungen.

Therapeutische Hilfen für Opfer und Täter

Psychotherapie für Gewaltopfer. Erlebte oder miterlebte Gewalt kann schwerwiegende psychische und psychosomatische Folgen nach sich ziehen. Viele Opfer häuslicher Gewalt leiden z. B. unter gravierenden Ängsten, Depressionen, Suizidgedanken oder auch posttraumatischen Belastungsstörungen (Herman, 2003). Die betroffenen Partner und Kinder benötigen dann eine psychotherapeutische Behandlung.
- Eine Psychotherapie für Erwachsene wird von Psychologen oder Ärzten mit entsprechenden Zusatzausbildungen durchgeführt. Nach den derzeit geltenden Bestimmungen finanzieren die gesetzlichen Krankenkassen eine verhaltenstherapeutische oder tiefenpsychologische Psychotherapie.
- Psychotherapien für Kinder und Jugendliche können auch von Sozialarbeitern bzw. Sozialpädagogen durchgeführt werden, die über eine staatliche Zulassung (Approbation) verfügen.
- Paar- und Familientherapien bei häuslicher Gewalt werden sehr kritisch bewertet. Als allgemeine Regel kann gelten, dass eine individuelle Beratung und Therapie vorzuziehen ist, weil sonst das Risiko besteht, dass die Verantwortlichkeit des Täters verwischt wird (vgl. Goldner et al., 1992).

Beratung und Therapie für Täter. Im Gegensatz zu den USA sind täterorientierte Hilfekonzepte in Deutschland noch relativ wenig verbreitet. Am ehesten existieren in den Großstädten spezifische Beratungsangebote und angeleitete Selbsthilfegruppen für gewalttätige Ehepartner (z. B. „Männer gegen Männergewalt" in Hamburg; „Mannege" in Berlin). Insgesamt gibt es bei der Täterarbeit in Deutschland aber noch großen Nachholbedarf (Beckmann & Hafner, 2007). Der Grundgedanke dabei ist, dass die Gewalttäter selbst psychologische Hilfe benötigen und ihr Gewalthandeln am ehesten mit externer Unterstützung überwinden können. Bestehende Angebote der Täterarbeit sind meist als soziale Trainingsmaßnahmen konzipiert und nicht als „klassische" Therapie, obwohl sie in der Regel viele therapeutische Elemente beinhalten (Beckmann & Hafner, 2007). Berater und Therapeuten stehen vor der Herausforderung, diese Klienten einerseits empathisch zu akzeptieren, andererseits aber ihre ablehnende Haltung zu Gewalt klar deutlich zu machen (Heilmann-Geideck & Schmidt, 1996).

Zusammenfassung

▶ Gewalt zwischen Familienmitgliedern findet meist in einer gemeinsamen Wohnung statt und wird deswegen auch als „häusliche Gewalt" bezeichnet. Häusliche Gewalt umfasst körperliche und seelische Misshandlungen unterschiedlicher Schweregrade. Auch die Vernachlässigung von Kindern durch ihre Eltern kann als eine Form von seelischer Misshandlung aufgefasst werden.

▶ Häusliche Gewalt wirkt sich auf unterschiedlichen Ebenen negativ auf die betroffenen Familienmitglieder aus. Dabei können körperliche Verletzungen, psychische und psychosomatische Beeinträchtigungen, soziale Folgeprobleme und Störungen der kindlichen Entwicklung unterschieden werden.

▶ Es ist schwierig, zuverlässige Daten über die Häufigkeit von Gewalt in der Familie zu gewinnen. Die vorliegenden empirischen Befunde, Schätzungen und Hochrechnungen deuten jedoch darauf hin, dass häusliche Gewalt weit verbreitet ist. So ist davon auszugehen, dass mindestens ein Viertel aller Frauen in Deutschland schon einmal von ihrem (Ehe-)Partner geschlagen wurde. In der Kindererziehung sind leichtere Formen von Gewalt sehr verbreitet; es wird ferner geschätzt, dass 10 % bis 15 % aller Eltern ihre Kinder häufig und schwerwiegend körperlich bestrafen.

▶ Es ist davon auszugehen, dass häusliche Gewalt in allen sozialen Schichten und in allen Altersgruppen vorkommt. Prinzipiell können alle Familienmitglieder als Opfer und Täter betroffen sein.

▶ Die Ursachen häuslicher Gewalt sind vielfältig und in komplexer Weise miteinander verknüpft. Im Sinne der Familiensystemtheorie lassen sich Ursachenfaktoren auf unterschiedlichen Systemebenen unterscheiden. Täterbezogene Faktoren sind z. B. chronische Stress- und Frustrationserfahrungen, Alkoholmissbrauch, psychische Probleme und Defizite sowie eigene Gewalterfahrungen in der Kindheit. Faktoren des Familiensystems sind soziale Lernprozesse in der Familie und spezifische Konfliktdynamiken zwischen den beteiligten Familienmitgliedern. Auf einer makrosozialen Ebene wird häusliche Gewalt durch soziale und strukturelle Belastungsbedingungen begünstigt. Ferner wirken sich gesellschaftliche und kulturelle Normen (z. B. hinsichtlich Macht, Männlichkeit und Erziehung) auf die Bereitschaft aus, Gewalt gegen andere Familienmitglieder anzuwenden.

▶ Prävention, Intervention, Beratung und Therapie sind professionelle Handlungsmöglichkeiten bei häuslicher Gewalt. In akuten Notsituationen sollen sich Betroffene zunächst an die Polizei wenden, die heute meist eng mit psychosozialen Einrichtungen zusammenarbeitet. Wichtige Aufgabenfelder sind die Vorbeugung und Früherkennung von häuslicher Gewalt, Maßnahmen zum Schutz von betroffenen Partnern und Kindern sowie Beratung und Psychotherapie für betroffene Familienmitglieder – sowohl für Opfer als auch für Täter.

Praxisübung

Eine Familientragödie[1]

Herr Schmid, ein 43jähriger Physiotherapeut, lebt gemeinsam mit seiner Frau und seinen 15jährigen Zwillingstöchtern in einem Dorf auf der Schwäbischen Alb. Herr Schmidt ist seit längerer Zeit arbeitslos. Er kann die Raten zur Finanzierung des Einfamilienhauses nicht mehr bezahlen. Herr Schmid leidet unter Depressionen und kann sich zu nichts mehr richtig aufraffen. Das Verhältnis zu seiner Frau und den Töchtern ist angespannt. In letzter Zeit ist es auch zu heftigen Auseinandersetzungen in der Familie gekommen, die sich zum Teil aus nichtigen Anlässen heraus entwickelten. Dabei sind Herr und Frau Schmid auch schon körperlich aneinander geraten, und einiger Hausrat ging zu Bruch. In der Nachbarschaft gilt der Mann als eigenbrötlerisch, aber ansonsten unauffällig. Eines Tages ereignet sich eine Katastrophe in dem kleinen Ort: Herr Schmidt bringt seine Frau und die bei-

den Töchter um. Der schockierende Fall geht durch die Presse. Nach einiger Zeit erfährt man, dass Frau Schmidt und die Töchter sich heimlich eine neue Existenz in Berlin aufgebaut hatten und eine Woche später ohne Herrn Schmid dorthin umziehen wollten.

▶ Bitte benennen Sie unterschiedliche Aspekte häuslicher Gewalt, die in dem Fallbeispiel vorkommen!

▶ Welche Gründe haben vermutlich für die Entstehung der gewaltsamen Auseinandersetzungen eine Rolle gespielt?

▶ Versuchen Sie, sich in Herrn Schmid hineinzuversetzen: Welche Gedanken und Gefühle haben zu seiner Gewalttat geführt?

▶ Welche professionellen Unterstützungsangebote wären zu welchem Zeitpunkt hilfreich für die Familie gewesen?

---

[1] Nach einem authentischen Fall. Eigennamen und Lebensumstände wurden zur Wahrung der Anonymität verändert.

Prüfungsfragen und Denkanstöße

(1) Welche unterschiedlichen Aspekte sind für die Definition von häuslicher Gewalt relevant?

(2) Welche Folgen kann Gewalt in der Familie für die Opfer haben?

(3) Welche Ursachen hat häusliche Gewalt? Berücksichtigen Sie bei Ihren Überlegungen unterschiedliche familiäre Systemebenen!

(4) Haben Sie selbst schon einmal Gewalt gegen Ihren Partner/Ihre Partnerin oder andere Familienmitglieder angewendet? Wie erklären Sie sich Ihr Verhalten vor dem Hintergrund sozialwissenschaftlicher Erklärungsansätze?

(5) Diskutieren Sie in Ihrer Lerngruppe: Kann die Anwendung von Gewalt in der Kindererziehung in manchen Situationen richtig sein?

(6) Was bedeutet Prävention im Zusammenhang mit häuslicher Gewalt? Welche professionellen Handlungsmöglichkeiten kennen Sie?

► Lamnek, S., Luedke, J. & Ottermann, R. (2006). Tatort Familie. Häusliche Gewalt im gesellschaftlichen Kontext (2. Aufl.). Wiesbaden: Verlag für Sozialwissenschaften.
Die Autoren beschäftigen sich aus soziologischer Sicht mit körperlichen, psychischen und sexuellen Formen häuslicher Gewalt. Dabei wird der aktuelle Forschungsstand sehr differenziert dargestellt. Ferner werden gesellschaftliche und soziokulturelle Kontextfaktoren für Gewalt in der Familie analysiert.

► Herman, J.L. (2003): Die Narben der Gewalt. Traumatische Erfahrungen verstehen und überwinden. Paderborn: Jungfermann.
Gewalterfahrungen können erhebliche psychische Schäden und traumatische Störungen bewirken. Dieses Buch gehört in den USA seit Jahren zu den wichtigsten Büchern zu diesem Thema. Judith Herman, Professorin an der Harvard Medical School, beschäftigt sich seit mehr als 30 Jahren mit den Opfern von häuslicher Gewalt.

► Toprak, A. (2005). Das schwache Geschlecht – die türkischen Männer. Zwangsheirat, häusliche Gewalt, Doppelmoral der Ehre. Freiburg: Lambertus.
Spannende Interviewstudie mit türkischen Männern der 2. Einwanderergeneration. Deren Familien leben nach wie vor in patriarchalischen Strukturen. Die Männer unterdrücken, misshandeln und vergewaltigen ihre Frauen – mit dem Gefühl, völlig im Recht zu sein. Starker Tobak! Sehr empfehlenswert für Leser, die sich mit dem Thema häusliche Gewalt und Migration beschäftigen.

► Amann, G & Wipplinger, R. (Hrsg.) (2005). Sexueller Missbrauch: Überblick zu Forschung, Beratung und Therapie. Ein Handbuch. Tübingen: dgvt.
Dieses Handbuch bietet auf über 1000 Seiten einen umfassenden Überblick zum Thema des sexuellen Missbrauchs. In 48 Kapiteln wird auf die Verbreitung, die Entstehung und die Folgen von sexuellem Missbrauch eingegangen, ferner auf Fragen der Diagnostik, der Behandlung und der Prävention.

10 Scheidung und Trennung

Was Sie in diesem Kapitel erwartet

„Bis dass der Tod Euch scheidet . . ." – diese Formel von der Ehe als lebenslanger Gemeinschaft von Mann und Frau hat heute seine Bedeutung weitgehend verloren. Heute werden etwa 40 % aller Ehen wieder geschieden – Tendenz steigend. Einerseits ist Scheidung dadurch fast schon etwas „Normales" geworden. Doch andererseits ist eine Scheidung sowohl für die betroffenen Partner als auch für deren Kinder eine sehr schmerzliche Erfahrung, unter der viele lebenslang leiden. In diesem Kapitel werden wir sehen, dass eine Scheidung ein längerfristiger und vielschichtiger Prozess ist, mit typischen Phasen im Verlauf der Scheidung. Unter welchen Bedingungen gelingt es den Partnern, die Belastungen der Scheidung zu bewältigen? Wie wirkt sich eine Scheidung auf die Kinder des Paars aus? Um diese Fragen differenziert beantworten zu können, ist wiederum eine familienpsychologische Perspektive hilfreich, die auch die Grundlage für eine Reihe professioneller Hilfemöglichkeiten bei Trennung und Scheidung bietet, die wir am Ende des Kapitels beschreiben (z. B. psychologische Beratung und Mediation).

10.1 Scheidung – Daten, Fakten, Hintergründe

Entwicklung der Scheidungsrate

Während eine Scheidung noch vor wenigen Jahrzehnten ein relativ seltenes Ereignis war, werden heute sehr viele Ehen geschieden. Im Jahr 2006 verzeichnete das Statistische Bundesamt 388.451 Eheschließungen und 201.693 Ehescheidungen. Die Größenordnung ist in den letzten Jahren weitgehend stabil geblieben. Als „Faustregel" kann man sich merken, dass in Deutschland pro Jahr ca. 400.000 Ehen geschlossen und etwa 200.000 geschieden werden. Die Wahrscheinlichkeit, dass eine Ehe ein Leben lang hält, ist damit nicht besonders hoch. Zwar ist die Chance nicht „fifty-fifty" (wie es Heirats- und Scheidungsstatistiken nahe legen), sondern etwas besser, da die Scheidungszahlen auch Ehen betreffen, die zu einem früheren Zeitpunkt geschlossen wurden. Trotzdem ist davon auszugehen, dass etwa 40 % aller heute geschlossenen Ehen wieder geschieden werden. Dabei ist das Scheidungsrisiko in den großen Städten noch höher als auf dem Land.

Viele Ehen werden bereits nach wenigen Jahren wieder geschieden. Als besonders kritische Phase gilt dabei das „verflixte fünfte Jahr". Zum Zeitpunkt der Scheidung sind die meisten Partner zwischen 35 und 45 Jahre alt. Danach nimmt die Häufigkeit einer Scheidung kontinuierlich ab. Dies bedeutet umgekehrt, dass die Chance der Partner, wirklich gemeinsam alt zu werden, mit zunehmender Ehedauer steigt. Trotzdem lassen sich heute durchaus auch ältere Paare noch scheiden.

In vielen Fällen sind minderjährige Kinder von der Scheidung ihrer Eltern betroffen; Schätzungen zufolge handelt es sich um ca. 170.000 Kinder pro Jahr (Schmidt-Denter, 2000). In den kommenden Jahren wird voraussichtlich jedes dritte Kind unter 18 Jahren erleben, dass sich seine Eltern scheiden lassen (vgl. Largo & Czernin, 2003). Viele dieser Kinder wachsen in der

Folge bei einem alleinerziehenden Elternteil oder in einer Stieffamilie auf. Nach Angaben des Statistischen Bundesamts machen alleinerziehende Mütter und Väter 19 % aller Familien aus (Ein-Eltern-Familien). Die Häufigkeit von Stieffamilien (Patchworkfamilien) ist schwer statistisch erfassbar. Teubner (2002) geht davon aus, dass bei einer weiten Definition, die auch unverheiratete und nicht ständig zusammenlebende Partner einschließt, bis zu 9,5 % aller Kinder in einer Stieffamilie leben.

Gründe für die gestiegenen Scheidungszahlen

Warum lassen sich heute so viele Paare scheiden? Die Ursachen hierfür sind vielfältig und im Zusammenhang mit gesellschaftlichen, juristischen und sozialpolitischen Veränderungen zu sehen. In ihrer Gesamtheit haben diese Entwicklungen in der Bevölkerung zu einer veränderten Einstellung zu Ehe und Ehescheidung geführt (vgl. Beck-Gernsheim, 1998; Nave-Herz, 2006).

Der starke Anstieg der Scheidungszahlen ist keineswegs auf einen allgemeinen Bedeutungsverlust der Ehe zurückzuführen. Im Gegenteil: Gerade weil heutzutage Partnerschaft für die meisten Menschen eine so wichtige Bedeutung hat, sind die Erwartungen an den Partner bzw. die Partnerin besonders hoch. Entsprechend groß ist das Risiko, dass diese Erwartungen im alltäglichen Zusammenleben enttäuscht werden und die Partner unzufrieden mit ihrer Paarbeziehung sind. Wenn im gemeinsamen Alltag Langeweile, Unstimmigkeiten oder Konflikte auftreten, wird eine Ehe heute schneller grundsätzlich in Frage gestellt. Eine Scheidung ist auch oft mit der Hoffnung verknüpft, im Anschluss den „richtigen" Partner zu finden und mit diesem eine bessere Paarbeziehung zu führen.

Hinzu kommt, dass die Ehe als wirtschaftliche Überlebensgemeinschaft an Bedeutung verloren hat. Insbesondere Frauen sind heute weniger als früher darauf angewiesen, aus ökonomischen Gründen zu heiraten oder eine Ehe aufrecht zu erhalten. Auch aufgrund gesetzlicher Unterhaltsregelungen ist eine Scheidung kein existenzielles Risiko mehr.

Ferner hatte die Umgestaltung des Ehescheidungsrechts im Jahr 1977 Konsequenzen für die Häufigkeit von Scheidungen. Weil das bis dahin geltende Schuldprinzip durch das Zerrüttungsprinzip abgelöst wurde, konnte eine Ehe danach leichter geschieden werden. Das „Scheitern" einer Ehe wird vermutet, wenn die Ehegatten seit einem Jahr getrennt leben und die Scheidung übereinstimmend beantragen (§ 1565 Abs. 1, BGB). Wenn die Ehegatten seit drei Jahren getrennt leben, kann die Ehe auch gegen den Willen eines Partners geschieden werden.

Insgesamt hat sich in den letzten Jahrzehnten ein gesellschaftlicher Wertewandel im Hinblick auf Trennung und Scheidung vollzogen. Die psychologischen, wirtschaftlichen und sozialen Barrieren für eine Scheidung sind heute wesentlich niedriger als früher. Dies hat dazu geführt, dass es heute fast schon etwas Normales ist, wenn sich ein Ehepaar scheiden lässt.

10.2 Trennung und Scheidung als Prozess

Ungeachtet der günstigeren gesellschaftlichen Rahmenbedingungen bringt eine Scheidung bzw. Trennung zahlreiche familiäre Belastungen und strukturelle Veränderungen des Familiensystems mit sich. Dabei ist zu beachten, dass eine Scheidung kein punktuelles Ereignis ist, sondern ein längerfristiges, prozesshaftes Geschehen. Sozialwissenschaftler haben deswegen eine Reihe von Phasenmodellen des Scheidungsprozesses entwickelt. Diese Phasenmodelle können grob in zwei Kategorien eingeteilt werden: Solche, die vor allem äußerlich sichtbare Veränderungsprozesse beschreiben, und solche, die das innere emotionale Erleben in den Mittelpunkt stellen (vgl. Sander, 2002).

Phasen äußerer Veränderungen

Ein Beispiel für die erste Art von Modellen ist das „klassische" Modell des Anthropologen Paul Bohannan (1970). Darin werden sechs parallel ablaufende, sich teilweise überlappende Prozesse der Scheidung unterschieden:

(1) **Emotionale Trennung:** Der Scheidung geht eine allmähliche innere Distanzierung vom Partner bzw. von der Partnerin voraus. Diese Phase beinhaltet einen Verlust an Kommunikation der Partner und eine zunehmende Entfremdung.

(2) **Juristische Scheidung:** Der Personenstand der Ehe wird aufgehoben und die damit verbundenen Trennungsfolgen gerichtlich geregelt.

(3) **Materielle Scheidung:** Nach dem Prinzip der Güter- oder Zugewinngemeinschaft wird das Vermögen aufgeteilt und die Versorgung/Unterhalt der Partner sowie der Kinder geregelt.

(4) **Elterliche Scheidung:** Die Partner müssen entscheiden, bei wem das Kind leben soll, wer das Sorgerecht bekommt, wie oft das Kind den nicht sorgeberechtigten Partner sieht usw.

(5) **Soziale Scheidung:** Im sozialen Umfeld des Paars findet eine Reorganisation statt. Meist verändert sich der gemeinsame Freundes- und Bekanntenkreis.

(6) **Psychische Scheidung:** Die Endgültigkeit der Trennung wird akzeptiert.

Nach Bohannan (1970) gelingt es den Betroffenen erst durch die psychische Scheidung, ihre innere Stabilität und Funktionsfähigkeit wiederzuerlangen. In der Praxis kann dieses Modell hilfreich sein, um die komplexen, miteinander verwobenen Ebenen des Scheidungsgeschehens klarer zu unterscheiden und z. B. einen Beratungsprozess zu strukturieren.

Phasen innerer Veränderungen

In psychologischen Phasenmodellen, die das subjektive Erleben der Partner in den Mittelpunkt stellen, werden verschiedene innere „Zustände" beschrieben, die im Verlauf einer Trennung/ Scheidung auftreten. Meist werden drei wesentliche emotionale Phasen des Scheidungsprozesses unterschieden.

Ambivalenzphase. Sie bezeichnet das Stadium einer anhaltenden und eskalierenden Ehekrise. Die Partner sind zunehmend unzufrieden mit der Paarbeziehung und dem Familienalltag. Meist kommt es zu Reibereien und Konflikten, die zuweilen auch unter Anwendung von Gewalt ausgetragen werden. Zumindest bei einem der Partner bestehen Trennungsabsichten, doch werden diese (noch) nicht explizit ausgesprochen. Obwohl den Partnern die Unausweichlichkeit einer Trennung zunehmend bewusst wird, kämpfen sie noch dagegen an. In dieser Phase treten sehr belastende Gefühle auf, z. B. Verlustangst, Hilflosigkeit und depressive Verstimmungen. Bei Nebenbeziehungen eines Partners kann es zu Eifersucht und Wut kommen.

Trennungsphase. Es kommt zu einer räumlichen Trennung der Partner, z. B. wenn der Ehemann aus der gemeinsamen Wohnung auszieht, während die Ehefrau mit den Kindern dort bleibt. In dieser Phase kommt es zur juristischen Scheidung. Diese gerät nicht selten zu einem „Kriegsschauplatz", weil sich die beiden Partner für die erlittenen emotionalen Verletzungen rächen und erbittert um Sorgerecht, Unterhaltsansprüche und materielle Güter kämpfen.

Nachscheidungsphase. Sie beginnt nach der juristischen Scheidung; je nach Autor werden zwei bis drei Unterphasen im Erleben der getrennten Partner differenziert. Beispielsweise unterteilen

Hetherington und Kelly (2003) die Nachscheidungsphase in zwei Unterabschnitte: Im ersten Jahr nach der Scheidung überwiegt die innere Desorganisation und ein Ungleichgewicht des familialen Systems. Im zweiten Jahr kommt es zu einer zunehmenden emotionalen Stabilisierung der Partner und einer Reorganisation des familialen Systems.

Langfristige Folgen. Eine Scheidung kann nachhaltige negative Folgen für die betroffenen Familienmitglieder haben. Zahlreiche Eltern schaffen es auf Dauer nicht, Zorn, Feindseligkeiten und Anschuldigungen zu überwinden. Die elterlichen Belastungen und Konflikte wirken sich auch auf die Kinder aus. In einer Langzeitstudie von Napp-Peters (1995) zeigte sich, dass etwa ein Viertel der Kinder aus Scheidungsfamilien länger andauernde Verhaltensauffälligkeiten entwickelte. Besonders betroffen waren Kinder aus Familien an der Armutsgrenze sowie Kinder, bei denen die Eltern gar keinen Kontakt mehr miteinander hatten oder nicht kooperierten. Als Fazit hält die Autorin fest: „Eine Scheidung ist für die meisten Erwachsenen und nahezu alle Kinder eine schmerzliche Erfahrung, unter der viele lebenslang leiden" (Napp-Peters, 1995, S. 145).

10.3 Die Bewältigung der Scheidung durch die Partner

Die Trennung vom Ehepartner und ggf. auch von den Kindern ist psychologisch gesehen eine extreme Stresssituation. Die betroffenen Partner müssen meist sehr belastende Gefühle wie z. B. Zweifel, Schuld- und Hassgefühle und Gefühle des Versagens verarbeiten. Aufgrund der psychischen Dauerbelastung ist oft auch die körperliche Abwehrkraft herabgesetzt, es kommt vermehrt zu Erkrankungen und Infektionen. In der Regel nehmen die emotionale Bewältigung einer Scheidung sowie die psychisch-körperliche Re-Normalisierung einen längeren Zeitraum in Anspruch. Ergebnisse von Längsschnittstudien zeigen, dass dem Großteil geschiedener Partner diese Anpassungsleistung erst im Verlauf einiger Jahre gelingt (Sander, 2002).

Wie Partner ihre Scheidung bewältigen, hängt von vielfältigen Einflussfaktoren ab. Nach dem klassischen Systemmodell von Bronfenbrenner (1981) sind unterschiedliche Systemebenen zu betrachten:

▶ Ebene der individuellen Persönlichkeitseigenschaften
▶ Ebene der Paarbeziehung und der Familie
▶ Ebene des näheren sozialen Umfelds
▶ Ebene der gesellschaftlichen Rahmenbedingungen.

Auf jeder dieser Ebenen können belastende und entlastende Faktoren (Ressourcen) unterschieden werden, die die Scheidungsbewältigung der Partner beeinflussen. Diese Einflussfaktoren sind in komplexer Weise miteinander verwoben.

Individuelle Ebene. Zahlreiche Studien haben gezeigt, dass individuelle Persönlichkeitseigenschaften und Kompetenzen eine wichtige Rolle für die Scheidungsbewältigung spielen. Menschen, die über flexible Copingstrategien verfügen und schwierige Situationen grundsätzlich aktiv und positiv bewältigen, fällt auch die Scheidungsbewältigung leichter als Menschen, bei denen dies nicht der Fall ist. Hierbei spielen auch allgemeine Einstellungen eine wichtige Rolle: Wer eine Scheidung als Lebenskatastrophe und als persönliches Scheitern deutet, hat größere Probleme bei der Bewältigung als jemand, der eine Scheidung als zwar bedauerliches, aber heutzutage auch relativ „normales" Ereignis ansieht. Ein höherer Bildungsgrad geht in der Regel mit besseren Bewältigungskompetenzen einher und wirkt sich günstig auf die Scheidungsbewältigung aus.

Ebene der Paarbeziehung und der Familie. Für die Scheidungsbewältigung der Partner ist es auch bedeutsam, inwieweit es ihnen gelingt, mittel- und langfristig konstruktiv miteinander umzugehen. Dies betrifft z. B. Absprachen und praktische Regelungen für die Zeit nach der Scheidung und die Verantwortung für die Kinder. Auch die Fähigkeit, dem geschiedenen Partner zu verzeihen, hat dabei eine wichtige Bedeutung, weil sich dadurch sehr belastende Gefühle wie Wut, Hass und Verbitterung verringern. Und: Menschen, die anderen vergeben können, können auch sich selbst leichter vergeben (Tausch, 1996). Kontinuierliche Eltern-Kind-Beziehungen sind auch für den Elternteil, der den gemeinsamen Haushalt verlässt, wichtig. Diese helfen ihm, sich seiner elterlichen Identität zu versichern und seine oft angeschlagene emotionale Stabilität wiederzuerlangen (Napp-Peters, 1995). Ferner hat die Aufnahme einer neuen Liebesbeziehung nach einer Scheidung nach Hetherington und Kelly (2003) einen enormen „Heilungseffekt" und wirkt sich positiv auf den Bewältigungsprozess aus.

Ebene der sozialen Netzwerke. Ein funktionierendes soziales Unterstützungssystem gilt als eine der wichtigsten Bewältigungsressourcen. Sowohl in emotionaler als auch in alltagspraktischer Hinsicht können z. B. Freunde, Eltern oder Verwandte die negativen Folgen der Scheidung „abpuffern". Auch eine Selbsthilfegruppe kann eine wichtige soziale Ressource darstellen. Umgekehrt ist es sehr belastend für die Partner, wenn das soziale Netzwerk auf Personen beschränkt ist, die der Scheidung negativ gegenüberstehen.

Gesellschaftliche Ebene. Für geschiedene Eltern sind heute die gesellschaftlichen Rahmenbedingungen wesentlich günstiger als noch vor wenigen Jahrzehnten. Geschiedene Partner und Scheidungskinder werden mittlerweile kaum noch stigmatisiert und zu Außenseitern abgestempelt. Das liberalere gesellschaftliche Klima spiegelt sich auch auf der institutionellen Ebene wider. So unterstützen z. B. Sozial- und Jugendämter alleinerziehende Eltern durch juristische und finanzielle Beratung. Allerdings nehmen manche der betroffenen Eltern z. B. die Abhängigkeit von Zahlungen des Sozialamts als erhebliche Belastung wahr.

10.4 Auswirkungen von Trennung und Scheidung auf die Kinder

Eine Scheidung bedeutet nicht nur, dass eine Paarbeziehung zu Ende geht – auch für die Kinder bedeutet die Trennung ihrer Eltern eine schmerzliche und belastende Erfahrung. Aus Langzeitstudien wissen wir, dass etwa ein Viertel der Kinder nach der Scheidung ihrer Eltern länger anhaltende Verhaltensauffälligkeiten entwickelt (z. B. aggressives Verhalten, Depressivität, Schulprobleme, Einnässen). Andererseits gibt es auch Kinder, die relativ gut mit der Scheidung ihrer Eltern zurechtkommen und keine Verhaltensauffälligkeiten entwickeln (Napp-Peters, 1995).

Wie sich die Trennung der Eltern auf die kindliche Entwicklung auswirkt, hängt von unterschiedlichen Faktoren ab, die in komplexer Weise zusammenwirken. Für die Bewältigung der elterlichen Scheidung spielen nach Sander (2002) zwei Arten von Einflussfaktoren eine wichtige Rolle: Individuelle Faktoren und Faktoren des Lebensumfelds. Je nach Ausprägung können sich diese Faktoren ungünstig oder günstig auf die Bewältigung der Scheidung und die weitere Entwicklung der Kinder auswirken. Im ersten Falle handelt es sich um Risikofaktoren, im zweiten um Ressourcen bzw. Schutzfaktoren.

Individuelle Faktoren

Alter der Kinder. Je jünger die Kinder zum Zeitpunkt der Trennung sind, desto weniger sind sie in der Lage, die Motive und Gefühle der Eltern sowie ihre eigene Rolle bei der Scheidung zu verstehen. Deshalb ist eine Scheidung für jüngere Kinder mit einem größeren Entwicklungsrisiko verbunden als für ältere Kinder.

Geschlecht der Kinder. Psychische Beeinträchtigungen treten bei den meisten Kindern auf, äußern sich aber geschlechtsspezifisch: Beobachtbare Verhaltensauffälligkeiten treten bei Jungen häufiger und anhaltender auf als bei Mädchen; letztere neigen dazu, ihr Konflikterleben zu internalisieren. Jungen reagieren eher als Mädchen mit aggressivem, antisozialem Verhalten. Kinder, die beim gleichgeschlechtlichen Elternteil aufwachsen, haben offenbar bessere Chancen auf eine normale psychische Entwicklung. Dies hängt möglicherweise auch damit zusammen, dass sie weniger häufig die Rolle eines Ersatz-Partners einnehmen.

Persönlichkeitseigenschaften. Kinder, deren Temperament schon vor der Scheidung als „schwierig" beschrieben wird, reagieren auf die Stresssituation verletzlicher und weniger anpassungsfähig als Kinder, die als „unkompliziert" gelten. In diesem Zusammenhang wird ein sicherer Bindungsstil als wichtiger Schutzfaktor für die Belastungsbewältigung der Kinder betrachtet (vgl. Kapitel 5).

Sozial-kognitive Fähigkeiten. Kinder, die sich gut in die Situation anderer Menschen einfühlen können (Empathie), können die Motive der Eltern besser nachvollziehen und sind besser in der Lage, sich vom Geschehen zu distanzieren. Diese Fähigkeit hängt natürlich auch mit dem Alter der Kinder zusammen; auch haben Mädchen oft bessere sozial-kognitive Fähigkeiten als Jungen im gleichen Alter.

Bewältigungskompetenzen. Kinder mit aktivem Bewältigungsverhalten, gut entwickeltem Selbstvertrauen und positiv-optimistischer Grundhaltung kommen besser mit einer Trennung der Eltern zurecht als Kinder mit vermeidendem Bewältigungsverhalten, geringem Selbstvertrauen und negativ-pessimistischer Grundhaltung. Sie neigen weniger zu Ängstlichkeit, depressiven Verstimmungen oder Verhaltensauffälligkeiten.

Faktoren des Lebensumfelds

Niedriger sozioökonomischer Status. Er gilt grundsätzlich als Risikofaktor für die weitere Entwicklung von Scheidungskindern. Kinder aus Familien an der Armutsgrenze haben ein höheres Entwicklungsrisiko als Kinder von Eltern, die über einen hohen Bildungsabschluss und ein überdurchschnittliches Einkommen verfügen.

Soziale Netzwerke. Freunde, Großeltern etc. bilden eine wichtige Bewältigungsressource; wenn Kinder nach der Scheidung der Eltern in ein funktionierendes, unterstützendes soziales Beziehungssystem eingebettet sind, haben sie bessere Chancen auf eine positive psychische Entwicklung.

Erziehungsverhalten der Eltern. Dieses spielt eine wichtige Rolle für die weitere Entwicklung von Scheidungskindern. Positiv wirkt es sich aus, wenn die Eltern hinreichend auf die Grundbedürfnisse der Kinder nach Geborgenheit, Zuwendung und Persönlichkeitsentfaltung eingehen (Largo & Czernin, 2003).

Elterliche Konflikte. In der Nachscheidungsphase wirken sich elterliche Konflikte sehr ungünstig auf den Bewältigungsprozess der Kinder aus. Nicht selten versuchen Eltern, die Kinder im Konflikt mit dem Ex-Partner zu instrumentalisieren und auf ihre Seite zu ziehen. Wenn Kinder in einen elterlichen Konflikt hineingezogen werden, wird dies auch Triangulation genannt (Schneewind, 2005). Kinder sind mit dieser Situation überfordert und können in außerordentlich belastende Loyalitätskonflikte geraten.

Fortgesetzter Kontakt zu beiden Eltern. In der Regel wird es als günstig für die Kinder angesehen, wenn sie auch nach der Scheidung Kontakt zu beiden Eltern haben. Allerdings ist hierbei nicht nur die Häufigkeit, sondern vor allem die Qualität des Kontaktes entscheidend (Fthenakis, 1996). Für Kinder, die vor der Scheidung eine intensive emotionale Beziehung zum Vater hatten, ist die Aufrechterhaltung dieses Kontaktes nach der Scheidung besonders wichtig.

Das Elterliche Entfremdungssyndrom

Zuweilen geraten Kinder zwischen die Fronten eines erbittert ausgetragenen Scheidungskriegs. Manche Eltern instrumentalisieren ihre Kinder, um sich am ehemaligen Partner für erlittene Verletzungen zu rächen. In anderen Fällen soll der Ex-Partner weitgehend aus dem Leben der Kinder verbannt werden, um einen Neuanfang zu erleichtern. Aus solchen und ähnlichen Motiven versuchen manche Eltern systematisch, ihre Kinder dem anderen Elternteil zu entfremden. Dies geschieht z. B. dadurch, dass Kontakte zum Ex-Partner unterbunden oder so weit wie möglich erschwert werden. Vielfach finden Entfremdungsversuche auch auf einer psychologischen Ebene statt, z. B. durch die Verunglimpfung oder Verleumdung des anderen Elternteils. Psychologische Entfremdungsversuche können auch sehr subtil sein, etwa wenn wie nebenbei abfällige Bemerkungen über den Ex-Partner gemacht werden oder wenn über Einsamkeit während der Besuche der Kinder beim Partner geklagt wird (Andritzky, 2002).

Weil sich die meisten Kinder zunächst wünschen, auch nach der Scheidung weiter Kontakt zu beiden Elternteilen zu haben, geraten sie durch solche Entfremdungsstrategien in massive Loyalitätskonflikte. Sie erleben eine extreme emotionale Ambivalenz, mit der sie auf Dauer überfordert sind. In dieser schwierigen Situation zeigen die Kinder oft ein charakteristisches Verhal-

Abbildung 10.1. Wenn geschiedene Eltern feindselig miteinander umgehen oder versuchen, den Kontakt ihrer Kinder zum Ex-Partner zu erschweren, können die Kinder in extrem belastende Loyalitätskonflikte geraten

tensmuster, das als Elterliches Entfremdungssyndrom (Parental Alienation Syndrome/PAS) bezeichnet wird. Das Elterliche Entfremdungssyndrom wurde erstmals von dem amerikanischen Kinderpsychologen Richard Gardner beschrieben (Gardner, 1998). Es stellt eine kindliche Reaktion auf fortgesetzte Entfremdungsversuche eines Elternteils oder beider Eltern dar. Dabei zeigt das Kind folgende typische Verhaltensweisen (vgl. Andritzky, 2003):

▶ Das Kind äußert eine globale Ablehnung eines Elternteils. Dabei übernimmt es oft wörtliche Formulierungen des anderen Elternteils, die dessen Haltung zum Ex-Partner charakterisieren.

▶ Das Kind spaltet: Der eine Elternteil ist nur gut, der andere nur schlecht, die emotionale Ambivalenz dieser Bewertungen ist nicht vorhanden.

▶ Das Kind ergreift reflexartig Partei für den „guten" Elternteil.

▶ Nicht nur der entfremdete Elternteil, sondern dessen gesamtes soziales und familiäres Umfeld wird in die Ablehnung miteinbezogen (z. B. früher geliebte Großeltern und Freunde).

Aus psychologischer Sicht ist das Elterliche Entfremdungssyndrom eine Bewältigungsstrategie der betroffenen Kinder. Weil sie damit überfordert sind, auf Dauer einen massiven Loyalitätskonflikt zu ertragen, wählen Sie den Ausweg, sich für einen Elternteil zu entscheiden. In der Regel benötigen die betroffenen Kinder aber keine Therapie. Ihr Verhalten normalisiert sich schnell, wenn sie erfahren, dass sie den anderen Elternteil verlässlich und ohne Schuldgefühle besuchen und sich an der gemeinsam verbrachten Zeit freuen dürfen (Andritzky, 2003).

Fazit

Für Kinder ist es immer eine sehr schmerzhafte Erfahrung, wenn sich ihre Eltern scheiden lassen. Trotzdem wirkt sich eine Scheidung nicht unbedingt negativ auf die weitere Entwicklung der Kinder aus. Wenn es den Eltern in der Nachscheidungsphase gelingt, trotz ihrer Trennung als Paar Eltern zu bleiben, gemeinsam Verantwortung wahrzunehmen, Meinungsverschiedenheiten konstruktiv zu regeln und auf die emotionalen Bedürfnisse der Kinder einzugehen, haben diese eine gute Chance auf eine positive Gesamtentwicklung. In manchen Fällen scheint es sogar günstiger für die Entwicklung von Kindern zu sein, wenn sich ihre Eltern trennen, als weiterhin in einer „vollständigen" Familie, aber unter dauerhaft konflikthaften Bedingungen aufzuwachsen (Largo & Czernin, 2003).

10.5 Trennung und Scheidung aus familiensystemischer Sicht

Trennungs- und Scheidungsfamilien. Aus Sicht der modernen Familienpsychologie löst sich eine Familie nach einer Scheidung nicht einfach auf. Vielmehr ist davon auszugehen, dass das Familiensystem tiefgreifende und zum Teil dramatische Transformationen durchläuft. Diese können im Sinne der Familiensystemtheorie als Wandel zweiter Ordnung betrachtet werden (vgl. Kapitel 2). Veränderungen während und nach einer Scheidung betreffen z. B. die äußeren und inneren Grenzen des Familiensystems, die Kommunikationsabläufe zwischen den Familienmitgliedern und möglicherweise auch neue Familienregeln.

Doch trotz der vielen Veränderungen des Familiensystems gibt es meist auch eine Kontinuität der Familienbeziehungen. Diese bleibt bestehen, so lange die Ex-Partner durch ein Eltern-Kind-Beziehungsverhältnis miteinander verbunden sind. Von daher ist es zutreffend, wenn das familiäre Beziehungssystem als Trennungs-/Scheidungsfamilie bzw. später als Nachscheidungsfamilie bezeichnet wird. Psychologisch gesehen sind dabei drei Aspekte bedeutsam (vgl. Schmidt-Denter, 2005):

(1) Die Familienmitglieder beeinflussen sich weiterhin gegenseitig (Interdependenz). Dies ist vor allem dann der Fall, wenn die Kinder auch nach der Scheidung bzw. Trennung Kontakt zu beiden Eltern haben.

(2) Die Familienmitglieder sind weiterhin gegenseitig kognitiv repräsentiert. Insbesondere die Kinder verstehen ihre Eltern trotz deren Trennung weiterhin als ihre Familie.

(3) Es bestehen weiterhin emotionale Bindungen und Verstrickungen. Kinder sind in der Regel an beide Eltern gebunden (vgl. Kapitel 5).

Neue Partnerschaften der Eltern. Weitere Veränderungen im Beziehungssystem einer Nachscheidungsfamilie finden statt, wenn die Eltern neue feste Partnerschaften eingehen. Die neuen Paarbeziehungen beeinflussen das Familienkonzept der Eltern und der Kinder in unterschiedlicher Weise. Die Eltern neigen dazu, nun vor allem den neuen Partner zu ihrer Familie zu zählen, hingegen nur noch selten den Ex-Partner. Vor allem die Mütter (bei denen die Kinder in der Regel leben) streben oft nach einer Abgrenzung gegenüber der alten ehelichen Beziehung. Doch die Kinder sehen das größtenteils anders: Auch noch mehrere Jahre nach der Scheidung betrachten fast drei Viertel der Kinder ihren Vater weiter als Familienmitglied. Dabei sind sich die meisten Kinder über die Komplexität des erweiterten Familiensystems im Klaren: Zu etwa 70 % haben die Kinder ein „binukleares Familienkonzept" (Schmidt-Denter, 2000; 2005). Dieses umfasst sowohl die leiblichen Eltern als auch neu hinzugekommene Familienmitglieder, z. B. Stiefeltern und deren Kinder.

Definition

Binukleare Familiensysteme entstehen nach der Trennung bzw. Scheidung der Eltern (Ahrons, 1980). Die Kinder wachsen in zwei Kernfamilien bzw. Haushalten auf. Einige binukleare Familien nehmen eine ausgeprägte Trennung zwischen dem primären und dem sekundären Heim des Kindes vor, bei anderen Familien haben beide Haushalte eine gleichrangige Bedeutung.

Stieffamilien. Nach der vollständigen Familie und der Ein-Eltern-Familie ist die Stieffamilie heute der dritthäufigste Familientyp. Es wird geschätzt, dass heute ca. ein Zehntel aller Kinder in einer Stieffamilie aufwächst (Teubner, 2002). Insbesondere Stieffamilien, die durch neue Ehen bzw. Partnerschaften geschiedener Eltern entstehen, werden im alltäglichen Sprachgebrauch als Patchworkfamilien bezeichnet (Bliersbach, 2007). Aus systemischer Sicht zeichnen sich Stieffamilien durch besondere Systemeigenschaften aus. Ihre Grenzen reichen über die einer Kernfamilie hinaus und sind weniger eindeutig. Die Beziehungen zwischen den Subsystemen einer Stieffamilie sind relativ störanfällig. Insbesondere die Beziehungen von Kindern zu ihren Stiefgeschwistern werden häufig als problematisch beschrieben. Der Stiefelternteil wird von den Kindern zunächst oft nicht als Erziehungs- und Autoritätsperson akzeptiert. Das Hineinwachsen in die Rolle eines Ersatz-Elternteils ist ein langfristiger Prozess, der mehrere Jahre umfasst und am ehesten gelingt, wenn die Kinder noch im Vorschulalter sind (Ritzenfeldt, 1998).

Familienentwicklungsaufgaben nach einer Scheidung. Im Vergleich zu vollständigen Familien müssen Scheidungs- und Nachscheidungsfamilien andere, nicht-normative Bewältigungsaufgaben meistern. Alleinerziehende Eltern müssen die Koordination von Kindererziehung und Berufstätigkeit ohne die Unterstützung eines Ehepartners bewältigen. Gemeinsam mit dem Ex-

Partner müssen individuell passende Besuchsregelungen gefunden und in den Alltag integriert werden. Der Elternteil, bei dem sich die Kinder nur an den Wochenenden aufhalten, ist gefordert, trotz der selteneren Kontakte eine kontinuierliche und positive Beziehung zu den Kindern zu gestalten. Die geschiedenen Partner müssen lernen, eine förderliche Elternkoalition aufrecht zu erhalten und Meinungsverschiedenheiten konstruktiv zu regeln (vgl. Tabelle 10.1).

Wenn geschiedene Partner neue Paarbeziehungen eingehen oder wieder heiraten, müssen die Familiengrenzen erweitert werden. Der neue Partner, dessen Kinder und ggf. weitere Personen müssen in das neue Familiensystem integriert werden. Die Kinder müssen lernen, mit der Komplexität eines binuklearen Familiensystems zu leben und den Stiefelternteil als Erziehungsperson zu akzeptieren. Alle Familienmitglieder stehen somit vor der gemeinsamen Herausforderung, eine konstruktive bzw. erträgliche Form des Zusammenlebens und der Beziehungsgestaltung zu finden.

Familienphasen	Familienentwicklungsaufgaben
Nach Scheidung/Trennung ▶ Alleinerziehende Eltern ▶ Alleinlebende/nicht sorgeberechtigte Eltern	▶ Bewältigung von Erziehungsaufgaben und Erwerbstätigkeit unter erschwerten Bedingungen ▶ Einrichten flexibler Besuchsregelungen ▶ Aufrechterhaltung einer förderlichen Beziehung zu den Kindern ▶ Umgestaltung des eigenen sozialen Netzwerks
Wiederverheiratung/ Patchworkfamilien	▶ Neudefinition der Familiengrenzen, um neuen Partner und dessen Kinder zu integrieren ▶ Reorganisation der Beziehungen zwischen den familialen Subsystemen ▶ Beziehungsangebote zu Ex-Partner, Großeltern und anderen Mitgliedern der erweiterten Familie ▶ Akzeptanz des Stiefelternteils als neuer Erziehungs- und Autoritätsperson ▶ Rekonstruktion der Familienrealität; Austausch von Vergangenheit und Familiengeschichten

Tabelle 10.1. Nach einer Scheidung bzw. Trennung der Eltern müssen eine Vielzahl nicht-normativer Familienentwicklungsaufgaben bewältigt werden. Abhängig von der neuen Familienkonstellation sind die Familienmitglieder mit unterschiedlichen Herausforderungen konfrontiert (vgl. Schneewind, 2002)

10.6 Professionelle Hilfen bei Trennung und Scheidung

In Beratungsangeboten für Personen bzw. Familien, die von Trennung und Scheidung betroffen sind, geht es generell um die Stärkung der individuellen Bewältigungsressourcen. Es gibt heute eine ganze Reihe von Interventions- und Beratungsansätzen, von denen im Folgenden einige skizziert werden sollen:

Psychologische Beratung. Ziel einer psychologischen Beratung von Partnern in Trennungssituationen ist nicht unbedingt eine Erhaltung der bestehenden Paarbeziehung. Im Mittelpunkt stehen vielmehr die emotionale Entlastung und die Stärkung der Bewältigungsressourcen. In der Ambivalenzphase eines Trennungsprozesses kann es in der psychologischen Beratung schwerpunktmäßig auch um die Selbstklärung und Abwägung des Für und Wider einer Trennung gehen. In der Nachscheidungsphase stehen eher die Bewältigung der neuen Situation und die erfolgreiche Reorganisation der Eltern-Kind-Beziehungen im Vordergrund. Als Ansatzpunkte bieten sich die individuellen Kompetenzen der Klienten und Klientinnen an. Sie werden z. B. darin unterstützt, für sich selbst zu sorgen, angemessene Copingstrategien für ihre Probleme einzusetzen und sich konstruktiv auf die Zukunft hin zu orientieren. Weitere Beratungsthemen sind die Kommunikation zwischen den Partnern und die gemeinsame Erarbeitung von Lösungen. Darüber hinaus kann es sinnvoll sein, Eltern für die Bedürfnisse der Kinder zu sensibilisieren und sie auf die wichtige Bedeutung einer kontinuierlichen, positiven Beziehung zu beiden Eltern hinzuweisen.

Mediation. Die Mediation ist ein Verfahren der außergerichtlichen Konfliktbearbeitung, das sich u. a. bei Ehescheidungen bewährt hat. Unter der Vermittlung eines neutralen (allparteilichen) Mediators handeln die beiden Partner eigenverantwortlich Lösungen für alle Fragen und Probleme aus, die sich aus der Scheidung ergeben (z. B. Güteraufteilung; Besuchs- und Aufenthaltsregelungen für die Kinder etc.). Ziel ist es, Lösungen zu finden, die von beiden Partnern akzeptiert und getragen werden. Im Unterschied zur gerichtlichen Scheidung wird bei der Mediation die psychische Trennungsdynamik mit einbezogen und bearbeitet. Eine Konflikteskalation kann so eher vermieden werden. Die erzielten Ergebnisse werden in einem Mediationsvertrag und meist unter Hinzuziehung eines Notars rechtsverbindlich festgehalten. So können die meisten Streitpunkte außergerichtlich geregelt werden; vor Gericht findet im Idealfall nur noch die juristische Scheidung statt. Eine Mediation führt meist zu einer höheren Akzeptanz der festgelegten Regelungen und erhöht die Kooperationsbereitschaft der Partner nach der Scheidung. Eltern, die eine Mediation erfolgreich durchlaufen, schaffen es eher, die Kinder nicht in ihre Konflikte hineinzuziehen und Loyalitätskonflikte zu vermeiden. Den Kindern fällt es leichter, positive Beziehungen zu beiden Eltern aufrechtzuerhalten und die elterliche Trennung zu bewältigen (vgl. Haynes, Bastine & Link, 2002).

Elternkurse. Um die Reorganisation des Familiensystems zu unterstützen und die Erziehungskompetenzen zu stärken, werden auch Elterntrainings angeboten, die speziell auf Eltern nach einer Scheidung bzw. alleinerziehende Eltern zugeschnitten sind. Ausgehend von häufigen Problemen Alleinerziehender (z. B. inkonsistentes Erziehungsverhalten, Mangel an Kontrolle, konflikthafte Elternbeziehungen) wird die Verbesserung der Kommunikation zwischen Eltern und Kindern angestrebt. Sander (2002) beschreibt drei Hauptziele:
(1) Abbau von Schuldgefühlen und Verbesserung des Selbstwertgefühls
(2) verbessertes Wissen über Kindererziehung
(3) verbesserte praktische Erziehungskompetenz im Alltag.

Gruppen für Kinder. Auch für Kinder aus Trennungs- und Scheidungsfamilien gibt es bewährte Hilfekonzepte, insbesondere im Gruppensetting. Gruppen für Kinder zielen auf eine Verbesserung der kindlichen Bewältigungsstrategien ab. Ziele sind u. a.
▶ verminderte Isolation der Kinder
▶ Ausdruck und Bearbeitung belastender Gefühle in der Gruppe

- ein besseres Verstehen der Scheidung
- Vermittlung von Problemlösekompetenzen und
- Stärkung der Kinder bezüglich einer positiven Wahrnehmung von sich selbst und der Familie (Sander, 2002).

Zusammenfassung

- Die Gründe für die in den letzten Jahrzehnten stark gestiegenen Scheidungszahlen sind im Kontext gesellschaftlicher Entwicklungen zu sehen. Neben dem Bedeutungsverlust der Ehe als wirtschaftliche Überlebensgemeinschaft und der Revision des Scheidungsrechts im Jahr 1977 dürften veränderte Einstellungen bezüglich Partnerschaft und Familie eine Rolle dafür spielen, dass heute eine Paarbeziehung eher grundsätzlich in Frage gestellt wird als früher.
- Trennungen und Scheidungen sind langfristige Prozesse, bei denen sich typische Phasen unterscheiden lassen: Nach einer emotionalen Trennungsphase findet die juristische Scheidung statt, die auch die Aufteilung von Besitzstand und elterlicher Sorge umfasst. Die Scheidung wirkt sich auch stark auf das soziale Netzwerk der Familie aus. Die psychische Scheidung, bei der die endgültige Trennung akzeptiert wird, findet erst in der Nachscheidungsphase statt.
- Aus psychologischer Sicht geht eine Scheidung mit charakteristischen Entwicklungen und Belastungen einher. Der Trennung geht meist eine längere Krise mit ambivalenten Gefühlen und eskalierenden Konflikten voraus. Im Zuge der juristischen Scheidung rächen sich die Partner oft für die erlittenen Verletzungen, indem sie erbittert um Sorgerecht, Unterhaltsansprüche und materielle Güter kämpfen. In der Nachscheidungsphase überwiegt zunächst die emotionale Desorganisation der Partner und der Familie. In der Regel kommt es erst im zweiten Jahr zu einer zunehmenden inneren Stabilisierung.
- In der Regel brauchen Partner mehrere Jahre, um eine Scheidung emotional zu verarbeiten. Inwieweit eine positive Bewältigung gelingt, hängt vom Zusammenspiel belastender und entlastender Faktoren auf unterschiedlichen Systemebenen zusammen. Relativ gute Chancen haben Partner, die langfristig konstruktiv miteinander umgehen und dem geschiedenen Partner verzeihen können. Auch kontinuierliche Eltern-Kinder-Beziehungen wirken sich positiv auf die Bewältigung der Partner aus.
- Bei etwa einem Viertel der betroffenen Kinder sind länger anhaltende Verhaltensauffälligkeiten und Entwicklungsprobleme vorhanden. Insbesondere bei jüngeren Kindern und gravierenden elterlichen Konflikten existiert ein erhöhtes Entwicklungsrisiko. Als Folge eines anhaltenden Loyalitätskonflikts entwickeln manche Kinder das Elterliche Entfremdungssyndrom. Dieses Verhaltensmuster beinhaltet eine emotionale und kognitive Spaltung zwischen den beiden Elternteilen.
- Inwieweit sich eine Scheidung negativ auf die Entwicklung der Kinder auswirkt, hängt von zahlreichen Einflussfaktoren ab. Am besten kommen Kinder mit der Scheidung ihrer Eltern zurecht, wenn diese weiterhin gemeinsam die elterliche Verantwortung wahrnehmen, Meinungsverschiedenheiten konstruktiv regeln und auf die emotionalen Bedürfnisse der Kinder eingehen.
- Aus systemischer Sicht hört eine Familie nach der Scheidung der Eltern nicht einfach auf zu existieren. Vielmehr verändert sich das Familiensystem im Sinne eines Wandels zweiter Ord-

nung. Auch nach der Trennung und im Falle neuer Partnerschaften der Eltern bestehen das Familiensystem und einzelne Subsysteme in veränderter Form weiter. Nachscheidungsfamilien und binukleare Familien (Patchworkfamilien) sind deswegen mit Familienentwicklungsaufgaben konfrontiert, die die konstruktive Neugestaltung der Familienbeziehungen betreffen.

▶ In der psychosozialen Praxis sind vielfältige Hilfeangebote für Scheidungsfamilien und betroffene Familienmitglieder sinnvoll. Neben der psychologischen Beratung für Paare während und nach der Scheidung hat sich die Scheidungsmediation als Verfahren der außergerichtlichen Konfliktregelung etabliert. Selbsthilfegruppen und Elternkurse sowie spezielle Gruppen für Kinder aus Scheidungsfamilien können bei der Bewältigung der neuen Familiensituation eine wertvolle Hilfe sein.

Praxisübung

Scheidungskrieg um Lizzy[1]

Lizzys Eltern sind geschieden. Herr und Frau Schmidt sind heute so verfeindet, dass sie nicht mehr miteinander reden. Seit sechs Jahren streiten sie sich gerichtlich um das Sorgerecht für die 9-jährige Lizzy. Das Mädchen lebt bei der berufstätigen Mutter; tagsüber wird sie meist von der Oma betreut. Ihren Vater darf sie für acht Stunden im Monat sehen. Dieser hat inzwischen wieder eine neue Familie. Seit drei Jahren lebt Herr Schmidt mit einer neuen Partnerin und deren Tochter Romy zusammen. Romy ist ebenfalls neun Jahre alt. Wenn Lizzy zu Besuch ist, sind die beiden Mädchen „ein Herz und eine Seele". Lizzy genießt die Besuche bei der neuen Familie ihres Vaters sehr und findet die Wochenenden immer viel zu kurz. Doch Frau Schmidt hat nicht den Eindruck, dass diese Wochenenden ihrer Tochter gut tun. Wenn Lizzy wieder nach Hause kommt, weint sie oft und will bei ihrer Mama schlafen wie ein Baby. Noch Tage später ist sie unausgeglichen und reizbar. Ihre schulischen Leistungen haben auch

nachgelassen. Frau Schmidt befürchtet, dass ihr Ex-Partner Lizzy gegen sie aufhetzt. Denn Herr Schmidt will gerichtlich durchsetzen, dass seine Tochter endlich zu ihm zieht. „Ich kann Lizzy wenigstens eine richtige Familie bieten!", meint er. Und Lizzy? Auf die Frage der Gerichtspsychologin, was sie sich wünschen würde, wenn sie einen Wunsch freihätte, antwortet sie: „Einen Klon. Dann könnte die eine Lizzy bei Papa leben und die andere bei Mama. Und keiner wäre traurig."

▶ Wie wirkt sich die konflikthafte Beziehung von Herrn und Frau Schmidt auf ihre Tochter Lizzy aus? Welche Entwicklungsprognose würden Sie für Lizzy stellen?

▶ Was spricht Ihrer Meinung nach dafür, dass Lizzy künftig hauptsächlich bei ihrem Vater lebt, was dagegen?

▶ Welche Möglichkeiten sehen Sie, die Familie durch professionelle Hilfeangebote zu unterstützen?

---

[1] Das Übungsbeispiel ist nach einem authentischen Fall konstruiert, der in dem Dokumentarfilm „Im Namen des Kindes – letzte Hoffnung im Scheidungskrieg" von Katharina Wolff (2007) dargestellt ist.

Prüfungsfragen und Denkanstöße

(1) Welche Phasen im Scheidungsprozess lassen sich in psychologischer Hinsicht unterscheiden?

(2) Unter welchen Bedingungen kann eine Scheidung von den Partnern am besten bewältigt werden?

(3) Was versteht man unter Elterlichem Entfremdungssyndrom? Inwiefern stellt es eine Bewältigungsstrategie der betroffenen Kinder dar?

(4) Von welchen Faktoren hängt es ab, ob eine Scheidung ein Entwicklungsrisiko für die Kinder wird?

(5) Welche Vorteile bietet eine Scheidungsmediation gegenüber einem rein gerichtlichen Scheidungsverfahren?

(6) Diskutieren Sie: Sollten Eltern vor einer Scheidung gesetzlich dazu verpflichtet werden, sich einer psychosozialen Beratung zu unterziehen?

Weiterführende Literatur

▶ Largo, R. & Czernin, M. (2003). Glückliche Scheidungskinder. Trennungen und wie Kinder damit fertig werden. München: Piper.
Die Autoren vertreten die Auffassung, dass Kinder geschiedener Eltern nicht unbedingt eine ungünstige Entwicklungsprognose haben. Anhand vieler Beispiele wird aufgezeigt, dass es vor allem darauf ankommt, ob Eltern ihre Konflikte konstruktiv regeln und auf die emotionalen Bedürfnisse der Kinder eingehen können.

▶ Haynes, J.M., Bastine, R.H.E. & Link, G. (2002). Scheidung ohne Verlierer. Familienmediation in der Praxis. München: Kösel.
Dieses Buch schildert den konkreten Ablauf einer Scheidungsmediation mit den dabei zu berücksichtigenden Regeln und Methoden und vermittelt Einblick in die Bereiche, die nach einer Trennung geregelt werden müssen.

▶ Maar, N. & Ballhaus, V. (1998). Papa wohnt jetzt in der Heinrichstraße. München: Atlantis.
Ein Bilderbuch für betroffene Kinder: Bernds Eltern sind geschieden. Das Buch erzählt, wie Bernd die Zeit der Trennung seiner Eltern erlebt. Es regt dazu an, gemeinsam über ein schwieriges Thema zu sprechen.

11 Sterben, Tod und Trauer

Herr, lehre uns bedenken,
dass wir sterben müssen,
auf dass wir klug werden
Psalm 90,12

Wir alle müssen eines Tages sterben. Im Alltag denken wir nur selten daran, doch wenn wir uns die eigene Endlichkeit bewusst machen, sehen wir oft viel klarer, was wirklich wichtig in unserem Leben ist. Auch insofern gehört der Tod zum Leben, und die Erkenntnis unserer Sterblichkeit kann uns helfen, im Alltag bewusster, positiver und dankbarer zu sein. Doch zugleich bedeutet Sterben und Tod ein Hindurchgehen durch eine schwere Zeit – sowohl für den Sterbenden als auch für dessen Familienangehörige. Für Ehepartner, Kinder und andere nahe stehende Personen ist das Sterben eines geliebten Menschen mit Angst, Verzweiflung, Trauer und schließlich Neuorientierung verbunden. Ausgangspunkt des Kapitels ist der Gedanke, dass der Tod ein unausweichlicher Bestandteil im Familienlebenszyklus ist. Wie wir sterben, wird nicht nur von körperlichen, sondern auch von soziokulturellen und psychologischen Faktoren bestimmt. Aus psychologischer Sicht sind eine Reihe von Fragen bedeutsam: Welche inneren Prozesse laufen bei sterbenden Menschen ab, welche Bedürfnisse haben sie? Wie können Familienangehörige den Sterbenden begleiten und hilfreich unterstützen? Wie können die Hinterbliebenen mit ihrer Trauer und ihrem Schmerz umgehen, und was können sie für sich selbst tun? Der Tod kann als letzte große Familienentwicklungsaufgabe begriffen werden, die dem Sterbenden und dessen Familienangehörigen enorme Belastungen auferlegt, aber auch die Chance zu Integrität, Erkenntnis und innerem Wachstum eröffnet.

11.1 Wie wir sterben: Biologische und soziokulturelle Aspekte

Sterben als biologischer Prozess

Viele Menschen haben nur relativ vage Vorstellungen über die körperlichen Aspekte des Sterbens. Dies liegt vor allem daran, dass es heute im Vergleich zu früheren Generationen viel weniger Möglichkeiten gibt, das Sterben eines Menschen mitzuerleben. Während früher die meisten Menschen zu Hause im Kreis ihrer Familie starben, findet Sterben heute meistens in einem Krankenhaus oder einem Pflegeheim statt. In den letzten Stunden ihres Lebens werden die Menschen häufig nicht von ihren Familienangehörigen, sondern von Ärzten und Pflegekräften begleitet (Nuland, 1996). Trotzdem oder gerade deswegen möchten viele Menschen genauer erfahren, wie wir sterben – um beispielsweise besser zu verstehen, was beim Sterben eines Familienangehörigen geschieht, und um besser helfen zu können.

In manchen Fällen kommt der Tod plötzlich und überraschend, z. B. nach einem schweren Verkehrsunfall, einem Herzinfarkt oder einem Schlaganfall. Doch wesentlich häufiger wird das Sterben als ein längerer Prozess erlebt. Viele Krebserkrankungen und demenzielle Erkrankungen gehen mit einem allmählichen Verlust der körperlichen Funktionsfähigkeit und einer längeren

Phase der Pflegebedürftigkeit einher. Dessen ungeachtet wird Sterben medizinisch als relativ kurzer Übergangsprozess mit drei Phasen vom Leben zum Tod definiert (Nuland, 1996).

Agonie. Die erste Sterbephase wird Agonie (Todeskampf) genannt. Der Tod kündigt sich meist durch eine veränderte Atmung an; die Pausen zwischen den Atemzügen werden immer länger, die Atemzüge immer tiefer, manchmal auch keuchend und röchelnd. Manchmal kann dieser Zustand 12 bis 24 Stunden anhalten. Früher oder später verliert der Sterbende das Bewusstsein; der Körper bleibt aber durchblutet und reagiert reflexartig auf Berührungen. In dieser Phase spürt der Sterbende wahrscheinlich keine Schmerzen mehr. Tastsinn und vor allem das Gehör sind jedoch noch voll funktionsfähig.

Klinischer Tod. Wenn schließlich Herzschlag, Atmung und Hirnaktivität aussetzen, spricht man vom klinischen Tod. Oft verändert sich das Aussehen des Patienten innerhalb weniger Sekunden: Alle Farbe schwindet aus dem Gesicht, die Mimik entspannt sich. Es ist, als ob in diesem Moment die Seele des Menschen entweicht und eine leere Hülle zurück bleibt. Prinzipiell kann aber der Betroffene in dieser Phase noch reanimiert werden.

Hirntod. Erst nach einigen Minuten setzt der Hirntod ein, d. h. alle elektrochemischen Prozesse kommen zum Erliegen. Die Funktionsfähigkeit von Gehirn und Hirnstamm, welcher die Reflexe kontrolliert, ist damit unwiederbringlich verloren gegangen. Aus medizinischer Sicht gilt der Hirntod als Kriterium für den endgültigen Tod eines Menschen. Sofern ein entsprechendes Einverständnis des Betroffenen bzw. der Angehörigen vorliegt, dürften jetzt Organspenden entnommen werden.

Nach dem Tod. Etwa 20 bis 60 Minuten nach dem Herzstillstand bilden sich die ersten Totenflecken (die Haut sieht bläulich-marmoriert aus). Die Leichenstarre breitet sich, am Kiefer beginnend, über den ganzen Körper aus. Bis zu zwei Stunden bleiben die Nieren noch intakt, etwa acht Stunden die Muskeln, der Verdauungsapparat kann sogar einen Tag später noch funktionieren. Auf der untersten Ebene stellen nach und nach alle Körperzellen ihren Stoffwechsel ein, während Mikroorganismen beginnen, den Körper zu zersetzen.

Körperliche Bedürfnisse sterbender Menschen

Die meisten Menschen haben weniger Angst vor dem Tod als vor dem Sterben. Sie haben Angst vor Schmerzen und dem möglichen Alleinsein am Ende des Lebens. Die Natur gewährt uns nur selten den sanften, schmerzlosen Tod, den sich die meisten Menschen wünschen; häufig geht dem Sterben eine längere Leidenszeit mit körperlichen Beschwerden und Einschränkungen voraus. Und die moderne Medizin trägt oft noch eher zu einer Verlängerung des Leidens bei (z. B. durch Sondenernährung oder künstliche Beatmung). Aber Ärzte und Pflegekräfte und die Familienangehörigen können viel zu einem „besseren" Sterben, zu einem Sterben in Würde beitragen. Mit am wichtigsten oder am vordringlichsten ist es, zunächst die körperlichen Schmerzen zu lindern (z. B. durch Analgetika, schmerzstillende Medikamente wie Morphium oder durch krampflösende Spasmolytika). Bei Durstgefühlen und Mundtrockenheit ist gute Mundpflege eine wesentliche Erleichterung für den Sterbenden und eine sinnvolle Hilfeleistung für die Angehörigen, die noch etwas tun können, „wenn man nichts mehr tun kann".

Soziokulturelle und historische Aspekte

Natürlich ist Sterben nicht nur ein biologischer Vorgang. *Wie* wir sterben, wird von sozialen und kulturellen Bedingungen entscheidend mitbestimmt. Für viele Dinge, die mit dem Sterben und dem Umgang mit Verstorbenen zusammenhängen, existieren Regeln und Bräuche. Traditionell haben die Familienangehörigen des Sterbenden bzw. des Verstorbenen wichtige Rollen und Funktionen, z. B. bei Pflege und Sterbebegleitung, Trauerfeier, Bestattung etc. (Thomas, 1994). Zugleich ist der Umgang mit Tod und Sterben einem historischen Wandel unterworfen. Noch vor wenigen Jahrzehnten war es z. B. üblich, dass der Verstorbene nach seinem Tod gewaschen, frisch gekleidet und zu Hause (z. B. in der „guten Stube") für einige Tage aufgebahrt wurde. Die Familienmitglieder wechselten sich meist darin ab, Totenwache beim Verstorbenen zu halten. Dieser Brauch ist heute in Deutschland fast verschwunden; nur noch in einigen ländlichen Gebieten hat sich das Aufbahren erhalten Viele Menschen kennen den Brauch des Aufbahrens nicht mehr. So wissen die Familienangehörigen oft gar nicht, dass sie den Verstorbenen bis zu 72 Stunden zu Hause behalten dürfen, um Abschied zu nehmen (Eras, 2008). Vielmehr fühlen sie sich oft verpflichtet, unmittelbar nach dem vom Arzt festgestellten Tod einen Bestatter zu benachrichtigen, der den Verstorbenen auf Wunsch sofort (auch nachts) abholt und sich um alles Weitere kümmert. Die meisten Bestattungsunternehmen sind heute deswegen darauf eingerichtet, 24 Stunden am Tag erreichbar zu sein.

Beispiel

Der Leichenbitter

In früheren Zeiten pflegte ein Familienangehöriger des Verstorbenen die Aufgabe des „Leichenbittens" zu übernehmen. Der Leichenbitter machte im Dorf oder im Stadtviertel die Runde, um Verwandte, Bekannte oder Nachbarn einzuladen, den Verstorbenen ein letztes Mal am Totenbett zu besuchen. Meist wurde der Leichenbitter zum Gespräch hereingebeten und ggf. bewirtet, manchmal wurde dabei auch ein Schnaps getrunken. Das Leichenbitten wird heute kaum noch praktiziert und ist vielen Menschen sogar völlig unbekannt. Nur im oft scherzhaft verwendeten Begriff der „Leichenbittermiene" hat sich dieser Brauch noch erhalten.

Noch vor hundert Jahren hatte der Tod ebenso wie das Sterben seinen Platz in der Familie. Alle Familienmitglieder einschließlich der Kinder halfen bei der Pflege des sterbenden Familienmitglieds und waren im Augenblick seines Todes anwesend. Weil die Säuglingssterblichkeit hoch war und viele Mütter das Wochenbett nicht überlebten, kannten die meisten Menschen den Tod aus eigener Erfahrung. Viel häufiger als heute erlebten kleine Kinder den Tod ihrer Eltern – oder auch Eltern den Tod ihrer Kinder. Dagegen ist der Tod heute weitgehend aus unserer Alltagserfahrung verschwunden. Viele Menschen erreichen das Erwachsenenalter, ohne den Tod eines nahestehenden Menschen miterlebt zu haben (Wass, 1995). Der Anblick oder gar das Berühren eines Leichnams ist oft mit großen Ängsten besetzt.

11.2 Psychologische Aspekte von Sterben und Tod

Beschäftigung mit dem Tod

Aus der psychologischen Forschung wissen wir, dass Menschen umso häufiger an den Tod denken, je älter sie werden. Während der Gedanke an den Tod im jüngeren und mittleren Erwachsenenalter oft vermieden wird, findet im höheren Erwachsenenalter vermehrt eine bewusste Auseinandersetzung mit der eigenen Endlichkeit statt. Ältere Personen haben z. B. häufig schon ein Testament geschrieben, eine Grabstätte gekauft oder ein Bestattungsarrangement getroffen (Lehr, 2003).

Angst vor dem Tod. Zugleich nimmt die Angst vor dem Tod mit steigendem Alter ab. Die meisten älteren Menschen fürchten weniger den Tod als die mögliche Hilflosigkeit und Nutzlosigkeit am Ende ihres Lebens. Häufig machen sie sich Gedanken darüber, ab welchem Punkt ein Leben noch lebenswert ist. Allerdings scheinen solche Ängste auch stark von der Persönlichkeit und den individuellen Ressourcen eines Menschen abhängig zu sein: So machen sich z. B. depressive und allgemein ängstliche Personen eher ernsthafte Sorgen, wenn sie an ihren Tod denken. Im Gegensatz dazu äußern selbstbewusste Menschen mit einer aktiven, positiven Grundhaltung weniger Ängste vor Tod und Sterben (Berk, 2005).

Verhaltensmuster sterbender Menschen

Fünf-Phasen-Modell des Sterbens. Gibt es typische, vorhersagbare Reaktionen bei sterbenden Menschen? Der wohl bekannteste Versuch, den Sterbeprozess in psychologische Phasen einzuteilen, stammt von der amerikanischen Ärztin und Sterbeforscherin Elisabeth Kübler-Ross. Auf der Grundlage zahlreicher Gespräche und Interviews, die sie mit todkranken und sterbenden Menschen führte, formulierte sie ein Fünf-Phasen-Modell des Sterbeprozesses (Kübler-Ross, 2001). Darin werden Gedanken, Gefühle und Verhaltensmuster von Menschen beschrieben, die ihr Sterben bewusst erleben und ihrem Tod entgegensehen. Das Modell eignet sich nicht für Fälle, in denen ein Mensch plötzlich und unerwartet stirbt oder z. B. aufgrund einer Demenzerkrankung nicht mehr bei klarem Bewusstsein ist.

Verleugnung. Wenn Menschen erfahren, dass sie nicht mehr lange zu leben haben, wollen sie dies zunächst nicht wahrhaben. Sie neigen dazu, die Erkrankung zu leugnen oder zu ignorieren. So wird z. B. die ärztliche Diagnose angezweifelt, oder es wird vermieden, sich mit deren Konsequenzen auseinanderzusetzen. Verleugnung ist eine psychologisch sinnvolle Bewältigungsstrategie, die dem Betroffenen anfangs dabei hilft, die existenzielle Bedrohung des Sterbenmüssens zu verarbeiten. Die Familienangehörigen finden es in dieser Phase deshalb oft schwierig, dem Sterbenden zu helfen. Kübler-Ross rät davon ab, dem Betroffenen durch rationale Argumente den Ernst seiner Lage vor Augen zu führen. Andererseits sollten die Angehörigen die Verleugnungsstrategie nicht noch zusätzlich unterstützen, denn damit würden sie die innere und äußere Vorbereitung auf das Sterben verhindern.

Zorn. Die Erkenntnis, bald sterben zu müssen, führt oft zu einem aggressiven Aufbegehren gegen das Schicksal. Das Verhalten des Betroffenen ist durch Unzufriedenheit, unberechtigte Vorwürfe, Aggressivität und Wutausbrüche gekennzeichnet. Aus diesem Grund ist das Verhältnis zur Familie, zu Freunden oder zu Pflegekräften oft stark belastet. Viele nahe stehende Personen reagieren ihrerseits gereizt und aggressiv. Manchmal versuchen sie auch, dem Patienten aus dem Weg zu gehen und so wenig wie möglich zu provozieren. Doch gerade für die Familienangehörigen ist es wichtig, die Aggressivität des Patienten nicht persönlich zu nehmen, sondern als Ausdruck einer psychischen Verarbeitung des bevorstehenden Todes zu begreifen.

Verhandeln. Vielfach versuchen sterbende Menschen, mit dem Schicksal oder Gott zu feilschen, etwa im Hinblick auf den Krankheitsverlauf oder den Zeitpunkt ihres Todes. Typisch sind z. B. Versprechen und Gelübde („Wenn ich bis Weihnachten am Leben bleibe, …") oder die Hoffnung auf Wundermittel. Für die Familienangehörigen ist es oft eine Gratwanderung, den Sterbenden weder in seinen unrealistischen Hoffnungen zu bestärken, noch ihn durch die Konfrontation mit der Realität zu überfordern.

Depression. Wenn dem Sterbenden klar wird, dass sein Schicksal unabänderlich ist, kann er von Trauer und Niedergeschlagenheit überflutet werden. Die Depressivität ist psychologisch gesehen eine normale Reaktion auf die gedankliche Auseinandersetzung mit dem Ende des Lebens und der Trennung von den geliebten Menschen. Typisch für diese Phase ist ein Rückzug in die eigene Gedankenwelt. Vielleicht erinnert sich der Sterbende an Schuld, die er auf sich geladen hat, oder er bereut bestimmte Handlungen. Manche Patienten ziehen sich in ein inneres Schneckenhaus zurück, indem sie keinen Besuch mehr empfangen oder in Schweigen verfallen. Wie auch bei anderen depressiven Zuständen ist auch bei sterbenden Menschen ein oberflächliches Aufmuntern fehl am Platze. Familienangehörige können den Rückzug und die Teilnahmslosigkeit des Betroffenen auffangen, indem sie einfach da sind, Verständnis zeigen und Gesprächsbereitschaft signalisieren (Wirsing, 2000).

Akzeptanz. Die meisten Menschen, die ihr Sterben annehmen und einen Zustand von Frieden und Ruhe erreichen, tun dies erst in den letzten Wochen oder Tagen. Im Vergleich zu den vorausgegangenen Phasen werden weit weniger starke Emotionen erlebt. Oft spielt dabei die körperliche Erschöpfung des Betroffenen eine Rolle. Der Kampf ist vorbei, der Tod wird als Erlösung betrachtet. In dieser Zeit löst sich der Sterbende von seinen Familienmitgliedern, Freunden und anderen nahe stehenden Personen. Häufig werden auch konkrete Wünsche bezüglich der letzten Stunden und der Umstände des Sterbens geäußert.

Bewertung des Modells von Kübler-Ross

Die Theorie von Elisabeth Kübler-Ross ist sehr bekannt, aber auch umstritten. Häufig ist ihre Theorie zu simpel interpretiert worden, als eine Reihe aufeinander folgender Stadien, die eine sterbende Person durchläuft. In der Praxis besteht dann z. B. die Gefahr, dass Angehörige und Pflegepersonen gerechtfertigte Beschwerden des Patienten nicht ernst genug nehmen, sondern als „typisch für Phase 2" abtun. Doch Kübler-Ross (2001) weist selbst darauf hin, dass die meisten sterbenden Menschen die von ihr beschriebenen Phasen weder vollständig noch in einer festgelegten Sequenz durchlaufen. Das Modell erlaubt deswegen keine globalen Aussagen!

Sterben ist ein individuelles Geschehen, kein schematischer Prozess. Es ist daher besser und zutreffender, nicht von Phasen, sondern von typischen Reaktionen oder Verhaltensmustern sterbender Menschen zu sprechen, die der Bewältigung des bevorstehenden Lebensendes dienen. In erster Linie sollte das Modell von Kübler-Ross als Hilfestellung betrachtet werden, um die psychische Situation und die Bedürfnisse Sterbender besser zu verstehen und einfühlsam darauf eingehen zu können. In Tabelle 11.1 sind die von Kübler-Ross beschriebenen Reaktionen sowie darauf bezogene Empfehlungen für pflegende Familienangehörige und professionelle Helfer dargestellt.

Psychische Bedürfnisse sterbender Menschen

Bei der Betreuung und Begleitung sterbender Menschen ist es wichtig, sowohl auf körperliche als auch auf psychische Bedürfnisse einzugehen. Eine Reihe von psychischen Bedürfnissen ist bereits im Modell von Kübler-Ross deutlich geworden. Darüber hinaus lassen sich drei wichtige Bedürfnisbereiche unterscheiden, in denen Familienangehörige und professionelle Helfer den Sterbenden unterstützen können (vgl. Schweidtmann, 1996; Wirsing, 2000):

Verhaltensmuster	Hilfreiches Verhalten
Nicht-wahrhaben-wollen	Keine „rationale" Argumentation dem Sterbenden gegenüber; Abwarten; Gesprächsbereitschaft
Zorn	Nicht persönlich nehmen; gelassen bleiben; Aggressivität als seelische Verarbeitung der Situation begreifen
Verhandeln	Illusionäre Hoffnungen nicht noch unterstützen; nicht durch zu harte Konfrontation mit Realität überfordern
Depression	Kein oberflächliches Aufmuntern; Verständnis zeigen, Gesprächsbereitschaft signalisieren
Akzeptieren	Innere Loslösung des Sterbenden akzeptieren; da sein/bereit stehen; Wünsche und Bedürfnisse ernst nehmen

Tabelle 11.1. Sterbende Menschen zeigen oft typische Verhaltensmuster, die der Bewältigung einer existenziell bedrohlichen Situation dienen. In diesem Sinne kann das Modell von Kübler-Ross (2001) dabei helfen, die psychische Situation Sterbender besser zu verstehen und einfühlsam darauf einzugehen

Nähe und Kontakt. Für viele Sterbende ist es elementar wichtig, nicht alleingelassen zu werden. Dringender als alles andere brauchen sie die Anwesenheit, Zuwendung und das Verständnis anderer Menschen. Besonders wichtig sind dabei emotional nahe stehende Personen wie Familienmitglieder und enge Freunde. Zwischenmenschliche Nähe kann zum einen durch das Gespräch erreicht werden. Hier besteht z. B. die Gelegenheit, über Erinnerungen, Gedanken und Gefühle zu sprechen. Oder durch das schlichte Wachen am Krankenbett.

Wenn ein sterbender Mensch zu schwach ist, um ein Gespräch zu führen, kann man ihm durch Körpersprache signalisieren, dass er nicht allein ist, etwa durch einen Händedruck, Berührungen oder Streicheln.

Spirituelle Bedürfnisse. Auch Sterbende, die während ihres Lebens nicht besonders religiös waren, haben häufig das Bedürfnis, über den Sinn des gelebten Lebens, ein Leben nach dem Tod oder Gott zu sprechen. Es ist wichtig, dem nicht auszuweichen, sondern als Gesprächspartner da zu sein. In manchen Fällen wünschen sie sich auch einen Gottesdienstbesuch, ein gemeinsames Gebet oder geistlichen Beistand (z. B. Segnung, Sterbesakrament). Für viele Sterbende bedeutet es eine große Erleichterung, sich vor ihrem Tod Schuldgefühle „von der Seele reden" zu können und eine zumindest symbolische Vergebung zu erfahren.

Regelung praktischer und emotionaler Angelegenheiten. Den meisten Sterbenden ist es ein wichtiges Anliegen, ihr Leben geordnet zu Ende zu bringen. Dies kann z. B. die Regelung persönlicher und beruflicher Dinge, das Testament, die Bestattung oder die Todesanzeige betreffen. Oft wollen Sterbende auch über medizinische Fragen sprechen, die sie ggf. nicht mehr selbst entscheiden können (z. B. lebensverlängernde Maßnahmen, Organspenden etc.). In manchen Fällen wünschen sich Sterbende eine klärende Aussprache und Versöhnung mit Familienmitgliedern oder anderen nahe stehenden Menschen.

Selbständigkeit und Beziehungsgestaltung in der letzten Lebensphase

Der Heidelberger Entwicklungspsychologe Andreas Kruse hat untersucht, wie sich Krebspatienten (58–81 Jahre) mit ihrem bevorstehenden Tod auseinandersetzen. Er fand heraus, dass zwei Faktoren besonders wichtig für den Bewältigungsprozess dieser Patienten sind, nämlich erlebte Selbständigkeit (Autonomie) sowie das Gefühl der Gegenseitigkeit von Beziehungen. Patienten, die sich bis zuletzt als selbständig erleben und deren Beziehungen von Gegenseitigkeit und Partnerschaftlichkeit geprägt sind, können ihr Sterben besser bewältigen. Kruse (2005) nennt folgende Aspekte, die bei der Pflege und der Begleitung todkranker und sterbender Menschen berücksichtigt werden sollten:

▶ Familienmitglieder und Pflegende sollten selbständige Aktivitäten des täglichen Lebens ermöglichen oder erleichtern (z. B. Telefonieren, Zähneputzen, Musik hören etc.).

▶ Der Patient sollte Wahl- und Gestaltungsmöglichkeiten im Hinblick auf seinen Alltag haben (z. B. Mahlzeiten; Ruhezeiten; Zeitpunkt des Waschens etc.).

▶ Das Verstehen des Krankheits- und Sterbeprozesses bedeutet erlebte Kontrolle und damit einen Autonomiezuwachs. Deswegen sollten ihm Erkrankungsverlauf, Behandlungsmaßnahmen und Prognose angemessen erläutert werden.

▶ Der Patient sollte die Entscheidungsmöglichkeiten hinsichtlich seiner sozialen Kontakte und Beziehungen haben (z. B. wer soll wann und wie lange zu Besuch kommen? Wer nicht?).

▶ Fragen der Behandlung und Pflege sollten nicht über den Kopf des Patienten hinweg entschieden oder nur mit Angehörigen besprochen werden, sondern nach Möglichkeit mit diesem selbst.

▶ Der Sterbende sollte Entscheidungsmöglichkeiten im Hinblick auf seinen Tod haben: Wo will der Patient sterben (z. B. in welchem Raum/zu Hause)? Wie soll das sein (Raumgestaltung, Gebet, wer soll dabei sein, wer nicht)? Welche Behandlungsmaßnahmen sollen ergriffen werden, wenn der Patient seinen Willen nicht mehr äußern kann (z. B. Patientenverfügung)?

11.3 Die Perspektive der Familienangehörigen

Belastende Erfahrungen im Sterbeprozess

Viele Ehepartner, Kinder oder Eltern erleben es als sehr belastend, ein sterbendes Familienmitglied zu begleiten. Während dieser Zeit fühlen sie sich häufig niedergeschlagen, angstvoll, überfordert und hilflos. Dabei können sowohl äußere Bedingungen als auch eigene Gedanken, Gefühle und Verhaltensweisen den Umgang mit dem Sterbenden erschweren (vgl. Tausch & Tausch, 1991).

Negative Erfahrungen bei der medizinischen Behandlung. Häufig nehmen Familienangehörige das Verhalten von Ärzten oder Pflegekräften nicht als unterstützend, sondern als belastend wahr. Beispiele:

▶ uneinfühlsames, liebloses Verhalten dem Patienten und seiner Familie gegenüber,

▶ fehlende Offenheit und mangelhafte Information über Therapie, Prognose etc.,

▶ die Angehörigen fühlen sich nicht ernst genommen,

▶ Sterbeort und -umstände werden als unwürdig empfunden.

Negative Erfahrungen mit dem sozialen Umfeld. Auch das Verhalten von Verwandten, Freunden oder Bekannten wird oft als zusätzliche Belastung erlebt, z. B.

- ▶ fehlendes Verständnis nahe stehender Personen,
- ▶ gutgemeinte, aber wenig einfühlsame Kommentare und Ratschläge,
- ▶ Distanzlosigkeit und Taktlosigkeit,
- ▶ fehlende emotionale und praktische Unterstützung.

Abwehr und Leugnung. Familienangehörige, die den bevorstehenden Tod nicht wahrhaben wollen oder ignorieren, fühlen sich psychisch besonders stark belastet. Dieses innerliche Ausweichen kostet viel Kraft und geht mit starkem subjektiven Stress einher. Im Nachhinein berichten Angehörige z. B.:
- ▶ „Obwohl mein Mann ja schon lange krebskrank war, hatte ich den Gedanken an seinen Tod völlig verdrängt. Diese Vorstellung machte mir große Angst."
- ▶ „Wir haben in der Familie nie offen darüber gesprochen, dass Mama bald sterben muss. Das Thema Tod wurde bei uns tabuisiert."

Nicht-Akzeptanz des Todes. Belastend wirkt es sich auch aus, wenn Familienangehörige innerlich nicht bereit sind, den geliebten Menschen loszulassen. Auch der Gedanke, der Tod des Familienmitglieds sei ungerecht, sinnlos oder viel zu früh, ist sehr quälend. Besonders schwer fällt es Eltern und Geschwistern, den Tod eines Kindes oder Jugendlichen zu akzeptieren:
- ▶ „Ich dachte immer nur, Hanna darf nicht sterben! Ich konnte mir einfach nicht vorstellen, ohne sie weiterzuleben."
- ▶ „Ich konnte den Tod meines Bruders so schwer annehmen. Er war mein letzter lebender Angehöriger. Ich hatte einfach große Angst vor dem Alleinsein".

Keine Offenheit gegenüber dem Sterbenden. Viele Familienangehörige vermeiden es, mit dem Sterbenden über seinen Tod zu sprechen. Sie fühlen sich z. B. überfordert und unsicher oder wollen dem Sterbenden seine Hoffnung nicht nehmen. Die Kommunikation bleibt dadurch oberflächlich: Über das Wesentliche wird nicht geredet. Es wird eine Fassade aufgebaut oder ein Versteckspiel gespielt, was den Angehörigen sehr belasten kann.

Ohnmacht und Hilflosigkeit. Belastend ist es auch, wenn Angehörige das Gefühl haben, (aktiv) nichts mehr für den Sterbenden tun zu können. Oft können sie es nur schwer aushalten, dass die Möglichkeiten des aktiven Handelns und Helfens ausgeschöpft sind, gerade für pflegende Angehörige, die bis dahin durch die tägliche Pflege noch etwas haben „tun" können:
- ▶ „Ich war total verzweifelt, mit ansehen zu müssen, wie meine Mutter verfällt, und nichts dagegen tun zu können."
- ▶ „Es fiel mir zunächst so schwer zu akzeptieren, dass ich nun nichts mehr für meine Frau tun konnte, und sei es, dass ich den Blumen frisches Wasser gab – zu akzeptieren, dass ich nun nur noch bei ihr sitzen, ihre Hand halten konnte."

Hilfreiche und entlastende Erfahrungen der Angehörigen

Bei der Begleitung eines Sterbenden machen Familienangehörige jedoch nicht nur belastende, sondern auch hilfreiche, tröstliche und bereichernde Erfahrungen. Rückblickend berichten viele Angehörige, in dieser Zeit Gefühle von großer Intensität erlebt zu haben und sich persönlich weiterentwickelt zu haben. Als hilfreich und entlastend werden folgende Erfahrungen erlebt:
- ▶ Die bewusste Auseinandersetzung mit Sterben und Tod, z. B. durch offene Gespräche mit dem Sterbenden, Familienmitgliedern, Freunden oder Teilnehmern einer Selbsthilfegruppe. Auch die Lektüre von Büchern, der Besuch von Vorträgen oder das Führen eines Tagebuchs sind förderliche Formen einer solchen Auseinandersetzung.

- Wenn Angehörige lernen, den Tod zu akzeptieren, erleben sie geringere psychische Belastungen. Sie empfinden dann zwar immer noch eine tiefe Traurigkeit über den Verlust des geliebten Menschen, können diesen aber gehen lassen.
- Wenn der Sterbende selbst seinen Tod annehmen kann, ist dies auch seinen Familienangehörigen leichter möglich. Die Akzeptanz des Sterbenden kann durch ein einfühlsames Eingehen auf seine Bedürfnisse gefördert werden.
- Offene, aufrichtige Gespräche mit dem Sterbenden werden als besonders entlastend empfunden. Dabei kann z. B. über das Sterben und den Tod oder eigene Gedanken und Gefühle gesprochen werden.
- Das Gefühl, aktiv etwas für den Sterbenden tun zu können, ist außerordentlich wichtig für die Angehörigen. Dabei ist die Kenntnis körperlicher, psychischer und spiritueller Bedürfnisse des Sterbenden eine wichtige Orientierungshilfe.
- Wenn Angehörige die Erfahrung machen, dass ihnen Ärzte und Pflegekräfte wertschätzend, menschlich aufrichtig und empathisch begegnen, bedeutet dies eine große Entlastung bei der Sterbebegleitung.
- Familienmitglieder, Verwandte und Freunde können sich während der Sterbebegleitung gegenseitig sehr effektiv unterstützen und entlasten, z. B. durch Gespräche, in den Arm nehmen oder praktische Hilfe im Alltag.

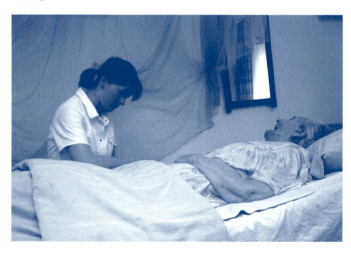

Abbildung 11.1. Das Gefühl, durch Mithilfe bei der körperlichen Pflege, durch Gespräche oder einfach durch das Wachen am Krankenbett etwas für den Sterbenden tun zu können, kann wichtig und entlastend für die Familienangehörigen sein

Trauer: Den Tod eines Familienmitglieds bewältigen

Wenn ein nahestehender Mensch stirbt, so ist dies ein schmerzlicher Verlust, auf den die meisten Menschen mit Trauer reagieren. Trauer umfasst sowohl psychologische als auch soziale und kulturelle Aspekte. Trauern ist meist mit bestimmten Sitten und Ritualen verbunden: Die Hinterbliebenen treffen sich z. B. mit Familienmitgliedern und Freunden, eine Trauerfeier oder eine Beerdigung werden organisiert bzw. besucht. Je nach kulturellem Kontext gibt es eine vorgeschriebene Trauerzeit, in der man sich z. B. in Schwarz kleidet und nicht feiern, tanzen oder heiraten darf. Psychologisch gesehen bezeichnet Trauer einen emotionalen Prozess, in dem die Hinterbliebenen lernen, ihren Schmerz zu bewältigen und ohne den Verstorbenen weiterzuleben.

Gibt es Phasen der Trauer? Früher gingen Psychologen davon aus, dass sich der Trauerprozess in verschiedene typische Phasen einteilen lässt. Einem Phasenmodell von Verena Kast zufolge, erleben die Angehörigen zunächst einen Schock bzw. eine Art Betäubung und neigen dazu, den

Tod des geliebten Menschen zu verleugnen. Erst nach einer Weile brechen intensive Emotionen wie Schmerz, Traurigkeit, Verzweiflung, Wut und Hilflosigkeit auf. Erst am Ende des Trauerprozesses seien die Hinterbliebenen in der Lage, auch emotional Abschied zu nehmen, den Verstorbenen loszulassen und ein neues Leben ohne ihn aufzubauen.

Heute gilt die Auffassung als überholt, dass Trauern eine universelle Abfolge emotionaler Phasen beinhaltet. Vielmehr bewegen sich Trauernde meist zwischen verschiedenen inneren Zuständen hin und her. Der Trauerprozess gleicht daher eher einer Abfolge emotionaler Gezeiten als einer Sequenz aufeinander folgender Phasen (Smeding & Heitkönig-Wilp, 2005). In modernen psychologischen Trauermodellen wird Trauern als eine Art Pendelprozess gesehen: Auf der einen Seite steht die emotionale Bewältigung, wie z. B. das Zulassen von Schmerz, das Erinnern an den Verstorbenen und das innerliche Abschiednehmen. Auf der anderen Seite steht die Gestaltung eines Alltags ohne den Verstorbenen und die Re-Organisation des eigenen Lebens sowie der Familienbeziehungen (vgl. Stroebe et al., 2008).

Trauern als individueller Prozess. Zudem wissen wir, dass sich Menschen erheblich darin unterscheiden, wie und wie lange sie trauern. Eine Vielzahl unterschiedlicher Faktoren wirkt sich auf den individuellen Trauerprozess aus (vgl. Berk, 2005):

- ▶ **Beziehung zum Verstorbenen:** Je nachdem, ob es sich bei dem Verstorbenen um ein Elternteil, ein Geschwister, den Ehepartner oder ein Kind handelt, kann der Trauerprozess unterschiedlich verlaufen. Bei Eltern, deren Kind stirbt, ist der Trauerprozess oft besonders schmerzhaft und langwierig.
- ▶ **Beziehungsqualität:** Wenn die Beziehung zum Verstorbenen positiv und emotional eng war, wird der Verlust stärker betrauert als bei einer distanzierten, ambivalenten oder konfliktreichen Beziehung.
- ▶ **Person des Trauernden:** Männer äußern ihre Trauer und Verzweiflung weniger direkt als Frauen; sie bemühen sich auch seltener aktiv um Unterstützung. Personen, die über viele individuelle und soziale Ressourcen verfügen, können den Verlust einer geliebten Person besser bewältigen als Personen mit wenigen Ressourcen.
- ▶ **Situative Umstände:** Plötzliche, unerwartete Todesfälle (z. B. durch Unfälle, Naturkatastrophen oder Mord) werden von Trauernden anders verarbeitet als erwartete Todesfälle nach einer längeren Krankheit. Selbstmord, vor allem bei jungen Menschen, ist für die Angehörigen besonders schwer zu ertragen.
- ▶ **Soziokultureller Hintergrund:** Der Trauerprozess hängt auch stark von kulturellen und religiösen Einflüssen ab. Religiöse Rituale und Traditionen können den trauernden Familienangehörigen großen Halt geben.

Was heißt „Trauerarbeit"? In der Psychologie wird Trauer als Emotion des Abschieds angesehen. Sigmund Freud war der Auffassung, dass Trauer eine wichtige Funktion für die Hinterbliebenen erfüllt, weil sie hilft, sich emotional vom Verstorbenen zu lösen. Diese innere Ablösung erfordert vom Trauernden viel Energie. Deshalb bezeichnete Freud diesen Prozess als Trauerarbeit (Freud, 1981). In diesem Sinne gilt Trauerarbeit meist als wichtiges Ziel in der Beratung und Therapie von Hinterbliebenen. Dabei unterstützt der Berater den Klienten darin, den Verstorbenen innerlich loszulassen, Abschied zu nehmen und sich schließlich neuen Beziehungen und Lebenszielen zuzuwenden.

Neuere Ansätze der Trauerpsychologie berücksichtigen, dass Loslassen und Neuorientierung für manche Hinterbliebene nicht ausreichen, um den Verlust eines geliebten Menschen zu bewältigen. Vielmehr haben viele trauernde Partner, Eltern, Geschwister oder Kinder das Bedürfnis, eine innere Beziehung zu dem Verstorbenen aufrecht zu erhalten. Sie haben das Gefühl, dass der Verstorbene nach wie vor zur Familie gehört und in ihren Gedanken und Gefühlen weiterlebt (Klass et al., 1996; Kachler, 2005).

> **Beispiel**
>
> **Mein Sohn gehört immer noch zur Familie**
>
> „Immer wieder fragen mich Menschen, die mich neu kennen lernen: Wie viele Kinder haben Sie? Dann stockt mir der Atem. Was soll ich nun sagen? Soll ich den Tod meines Sohnes verleugnen? Gehört mein Sohn nicht mehr zu mir? Ist er nicht mehr mein Kind? Ich weiß, dass mein Sohn zur Familie gehört, auch weiterhin. Deshalb sage ich: Ich habe zwei Kinder, eine Tochter und einen Sohn, der vor zwei Jahren starb." (Kachler, 2005, S. 35).

In diesem Sinne kann der traditionelle Begriff der „Trauerarbeit" neu und umfassender definiert werden: Trauerarbeit kann auch ein Prozess sein, in dem die Hinterbliebenen eine neue innere Beziehung zu dem Verstorbenen aufbauen. Dies umfasst u. a. die Pflege von Erinnerungen, Gedenkrituale und den inneren Dialog mit dem Verstorbenen. Der Verstorbene kann dann zu einem inneren Gegenüber, einem Gesprächspartner, Ratgeber und Begleiter werden. Er lebt in den Gedanken, Gefühlen und Handlungen der Familienangehörigen weiter und bleibt Teil der gemeinsamen Familiengeschichte (Kachler, 2005).

11.4   Sterben, Tod und Trauer aus familienpsychologischer Sicht

Systemische Aspekte

Der Tod als Familienstressor. Wenn ein Familienmitglied lebensbedrohlich erkrankt und stirbt, hat dies enorme Auswirkungen auf das ganze Familiensystem. In dieser Zeit werden häufig familiäre Ressourcen aktiviert, um Belastungen und Anforderungen gemeinsam zu bewältigen. Die Familienangehörigen haben z. B. häufiger Kontakt, kommunizieren intensiver miteinander und unterstützen sich gegenseitig. Durch die gemeinsame Bewältigung können auch familiäre Subsysteme (z. B. Geschwisterbeziehungen) in ihrem Zusammenhalt gestärkt werden. Allerdings kann sich das Sterben eines Familienmitglieds auch in negativer Weise auf das Familiensystem auswirken, z. B. wenn Familienkonflikte eskalieren oder alte Rivalitäten zwischen Geschwistern wieder aufflammen.

Wandel zweiter Ordnung. Durch den Tod eines Familienmitglieds verändert sich die äußerliche „Gestalt" der Familie – der Verstorbene hinterlässt eine Lücke. Jetzt muss sich durch Selbstorganisationsprozesse ein neues Gleichgewicht im Familiensystem einpendeln. Die dabei stattfindenden familiären Transformationen können als Wandel zweiter Ordnung betrachtet werden (vgl. Kapitel 2). Veränderungen während und nach einem Todesfall betreffen z. B. die äußeren und inneren Grenzen des Familiensystems, die Kommunikationsabläufe zwischen den Familienmitgliedern und möglicherweise auch neue Familienregeln.

In manchen Fällen lösen sich Familiensysteme nach dem Tod eines Familienmitglieds auf. Dies kann z. B. geschehen, wenn die emotionalen Bindungen zwischen den Hinterbliebenen zu schwach sind oder die Konflikte zu stark. Doch in der Regel passen sich Familiensysteme an und bestehen in veränderter Form weiter. Meistens erhalten die Hinterbliebenen nach dem Tod eines Familienmitglieds den Kontakt untereinander aufrecht. Nicht selten kommt es sogar zu einer Intensivierung von Familienbeziehungen. Die Familienmitglieder übernehmen mehr oder weniger bewusst familiäre Rollen und Funktionen des Verstorbenen und gleichen dadurch dessen Fehlen aus. Hinzu kommt, dass der Verstorbene weiterhin kognitiv und emotional repräsentiert ist. Er wird nach wie vor als Familienmitglied und als Bestandteil der gemeinsamen Familiengeschichte wahrgenommen.

Beispiel

Unser Familien-Mobile muss sich neu einpendeln

Klara, eine junge Frau, berichtet in einer Selbsthilfegruppe über den Tod ihrer Mutter: „Als Mama starb, hatte ich anfangs das Gefühl, dass in unserer Familie nichts mehr stimmte. Wir haben erst nach ihrem Tod gemerkt, wie stark sie unsere Familie zusammengehalten hat. Sie war immer diejenige, die sich um alle gekümmert hat und die zwischen uns vermittelt hat. Jetzt müssen wir erst noch herausfinden, wie wir in der Familie ohne sie zurechtkommen. Dazu fiel mir neulich ein Bild ein: Wenn bei einem Mobile eines der Gewichte fehlt, dann hängt es schief und kann sich nicht mehr richtig bewegen. Genau so ist das bei uns im Moment. Unser Familien-Mobile muss sich erst wieder neu einpendeln. Ich weiß nur noch nicht genau, wie.“

Familienentwicklungsaufgaben

Wie andere Übergänge im Familienlebenszyklus kann die Bewältigung von Sterben, Tod und Trauer als gemeinsame Entwicklungsaufgabe aller Familienmitglieder betrachtet werden. Dabei müssen der Sterbende und seine Familienangehörigen unterschiedliche Anforderungen bewältigen, die eng aufeinander bezogen sind (vgl. Tabelle 11.2).

11.5 Der Hospizgedanke: Leben bis zum Schluss

Im Mittelalter war ein Hospiz eine Herberge für Reisende und Pilger. Ab dem 19. Jahrhundert verwendete man das Wort Hospiz für Heime und Spitäler, in denen unheilbar kranke und sterbende Menschen gepflegt wurden. Heute steht der Hospizbegriff vor allem für eine Philosophie, die durch eine respektvolle Haltung gegenüber dem Leben und Sterben eines Menschen charakterisiert ist (Student et al., 2007). Grundgedanke der Hospizbewegung ist es, ein umfassendes Programm medizinischer, pflegerischer und seelsorgerischer Hilfen für sterbende Menschen und ihre Angehörigen bereitzustellen, um die Lebensqualität des Sterbenden so gut als möglich zu erhalten. Dabei spielt die Schmerztherapie des Patienten eine wichtige Rolle. Auch für die Angehörigen werden im ambulanten wie im stationären Bereich unterstützende Dienste angeboten (z. B. psychologische Beratung und Betreuung, Entlastung in häuslichen Aufgaben oder Trauerbegleitung).

Im Kontext der Familienpsychologie ist bedeutsam, dass die Hospizpflege den Sterbenden und seine Familie als Einheit der Betreuung betrachtet. Dabei können folgende Aspekte unterschieden werden (vgl. Berk, 2005; Student et al., 2007):

▶ Auf die körperlichen, psychischen, sozialen und spirituellen Bedürfnisse von Patienten und Angehörigen wird in umfassender Weise eingegangen.

Tabelle 11.2. Die Bewältigung von Tod, Sterben und Trauer ist eine Familienentwicklungsaufgabe, bei der der sterbende Mensch und seine Angehörigen viele, zum Teil sehr belastende Anforderungen zu meistern haben

Phase	Familienentwicklungsaufgaben	
	Perspektive des Sterbenden ⇔	**Perspektive der Angehörigen**
Sterbeprozess	▶ Bewältigung von körperlicher Schwäche, Schmerzen und Beschwerden ▶ die Unausweichlichkeit des eigenen Sterbens akzeptieren ▶ spirituelle Bedürfnisse zulassen und befriedigen ▶ Umgang mit Angst, Wut, Verzweiflung und Depression ▶ Abschied nehmen, loslassen ▶ das gelebte Leben annehmen ▶ Selbstbestimmung in der letzten Lebensphase	▶ offen mit dem bevorstehenden Tod umgehen ▶ auf körperliche und psychische Bedürfnisse des Sterbenden adäquat eingehen ▶ spirituelle Bedürfnisse des Sterbenden ernst nehmen, darauf eingehen ▶ eigene Belastungsgrenzen respektieren und Überforderung vermeiden ▶ Umgang mit Angst, Wut, Verzweiflung und Depression ▶ den Sterbenden gehen lassen
Nach dem Tod		▶ den Verlust als Realität akzeptieren ▶ Gefühle erfahren und zulassen ▶ sich an eine Umwelt ohne den Verstorbenen anpassen ▶ dem Verstorbenen einen inneren Platz geben ▶ Reorganisation des Alltags und der Familienbeziehungen ▶ sich neuen Lebenszielen und Beziehungen zuwenden

▶ Die Pflege und Begleitung erfolgt durch ein interdisziplinäres Team, z. B. einen Arzt (Hausarzt oder Palliativmediziner), eine Krankenschwester, einen Psychologen oder Sozialarbeiter und auf Wunsch auch einen Seelsorger.

▶ Ehrenamtliche Helfer, die eine geeignete Vorbereitung und Supervision erhalten, sind an der Begleitung der Familien beteiligt und stützen das aus den Fugen geratene Familiensystem.

▶ Der Patient wird nach Möglichkeit zu Hause oder in einer Umgebung mit privater Atmosphäre gepflegt, in der die Koordination der Pflege unter Einbeziehung der professionellen wie ehrenamtlichen Helfer möglich ist.

▶ Palliative Pflege soll Schmerzen, Übelkeit und andere körperliche Beschwerden lindern. Sie zielt darauf ab, die Lebensqualität des Sterbenden so weit wie möglich zu verbessern oder zumindest zu stabilisieren, statt nur das Leben zu verlängern.

▶ Nach dem Tod des Patienten werden dessen Familienangehörige weiter begleitet, sofern sie dies wünschen. Die Trauerbegleitung umfasst z. B. Unterstützung bei der Regelung praktischer Angelegenheiten, psychologische Beratung, Gesprächsangebote und seelsorgerische Hilfe.

Eine **Palliativbehandlung** beinhaltet medizinische und pflegerische Maßnahmen, die nicht auf Heilung oder Lebensverlängerung abzielen, sondern primär auf eine Verbesserung bzw. Stabilisierung der Lebensqualität.

Neben der optimalen medikamentösen Schmerztherapie umfasst die Palliativbehandlung das bestmögliche Eingehen auf körperliche, psychische und spirituelle Bedürfnisse des Patienten.

Forschungsergebnisse zeigen, dass die Hospizpflege nicht nur zu einer deutlichen Verminderung des körperlichen Leidens von Patienten beiträgt, sondern auch zu einer besseren Familienatmosphäre. Familienangehörige, die Hospizdienste in Anspruch genommen hatten, berichten rückblickend, dass sie Tod und Sterben besser bewältigen konnten. Ein bis zwei Jahre nach dem Tod des Verstorbenen geht es ihnen psychisch in der Regel wesentlich besser als Angehörigen ohne Hospizbetreuung (Berk, 2005). Aber Deutschland ist auf dem Gebiet der Hospiz- und Palliativpflege noch ein Entwicklungsland, wie eine Studie der Deutschen Hospizstiftung (2008) belegt. Zumindest auf dem Gebiet der Palliativpflege ist jedoch innerhalb der nächsten Jahre mit einer Verbesserung zu rechnen, nachdem 2007 ein Rechtsanspruch auf Spezialisierte Ambulante Palliativversorgung (SAPV) nach § 37b SGB V in der gesetzlichen Krankenversicherung verankert wurde (Herrlein, 2008).

Zusammenfassung

▶ Biologisch gesehen findet Sterben in drei Phasen statt: Der Phase des Todeskampfes (Agonie) folgt der klinische Tod (Aussetzen von Atmung, Herzschlag und Hirnfunktionen). Der Hirntod wird meist als Kriterium für den endgültigen Tod eines Menschen betrachtet.

▶ Der Umgang mit Tod, Sterben und Trauer wird von sozialen und kulturellen Faktoren beeinflusst. So gibt es in allen Kulturen Bräuche, Überlieferungen und Rituale, die den Umgang mit dem Tod erleichtern. Diese Traditionen verschwinden jedoch mehr und mehr. Heute werden Tod und Sterben oft tabuisiert und an professionelle Einrichtungen „delegiert".

▶ Nach der Theorie von Elisabeth Kübler-Ross zeigen Sterbende typischerweise fünf verschiedene Verhaltensmuster, die anfänglich als „Phasen" beschrieben wurden: Verleugnung, Zorn, Verhandeln, Depression und Akzeptanz. Allerdings treten diese Verhaltensmuster nicht in einer festen Reihenfolge auf; Sterben ist ein individueller Prozess. Das Modell kann den Angehörigen dabei helfen, die psychische Situation des Sterbenden besser zu verstehen und adäquat darauf einzugehen.

▶ Bei der Pflege, Betreuung und Begleitung eines Sterbenden muss angemessen auf dessen körperliche und psychische Bedürfnisse eingegangen werden. Hierzu gehört auch das Bedürfnis nach Selbständigkeit und befriedigenden sozialen Beziehungen in der letzten Lebensphase. Dadurch können Familienangehörige und Pflegende zu einem Sterben in Würde beitragen.

▶ Familienangehörige machen im Sterbeprozess oft sehr belastende Erfahrungen. Sowohl ungünstige äußere Bedingungen als auch eigene Gedanken, Gefühle und Verhaltensweisen können den Umgang mit dem Sterbenden erschweren. Hilfreich und entlastend ist es, wenn sich die Angehörigen bewusst mit dem Tod auseinandersetzen und lernen, den bevorstehenden Tod der geliebten Person anzunehmen. Dabei sind offene Gespräche über Tod und Sterben wichtig. Auch das Gefühl, aktiv etwas für den Sterbenden tun zu können, erleichtert den Angehörigen die Bewältigung der Situation.

- Früher wurde der Trauerprozess der Hinterbliebenen als Abfolge psychischer Phasen angesehen, die Verleugnung, emotionale Konfrontation, zunehmende Akzeptanz und schließlich Neuorientierung umfasste. Realistischer ist jedoch die Annahme, dass Trauernde zwischen unterschiedlichen emotionalen Zuständen hin und herpendeln. Trauern ist zudem ein individueller Prozess, der von zahlreichen persönlichen, familiären, situativen und sozialen Faktoren beeinflusst wird.
- Neuere Ansätze der Trauerpsychologie berücksichtigen, dass Abschied nehmen und Loslassen für viele Hinterbliebene nicht geeignet ist, um den Verlust eines geliebten Menschen zu bewältigen. Für diese Trauernden ist es wichtig, eine neue innere Beziehung zum Verstorbenen aufzubauen, damit dieser zu einem inneren Gegenüber und Begleiter werden kann.
- Der Umgang mit Sterben, Tod und Trauer ist eine Familienentwicklungsaufgabe. Der Sterbende und dessen Familienangehörige müssen zahlreiche Belastungen und Anforderungen bewältigen, die eng aufeinander bezogen sind. Nach dem Tod muss sich ein neues Gleichgewicht im Familiensystem einspielen; dies geht mit Veränderungsprozessen zweiter Ordnung einher.
- Der Hospizgedanke basiert auf einer humanistischen Philosophie, die den Sterbenden und seine Familie als Betreuungseinheit betrachtet. Primäres Ziel ist eine Verbesserung bzw. Stabilisierung der Lebensqualität in der letzten Lebensphase. Wesentlich für die Hospizpflege sind das Eingehen auf körperliche und psychische Bedürfnisse, die Begleitung durch ein interdisziplinäres Team, eine moderne Palliativtherapie und die weitere Begleitung der Familie nach dem Tod des Patienten.

Praxisübung

Ich wollte es selbst nicht wahrhaben[1]

Frau Schmidt, eine 38-jährige Witwe, berichtet in einem Beratungsgespräch: „Mein Mann ist vor vier Wochen gestorben. Man hatte einen Tumor am Gehirn festgestellt, sein ganzer Körper war von Metastasen befallen. Die Lähmung seiner linken Körperhälfte schritt erschreckend schnell fort, man konnte fast dabei zusehen. Ich weiß nicht, ob mein Mann wusste, wie es um ihn stand. Er hat das Thema nie angesprochen. Ich habe mich auch bemüht, es mir nicht anmerken zu lassen, und ich glaube, es ist mir gelungen. Es war eine wahnsinnige Kraftanstrengung für mich. Ich hatte es ja auch anfangs den Kindern nicht gesagt. Wahrscheinlich wollte ich es selbst nicht wahrhaben. Meinem 15-jährigen Sohn habe ich dann nach zwei Wochen die Wahrheit gesagt. Er hat es sehr gefasst aufgenommen und hat mich danach auch sehr unterstützt. Der Kleinen habe ich nur gesagt: Der Papa ist sehr krank. Schließlich ist sie erst zehn Jahre alt. Ich habe die Kinder nicht mitgenommen, als ich zum letzten Mal ins Krankenhaus ging. Sie sollten ihn nicht so in Erinnerung behalten, mit all diesen furchtbaren Apparaten und Schläuchen … Wie es jetzt für mich weitergeht, weiß ich nicht. Ich denke, ich brauche erst einmal eine Weile, um das alles zu verarbeiten. Im Moment geht es mir sehr schlecht. Die Abende und die Wochenenden sind am schlimmsten. Normalerweise habe ich viel Selbstdisziplin, aber im Moment habe ich nah am Wasser gebaut. Manchmal fange ich plötzlich an zu weinen, einfach so."

- Welche Hypothesen haben Sie bezüglich der Gründe, aus denen es Frau Schmidt so schwer fällt, offen über das Sterben ihres Mannes zu sprechen? Welche Folgen hat dieses Vermeidungsverhalten für sie und die anderen Familienmitglieder?
- Inwiefern bringt die Behandlung von Herrn Schmidt im Krankenhaus zusätzliche Belastungen mit sich? Welche Alternativen wären denkbar gewesen?
- Welche Unterstützung braucht Frau Schmidt im Moment, um mit der Situation nach dem Tod ihres Mannes besser zurecht zu kommen?

---

[1] Das Übungsbeispiel wurde in Anlehnung an einen Fallbericht von Baum (1988) konstruiert.

Prüfungsfragen und Denkanstöße

(1) Welche persönlichen Erfahrungen haben Sie in Ihrem bisherigen Leben mit Tod und Sterben gemacht? Was bedeutet dies für Ihre persönliche Entwicklung?

(2) Wie erklären Sie sich, dass Tod und Sterben in den Medien allgegenwärtig sind, im privaten Alltag jedoch weitgehend tabuisiert werden?

(3) Inwiefern kann Sterben und Abschiednehmen als Familienentwicklungsaufgabe aufgefasst werden?

(4) Welche körperlichen und seelischen Bedürfnisse stehen bei sterbenden Menschen im Vordergrund und welche Anforderungen ergeben sich dadurch an die Pflegenden/die Familienangehörigen?

(5) Bitte beschreiben Sie die Sterbephasen nach Kübler-Ross und diskutieren Sie deren Brauchbarkeit im Hinblick auf den Umgang mit todkranken und sterbenden Menschen!

(6) Was bedeutet Trauerarbeit nach traditioneller und moderner Auffassung?

Weiterführende Literatur

▶ Nuland, S.B. (1996). Wie wir sterben. Ein Ende in Würde? München: Droemer Knaur.
Der Autor beschreibt am Beispiel der häufigsten tödlichen Erkrankungen, was passiert, wenn ein Mensch stirbt. Doch er entwirft kein Horrorgemälde, sondern entmythologisiert das Sterben und hilft, die Furcht vor dem Unbekannten zu überwinden. Sein Blick auf den Tod ist hart, ernst und klar, aber auch voller Mitgefühl.

▶ Kachler, R. (2005). Meine Trauer wird dich finden. Ein neuer Ansatz in der Trauerarbeit. Zürich: Kreuz.
Der Autor stellt die traditionelle Lehrmeinung in Frage, Hinterbliebene müssten lernen, den Verstorbenen loszulassen. Vielmehr gehe es darum, eine neue innere Beziehung zu dem Verstorbenen aufbauen. Der Autor ist Psychotherapeut und verlor seinen 16-jährigen Sohn durch einen Unfall. Ein emotional bewegendes und zugleich fachlich differenziertes Buch.

▶ Worden, J.W. (2006). Beratung und Therapie in Trauerfällen. Ein Handbuch. Bern: Huber.
Der Autor beschreibt wichtige Traueraufgaben nach dem Tod eines Familienmitglieds. Dabei grenzt er die Hinterbliebenen-Beratung von der Hinterbliebenentherapie ab: Letztere ist für Angehörige geeignet, deren Trauer sich extrem lange, stark oder aber „larviert" zeigt (z. B. in psychosomatischen Beschwerden). Aber auch für Menschen, die sich als unfähig zu trauern erleben, kann Hinterbliebenentherapie hilfreich sein.

12 Systemische Familientherapie

Was Sie in diesem Kapitel erwartet

Erziehungsprobleme, Ehestreit, Sorgen und Stress … einem Bonmot zufolge gibt es in einer Familie nichts Normaleres als Probleme. In der Regel schaffen es Familien, aus eigener Kraft mit Alltagsbelastungen und Störungen fertig zu werden. Wenn allerdings wirklich gravierende familiäre Konflikte auftreten oder ein Familienmitglied psychisch erkrankt, kann eine psychotherapeutische Behandlung notwendig sein. In diesem Kapitel wird die systemische Familientherapie vorgestellt, eine Therapieform, die alle Familienmitglieder

einbezieht. Sie spielt eine immer wichtigere Rolle in der psychotherapeutischen Versorgung. Wir betrachten unterschiedliche Ansätze, Grundpositionen und Arbeitstechniken der systemischen Familientherapie, neben dem üblichen familientherapeutischen Vorgehen auch Modifikationen der klassischen Methode. Derzeit ist die systemische Familientherapie noch nicht nach dem Psychotherapeutengesetz anerkannt. Aufgrund ihrer wissenschaftlich erwiesenen Wirksamkeit könnte sich dies jedoch schon bald ändern.

12.1 Entwicklung der systemischen Familientherapie

Ursprünge und Geschichte

Die Anfänge der systemischen Familientherapie reichen in die fünfziger Jahre des letzten Jahrhunderts zurück. Damals entdeckte die amerikanische Psychotherapeutin Virginia Satir, dass es zweckmäßiger sein kann, eine ganze Familie zu behandeln statt einen einzelnen Patienten. Als sie die Eltern einer schizophrenen jungen Frau einlud, an der Therapie ihrer Tochter teilzunehmen, war dies etwas vollkommen Neues und Unübliches in der Psychotherapie. Die zuvor stagnierende Therapie kam wieder in Bewegung. Im Verlauf der gemeinsamen Therapiegespräche zeigten sich Aspekte des familiären Umgangs, die in engen Zusammenhang zur psychischen Erkrankung der Tochter standen. Durch die Bearbeitung von Kommunikationsmustern, verdeckten Konflikten und Koalitionen in der Familie kam es zu einem wesentlichen Fortschritt in der Therapie.

In den darauf folgenden Jahren wurde die systemische Familientherapie theoretisch und praktisch kontinuierlich weiterentwickelt. Eine wichtige Grundlage des neuen Ansatzes war unter anderem die Kommunikationstheorie von Paul Watzlawick und seinen Mitarbeitern (1969). Besonderes Aufsehen erregte damals die Hypothese, dass psychische Störungen auf ungünstige Kommunikations- und Beziehungsstrukturen in der Familie zurückzuführen sind. In diesem Zusammenhang ist z. B. die Double-bind-Theorie sehr bekannt geworden, die einen Zusammenhang zwischen paradoxen familiären Kommunikationsmustern und der schizophrenen Erkrankung eines Familienmitglieds postulierte (Bateson, 1969).

Unterschiedliche Ansätze und Modelle

Der systemische Ansatz hat im Lauf der Jahre zahlreiche Einflüsse integriert und unterschiedliche Modelle hervorgebracht. Es gibt nicht *die* systemische Familientherapie; vielmehr ist dies ein Oberbegriff für eine Vielzahl unterschiedlicher und zum Teil heterogener Schulen der Familientherapie. Arist v. Schlippe und Jochen Schweitzer (2007) unterscheiden drei wesentliche systemtheutische Modelle.

Klassische Modelle. Anfangs orientierten sich Familientherapeuten vor allem an dem Grundgedanken, dass Familien Regelkreise sind, in denen durch Rückkoppelungs- und Selbstorganisationsprozesse ein Systemgleichgewicht (Homöostase) hergestellt wird (vgl. Kapitel 2). Bei Problemen und Störungen (z. B. psychische Erkrankung eines Familienmitglieds) wurde davon ausgegangen, dass der Regelkreis nicht mehr „richtig" funktioniert. Analog zur Reparatur eines Heizungsthermostats war es das zentrale Ziel der Therapie, das Familiensystem durch geeignete Interventionen (z. B. eine therapeutische Anweisung) neu „einzustellen" und dadurch die Störung zu beseitigen.

Modelle einer Kybernetik zweiter Ordnung. Neuere systemische Therapieansätze sind stark vom Konstruktivismus beeinflusst. Der Therapeut wird als Bestandteil des Therapiesystems betrachtet, wobei sowohl die Sichtweise der Klienten als auch die des Therapeuten subjektive Wirklichkeitskonstruktionen sind. Dies bedeutet, dass Vorstellungen von den Beziehungen und Problemen in einer Familie in der Therapie ausgehandelt werden. Der Therapeut versucht, den Klienten Angebote zu machen bzw. Anregungen zu geben, die eine „Verstörung" des Familiensystems bewirken. Dadurch sollen konstruktive Selbstorganisationsprozesse in Gang gebracht werden.

Narrative Ansätze. Auch moderne narrative Therapiemodelle gehen auf konstruktivistische Denkansätze zurück. Der Grundgedanke besteht darin, dass sich Familien durch ihre Geschichten definieren, insbesondere dadurch, *welche* Geschichten erzählt werden und *wie* dies die einzelnen Familienmitglieder tun. In der Psychotherapie geht es darum, die eigene (Familien-) Geschichte neu zu erzählen und dadurch eine neue Familienrealität herzustellen.

Systemische Familientherapie als Setting und Betrachtungsweise

Um das Wesen systemischer Therapieansätze zu beschreiben, ist eine Unterscheidung von Setting und theoretischer Orientierung nützlich (Schweitzer-Rothers, 2000):

▶ Familientherapie steht für ein therapeutisches **Setting**, in dem nicht nur ein einzelner Klient behandelt wird, sondern alle Familienmitglieder einbezogen werden; dies können im gleichen Haushalt lebende Familienmitglieder, Mitglieder der Herkunftsfamilie oder auch Freunde oder wichtige Bezugspersonen des Klienten sein.

▶ Systemisch bezieht sich auf eine **theoretische Betrachtungsweise**: Probleme und Krankheitssymptome einer Person müssen im Kontext ihres sozialen Referenzsystems, insbesondere der Familienbeziehungen, erklärt und behandelt werden. Probleme wie z. B. Verhaltensauffälligkeiten, Essstörungen oder Depressionen werden als Ausdruck einer gestörten Familiendynamik angesehen, in der der Patient lediglich der „Symptomträger" ist. Probleme und Krankheitssymptome werden als Verhaltensweisen betrachtet, die eine Funktion innerhalb des jeweiligen Familiensystems haben.

Familientherapie muss sich als Setting nicht unbedingt an einer systemischen Betrachtungsweise orientieren. Beratungsgespräche mit der ganzen Familie sind durchaus auch im Rahmen einer psychoanalytischen, verhaltenstherapeutischen oder humanistischen Psychotherapie möglich. Andererseits können auch Einzeltherapien auf der Grundlage einer systemischen Betrachtungsweise und Methodik durchgeführt werden (Weiss & Haertel-Weiss, 2003). Gleichwohl gilt vor allem die Kombination der Orientierung „systemisch" und des Settings „Familientherapie" als besonders sinnvoll und effektiv. Die systemische Paartherapie ist ein Spezialfall der systemischen Familientherapie. Hier steht das Subsystem Paarbeziehung im Mittelpunkt; grundsätzlich können jedoch auch weitere Personen an einzelnen Therapiesitzungen teilnehmen (z. B. Kinder, Eltern, Freunde).

12.2 Systemische Grundpositionen und Therapiemethoden

Zentrale Werthaltungen

Erweiterung des Möglichkeitsraums. Die systemische Familientherapie will die Anzahl der Möglichkeiten erhöhen, Probleme oder Symptome zu verstehen und damit umzugehen. Deswegen ist es ein erklärtes Ziel, eingefahrene Denkgewohnheiten, Bewertungen und Verhaltensmuster in einer Familie zu hinterfragen. Hingegen steht alles, was die Zahl dieser Möglichkeiten einschränkt (therapeutische Dogmen, Tabus oder Denkverbote), dem systemischen Denken entgegen.

Zirkuläre Hypothesenbildung. Systemisch gesehen sind die Probleme eines Klienten zugleich Ursache und Wirkung in einem komplexen familiären Regelkreis. Deswegen geht es in einer Familientherapie oft darum, lineare Erklärungsmuster („Mein Mann ist schuld!", „Du hast angefangen!" etc.) aufzubrechen und durch eine zirkuläre Beschreibung zu ersetzen.

Allparteilichkeit und Neutralität. Systemische Familientherapeuten achten besonders darauf, allparteilich zu sein: Sie sind bestrebt, für alle Familienmitglieder gleichermaßen da zu sein und deren Perspektiven als wichtig anzuerkennen. Neutralität ist die Voraussetzung, um von allen Beteiligten akzeptiert zu werden. Doch Neutralität bedeutet nicht kühle Distanziertheit – im Gegenteil: Viele Familientherapeuten nehmen emotional durchaus intensiv Anteil. Im Verlauf einer Therapie engagieren sie sich z. B. phasenweise stark für die magersüchtige Tochter, was zu einem späteren Zeitpunkt durch ein entsprechendes Engagement bezüglich der Paarbeziehung der Eltern ausgeglichen wird.

Neugier und Respektlosigkeit. Typisch für den systemischen Ansatz ist eine neugierige, respektlose Grundhaltung. Dies schließt die Skepsis gegenüber vermeintlich auf der Hand liegenden Erklärungen sowie die Offenheit für unkonventionelle Sichtweisen ein. So kann z. B. in der Paartherapie die Bedeutung einer außerehelichen Affäre in einem völlig neuen Licht erscheinen. Was die Klienten möglicherweise als persönliches Versagen oder Todesstoß für ihre Ehe erleben, kann der Therapeut als dringend notwendige „Frischluftzufuhr" in einer stagnierenden Paarbeziehung darstellen. Insofern geht es in der systemischen Familientherapie häufig um eine „Verstörung" bestehender Sichtweisen und Deutungsmuster. Allerdings ist es auch wichtig, dass Respektlosigkeit gegenüber eigenen und fremden Wahrnehmungen mit Respekt gegenüber den Klienten einhergeht.

Ressourcen- und Lösungsorientierung. Klienten und Familien werden in ihren vorhandenen Fähigkeiten und Stärken unterstützt. Ressourcenorientierung bedeutet, dass in den Therapiesitzungen nicht Krankheitssymptome, Probleme und Defizite im Zentrum stehen, sondern Ziele, vorhandene Möglichkeiten und eigene Kompetenzen. Lösungsorientierung bedeutet, dass sich Familientherapeuten weniger für die Erklärung eines Problems interessieren als vielmehr für dessen Lösung.

Kundenorientierung. Stärker als andere Therapierichtungen ist die systemische Familientherapie einer „Dienstleistungsphilosophie" verpflichtet (Schweitzer, 1995). Die Interventionen richten sich vor allem nach dem subjektiven Bedarf der Klienten. Aus diesem Grund wird zu Beginn einer systemischen Familientherapie oft ausführlich geklärt, was genau der „Auftrag" der Klienten ist. Unter Umständen muss dabei geklärt werden, ob sich Familienmitglieder hinsichtlich eines gemeinsamen Auftrags einigen können und ob der Therapeut diesen Auftrag auch annehmen kann.

Methoden und Arbeitstechniken

Systemische Familientherapeuten wenden oft ungewöhnliche und kreative Methoden an. Bei aller Unterschiedlichkeit haben diese Methoden ein gemeinsames Ziel: Die Art und Weise, wie Familienmitglieder übereinander, über Störungen, Krankheitssymptome und Probleme sprechen, soll verändert werden. Dadurch wird das Familiensystem in die Lage versetzt, neue Beziehungsstrukturen zu entwickeln und besser mit Schwierigkeiten umzugehen. Wir stellen im Folgenden einige wichtige Arbeitstechniken der systemischen Familientherapie exemplarisch vor:

Genogramme. Je nach therapeutischem Kontext werden zwei bis drei Generationen mit Hilfe von Symbolen und wichtigen Daten abgebildet. Weitere Informationen (z. B. Persönlichkeitseigenschaften, Erkrankungen etc.) können ergänzt werden. Genogramme sind eine Möglichkeit, komplexe familiäre und generationenübergreifende Zusammenhänge übersichtlich darzustellen, und helfen, Hypothesen über das Familiensystem zu entwickeln. Man kann Klienten auch im Vorfeld einer Therapie bitten, familiäre Zusammenhänge zu recherchieren und ein danach erstelltes Genogramm mitzubringen.

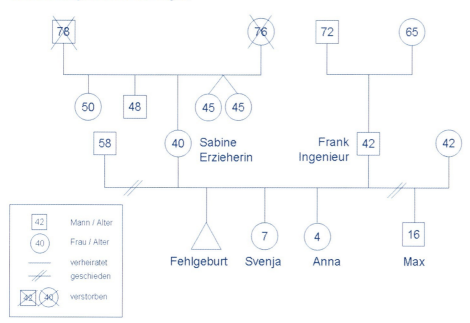

Abbildung 12.1. In einem Genogramm werden familiäre und generationenübergreifende Zusammenhänge graphisch dargestellt. Das Beispiel aus einer Paartherapie zeigt, dass beide Ehepartner schon einmal verheiratet waren. Sabine stammt aus einer großen Familie und ist die jüngste Schwester, Frank ist als Einzelkind aufgewachsen. Gemeinsam haben sie zwei Töchter, Frank bringt einen Sohn aus erster Ehe mit. Die Fehlgeburt hatte bei Sabine eine Depression ausgelöst

Zirkuläre Fragen. Diese Technik basiert auf der Überlegung, dass Verhaltensweisen und auch Krankheitssymptome immer auch ein Kommunikationsangebot für andere Familienmitglieder sind. Daher kann es nützlicher sein, die kommunikative Bedeutung sichtbar zu machen, statt Klienten „direkt" nach ihrem Erleben zu fragen. So kann der Therapeut z. B. einen weinenden Vater fragen: „Was denken Sie: Was löst es bei Ihrer Tochter aus, wenn sie Sie so weinen sieht?" Durch die zirkuläre Fragetechnik werden die Beteiligten zu neuen Sichtweisen und Bewertungen angeregt.

Lösungsorientierte Fragen. Statt das Problem der Klienten in den Mittelpunkt zu stellen, regt der Therapeut die Suche nach Lösungen und Alternativen an. So kann er z. B. nach Ausnahmen vom Problem fragen: „Gab es auch Situationen, in denen Sie keinen Streit haben? Was haben Sie da anders gemacht?" Durch Fragen nach Ressourcen wird die Aufmerksamkeit der Klienten auf eigene Stärken und Kompetenzen gelenkt: „Gibt es etwas, was Ihnen an sich selbst/Ihrem Partner/Ihrer Familie besonders gefällt?" Mit der Wunderfrage kann der Therapeut zu der Erkenntnis anregen, dass man nach einem hypothetischen Wunder ganz einfach mehr von dem machen würde, was man heute schon manchmal macht bzw. früher gemacht hat.

Beispiel

Die Wunderfrage

Herr und Frau Brunner, Anfang 40, befinden sich in einer systemischen Paartherapie. Herr Brunner fühlt sich von seiner Frau in sexueller Hinsicht zurückgewiesen. Er ist sehr verunsichert, zumal er in letzter Zeit auch Erektionsprobleme hatte. Frau Brunner erlebt Sex mit ihrem Mann meist als reine Pflichterfüllung, hat aber gleichzeitig ein schlechtes Gewissen. Die Stimmung zwischen den Ehepartnern ist oft gereizt und mürrisch. Beide Partner sind sehr unzufrieden, ihre Ehe erscheint ihnen öde und verkorkst ... Da stellt die Therapeutin eine überraschende Frage: „Stellen Sie sich vor, Ihr Problem wäre über Nacht durch ein Wunder verschwunden. Woran könnte man erkennen,

dass es passiert ist?" Im weiteren Verlauf des Gesprächs fragt sie genau nach: „Was würden Sie beide als erstes anders machen? Was als zweites? Wie würde sich die Paarbeziehung verändern?" Den Partnern wird bewusst, dass sie durch das „Wunder" eines erfüllten Sexuallebens vor allem aufmerksamer und liebevoller miteinander umgehen würden. „Es wäre vielleicht so wie zu Beginn unserer Ehe", meint Frau Brunner. Am Ende der Sitzung schlägt die Therapeutin ein Experiment vor: „Verhalten Sie sich doch im Verlauf der nächsten Woche einfach einmal so, als sei das Wunder bereits passiert!"

Wertschätzende Konnotation. Entsprechend der zirkulären Betrachtungsweise bemühen sich die Therapeuten, *alle* Verhaltensweisen in einer Familie mit einer wertschätzenden Haltung zu betrachten. Damit können auch Verhaltensweisen, die die Klienten als problematisch definieren, als konstruktiver Beitrag für das Familiensystem gewürdigt werden. Beispielsweise ist es möglich, zu den Eltern eines Kindes mit Verhaltsauffälligkeiten sagen: „Kevin hat dadurch auch etwas Unglaubliches geschafft: Er hat Sie dazu gebracht, wieder miteinander zu reden."

Reflektierendes Team. Das Reflektierende Team besteht aus zwei bis drei Beobachtern, die sich nicht aktiv am Gespräch beteiligen, sondern das Geschehen lediglich aufmerksam verfolgen (z. B. durch eine Einwegscheibe). Nach einiger Zeit wird das Therapiegespräch mit der Familie durch eine Reflexionsphase der Beobachter unterbrochen. Klienten und Therapeuten hören der Diskussion zu, z. B. in einer Videoübertragung. Die Ideen und Hypothesen des Reflektierenden Teams werden in einer wertschätzenden Art und Weise geäußert. Anschließend sprechen die

Klienten mit den Therapeuten über die Gedanken und Gefühle, die beim Zuhören entstanden sind. Durch diese Technik können familiäre Probleme aus mehreren Perspektiven analysiert und neue Informationen in den Therapieprozess „eingespeist" werden (Andersen, 1996).

Symptomverschreibungen. Die Therapeuten empfehlen ausdrücklich, bewusst das bzw. mehr von dem zu tun, was die Klienten als Problem definieren. So kann z. B. einem Paar mit Sexualproblemen verboten werden, bis zur nächsten Therapiesitzung miteinander zu schlafen. Die paradoxe Aufforderung, „mehr desselben" zu tun, geht davon aus, dass Probleme bzw. Symptome immer eine Funktion im Beziehungssystem haben. Ziel einer Symptomverschreibung ist es, den Klienten diese Funktion in ihrer Paradoxie bewusst zu machen. Zudem soll dabei deutlich werden, dass das problematische Verhalten keineswegs unkontrollierbar ist, sondern durchaus gesteuert werden kann.

Familienskulptur. Die Technik der Familienskulptur gehört zu den bekanntesten Methoden der systemischen Familientherapie. Ein Klient wird aufgefordert, seine Familie so im Raum aufzustellen, dass ein aus seiner Sicht stimmiges Bild der Familienbeziehungen entsteht (vgl. Abb. 12.2). Der Therapeut kann den „Bildhauer" dabei durch entsprechende Fragen unterstützen: Welcher räumliche Abstand symbolisiert die Nähe oder Distanz zwischen den Familienmitgliedern? Wer steht in der familiären Hierarchie unten oder oben (z. B. auf einem Stuhl)? Welche Gesten (z. B. geballte Faust; verschränkte Arme) drücken emotionale Haltungen aus? Anschließend werden die Familienmitglieder gebeten, in ihrer Position zu verharren und ihre Empfindungen zu beschreiben. Dies kann der Ausgangspunkt für eine weitere intensive emotionale Auseinandersetzung sein.

Abbildung 12.2. Die Methode der Familienskulptur wird in der systemischen Familientherapie, aber auch in Selbsterfahrung, Beratung und Supervision angewendet. Durch das Aufstellen eines lebenden „Standbildes" werden die Beziehungen innerhalb einer Familie sichtbar gemacht und einer Reflexion zugänglich

12.3 Indikation und Praxis der Familientherapie

Familientherapie statt Einzeltherapie?

Schweitzer-Rothers (2000) nennt vier grundlegende Indikationen, in denen die systemische Familientherapie besonders geeignet und einer Einzelpsychotherapie überlegen ist:

(1) Das Problem des Patienten ist besonders eng mit seinen Familienbeziehungen verknüpft ist und eine erfolgreiche Behandlung ohne Familientherapie wäre nicht oder nur sehr schwierig möglich.

(2) Die Einzeltherapie stagniert oder löst als negative Nebenwirkung eine Beziehungskrise in der Familie aus.

(3) Die Familienangehörigen des Patienten könnten selbst eine Psychotherapie gut gebrauchen.

(4) Eine langfristige klinische Behandlung oder ein Heimaufenthalt kann durch die Aktivierung familiärer Bewältigungsressourcen vermieden werden.

Das klassisch-familientherapeutische Vorgehen

Eine systemische Familientherapie wird meist nicht von einem einzelnen Therapeuten, sondern von einem Therapeutenteam durchgeführt. Im Behandlungsraum arbeiten zwei Therapeuten mit den Klienten; im Nachbarraum befinden sich ggf. weitere Kollegen und beobachten das Geschehen durch eine Einwegscheibe. Zu Beginn wird ein kurzes Vorgespräch mit der Familie geführt, in dem Hypothesen für die nachfolgende Sitzung entwickelt werden. Im Anschluss an das Therapiegespräch setzt sich das Therapeutenteam zu einer Abschlussbesprechung zusammen. Dabei werden neue bzw. differenziertere Hypothesen zum Anliegen der Klienten entwickelt. Oft wird auch ein Abschlusskommentar vorbereitet, welcher der Familie mitgeteilt wird. Insgesamt dauert eine familientherapeutische Sitzung etwa zwei Stunden.

Eine systemische Familientherapie umfasst in der Regel nicht mehr als zehn Sitzungen. Anders als bei den meisten Einzeltherapien liegen zwischen den einzelnen Sitzungen meist längere Zeitabstände (vier Wochen und länger), damit die Familienmitglieder genügend Zeit haben, die Erfahrungen aus den Therapiesitzungen zu verarbeiten und im Alltag umzusetzen. Aufgrund dieser zeitlichen Ausdehnung kann sich eine Familientherapie mit fünf oder sechs Sitzungen durchaus über ein oder sogar zwei Jahre erstrecken.

Modifikationen des klassischen Modells

In manchen Fällen ist es notwendig, sinnvoll oder möglich, vom klassischen familientherapeutischen Vorgehen abzuweichen:

▶ Bei Klienten, die sich in einer akuten Krisensituation befinden oder suizidgefährdet sind, müssen die Abstände zwischen den einzelnen Therapiesitzungen wesentlich kürzer sein.

▶ Bei häuslicher Gewalt, sexuellem Missbrauch oder Vernachlässigung können sich Berater bzw. Therapeuten nicht auf eine neutrale Position zurückziehen. Hier ist es notwendig, dem Opferschutz Priorität einzuräumen und die Verantwortungsübernahme des Täters als Therapieziel zu formulieren.

▶ Wenn die Familienangehörigen nicht bereit oder in der Lage sind, an einer gemeinsamen Therapie teilzunehmen, ist eine klassische Familientherapie nicht möglich. Hier kann eine systemische Einzeltherapie durchgeführt werden. Auch in einer „Familientherapie ohne Familie" (Weiss & Haertel-Weiss, 2003) werden typische systemische Techniken (z. B. zirkuläres Fragen) eingesetzt. Das Familiensystem kann dabei symbolisch aktualisiert werden, z. B. durch ein Genogramm oder eine mit Holzfiguren erstellte Familienskulptur.

▶ Die Familienrekonstruktion ist eine aus der systemischen Familientherapie hervorgegangene Form der Gruppentherapie bzw. der Selbsterfahrung (vgl. Schmidt, 2003). Dabei treffen sich bis zu 24 Teilnehmer mit zwei bis drei Leitern in einem Seminarhaus, um ca. fünf bis zehn Tage intensiv gemeinsam zu arbeiten. Ziel ist es, die eigene Familiengeschichte zu reflektieren und persönliche Wachstumsprozesse anzustoßen. Oft geht es um die Befreiung von familiären Verstrickungen, einengenden Verhaltensmustern oder eine innere Versöhnung mit anderen Familienmitgliedern, z. B. mit Eltern oder Geschwistern.

Der umstrittene Ansatz von Bert Hellinger

Wohl kaum ein therapeutischer Ansatz ist in den letzten Jahren so bekannt geworden wie die Methode des „Familienstellens" von Bert Hellinger. Dabei werden im Rahmen von Tages- oder Wochenendseminaren Ultra-Kurztherapien durchgeführt. Auf den ersten Blick erinnert das Familienstellen an die Familienskulptur: Nachdem der Ratsuchende sein Problem kurz geschildert hat, stellt der Therapeut dessen Herkunftsfamilie auf. Dabei verzichtet er auf eine differenzierte Anamnese, sondern erfragt nur wenige äußere Basisinformationen (z. B. lebende und verstorbene Familienmitglieder, frühere Partnerschaften, „verstoßene" Personen). Bei der Bewertung von Problemen und Erkrankungen geht Hellinger davon aus, dass in der Familie gegen eine natürliche „Ursprungsordnung" verstoßen wurde. Diese beinhaltet z. B. das Gebot, dass sich Kinder ihren Eltern, Frauen ihren Männern und später geborene den früher geborenen Geschwistern unterordnen müssen. Im Rahmen des Familienstellens wird durch Rituale (z. B. Verneigungen, Sätze wie „Vater, ich danke Dir" etc.) versucht, eine Problemlösung zu erreichen.

Bert Hellinger ist durch seine Methode und seine charismatische Persönlichkeit sehr bekannt geworden; seine Bücher (z. B. „Ordnungen der Liebe", 2001) sind Bestseller. Andererseits wird sein Ansatz auch sehr kontrovers diskutiert. Aus familienpsychologischer Sicht ist kritisch anzumerken, dass die rigide Auffassung von „richtigen" und „falschen" Familienordnungen nicht mit der modernen Pluralität familiärer Lebensformen kompatibel ist. Häufig wird auch bemängelt, dass Hellinger pseudowissenschaftlich argumentiert und seine Haltung systemischen Grundpositionen widerspricht. Die von Hellinger propagierte Ursprungsordnung stellt eine normative Setzung des Therapeuten dar, die zugleich Drohung und Heilsversprechen ist. Durch die Vorgehensweise, aber auch durch das Setting einmaliger Seminare ohne spätere Folgetermine entsteht beim Familienstellen ein unkalkulierbares Verletzungsrisiko für die Ratsuchenden. Vor diesem Hintergrund bewerten Simon und Retzer (1998) den Ansatz von Hellinger nicht als seriöse Psychotherapie, sondern als eine Art „Ordnungstheologie".

Ungeachtet all dieser kritischen Einwände ist festzustellen, dass das öffentliche Interesse an der Familientherapie durch Bert Hellinger stark gewachsen ist. Obwohl die Methode des Familienstellens in vieler Hinsicht problematisch erscheint, hat Hellinger zu einer weiteren Verbreitung und Etablierung der Familientherapie in Deutschland beigetragen und einen fachlichen Diskurs über die Rolle und die Verantwortlichkeit des Therapeuten angeregt.

12.4 Perspektiven der systemischen Familientherapie

Wirksamkeit der systemischen Familientherapie

Evaluationsstudien belegen, dass die systemische Familientherapie ein wirksames und effizientes Therapieverfahren ist (vgl. v. Sydow et al., 2007).

▶ Klienten, die in einer systemischen Familientherapie behandelt wurden, zeigen deutlich positivere Entwicklungen als nicht behandelten Kontrollgruppen.

▶ Insbesondere bei schweren psychischen Störungen (z. B. Essstörungen, Drogenmissbrauch, Depression, Schizophrenie) sind oft erhebliche Verbesserungen nachweisbar.

▶ Durch die Mitbehandlung des sozialen Umfeldes kommt es zudem auch bei den Familienangehörigen zu positiven Effekten.

▶ Aufgrund der vergleichsweise geringen Sitzungszahl ist die Systemische Therapie besonders kostengünstig.

▶ Im Vergleich zu anderen Therapierichtungen ist die systemische Familientherapie ähnlich effektiv. In Langzeitstudien zeigt die systemische Therapie oft sogar bessere Ergebnisse als andere Therapieverfahren.

Aufgrund ihrer relativ niedrigen Kosten und der positiven Begleiteffekte für die Angehörigen ist davon auszugehen, dass die systemische Familientherapie zu erheblichen Kosteneinsparungen im Gesundheits- und Sozialsystem beitragen kann.

Anerkennung der systemischen Familientherapie

Trotz des wissenschaftlichen Wirksamkeitsnachweises ist die Familientherapie bislang nicht im Sinne des Psychotherapeutengesetzes anerkannt. Dies bedeutet, dass man allein mit einer systemischen Therapieausbildung noch keine staatliche Zulassung zur Ausübung der Heilkunde (Approbation) erhalten kann. Zudem kann eine ambulante Familientherapie bislang nicht mit den gesetzlichen Krankenkassen abgerechnet werden – die Klienten müssen die Kosten in der Regel selbst tragen.

Zum Zeitpunkt der Drucklegung dieses Lehrbuchs zeichnet sich allerdings ab, dass sich hier bald einiges ändern könnte. Ende 2008 hat der Wissenschaftliche Beirat Psychotherapie (WBP) die Systemische Therapie für die Bereiche Erwachsenenpsychotherapie sowie Kinder- und Jugendlichenpsychotherapie als wissenschaftlich anerkannt eingestuft. Damit wird es künftig voraussichtlich möglich sein, eine Approbation auch mit einer systemischen Therapieausbildung zu erlangen. Ob eine systemische Familientherapie künftig auch von den gesetzlichen Krankenkassen bezahlt wird, steht allerdings auf einem anderen Blatt. Hierzu bedarf es nämlich eines Beschlusses im Gemeinsamen Bundesausschuss (G-BA) der Krankenkassen und der Kassenärztlichen Bundesvereinigung. Die Anerkennung der systemischen Therapie ist deswegen auch eine politische Kontroverse, deren Ausgang derzeit nur schwer abzuschätzen ist.

Zusammenfassung

▶ Die systemische Familientherapie ist eine Form der Psychotherapie bei Störungen des Verhaltens und Erlebens von Familienmitgliedern und familiären Subsystemen (z. B. Paare). Sie ist durch ein Therapiesetting definiert, in dem mehrere oder alle Familienmitglieder einbezogen werden, sowie durch eine theoretische Orientierung, die Probleme bzw. Krankheitssymptome als Ausdruck familiärer Kommunikations- und Beziehungsmuster betrachtet.

▶ Die systemische Familientherapie fußt auf grundlegenden Positionen der Familiensystemtheorie und des Konstruktivismus. Von zentraler praktischer Bedeutung ist die zirkuläre Hypothesenbildung sowie die Ressourcen- und Lösungsorientierung. Die Grundhaltung systemischer Therapeuten ist durch Neutralität, Neugier und Respektlosigkeit gegenüber eingefahrenen Denkmustern gekennzeichnet. Ein übergeordnetes Ziel ist es, die Zahl der Möglichkeiten zu erhöhen, familiäre Probleme oder Symptome zu verstehen und damit umzugehen.

▶ Die systemische Familientherapie zeichnet sich durch einen großen methodischen Reichtum aus. Wichtige Arbeitstechniken sind systemische (z. B. zirkuläre und lösungsorientierte) Fragen, symbolische Techniken (z. B. Familienskulptur), visualisierende Techniken (z. B. Genogramm), wertschätzende Kommentierung von Problemverhaltensweisen sowie das Reflektierende Team. Das gemeinsame Ziel dieser Methoden ist es, den Umgang der Familienmitglieder untereinander sowie mit Störungen, Krankheitssymptomen und Problemen zu verändern.

▶ Eine systemische Familientherapie ist besonders geeignet, wenn eine klinische Problematik eng mit den Beziehungen und der Kommunikation in der Familie verknüpft ist. Auch dann, wenn eine Einzeltherapie stagniert oder eine Krise in der Familie des Klienten auslöst, ist die Einbeziehung der anderen Familienmitglieder angezeigt. In manchen Fällen kann eine Familientherapie helfen, Kosten zu sparen, z. B. wenn eine Klinik- oder Heimunterbringung des erkrankten Familienmitglieds vermieden werden kann.

▶ Die Wirksamkeit der systemischen Familientherapie gilt mittlerweile als wissenschaftlich hinreichend belegt. Trotzdem hat sie in Deutschland bislang keine Anerkennung als zugelassene und abrechnungsfähige Therapieform nach dem Psychotherapeutengesetz gefunden. Mittel- bis langfristig könnte die systemische Therapie zu den anerkannten Psychotherapieverfahren zählen.

Praxisübung

Die magersüchtige Tochter

Melanie ist 16 Jahre alt und leidet seit drei Jahren an Magersucht (Anorexia nervosa). Zeitweise war sie wegen extremen Untergewichts in stationärer Behandlung und musste mit einer Sonde ernährt werden. Melanie war bereits bei mehreren Psychotherapeuten in Behandlung, ohne dass sich ihr Essverhalten wesentlich geändert hat. Der behandelnde Arzt hat jetzt empfohlen, es einmal mit einer Familientherapie zu versuchen. In der ersten Sitzung erscheinen sämtliche Familienmitglieder: Melanie, ihre beiden Schwestern Gesa und Hanna (19 bzw. 13 Jahre alt) sowie ihre Eltern. Der Vater von Melanie ist Bauunternehmer, die Mutter ist Lehrerin. Beide Eltern sind zu allem bereit, um Melanie zu helfen; Geld spiele keine Rolle. Im Vorgespräch zeigt sich, dass die Eltern sehr stolz auf ihre Töchter sind, alle drei sind ausgezeichnete Schülerinnen und spielen virtuos ein Instrument; die älteste will Medizin studieren. Im weiteren Verlauf zeigt sich jedoch, dass sich hinter der Fassade der „Vorzeigefamilie" auch viele Konflikte abspielen. So habe die Mutter vor einigen Jahren eine heimliche Affäre mit einem Kollegen gehabt. Aus Rücksicht auf die Kinder habe sie diese Beziehung jedoch beendet und sich wieder mit ihrem Mann versöhnt. Zwischen Melanie und ihren Schwestern gebe es zwar viel Nähe, aber auch schon immer Neid und Rivalität. Die älteste Schwester Gesa hat manchmal aggressive Gefühle: „Immer geht es nur um Melanie und ihre Magersucht. Ich bin froh, dass ich bald ausziehe!"

▶ Warum ist eine systemische Familientherapie im vorliegenden Fall sinnvoll?

▶ Entwickeln Sie Hypothesen im Sinne der systemischen Familientherapie! Welche Funktion könnte Melanies Essstörung im Familiensystem bzw. in unterschiedlichen Subsystemen haben?

▶ Bitte formulieren Sie systemische Fragen, die den unterschiedlichen Familienmitgliedern gestellt werden können! Wie könnte eine Symptomverschreibung im Sinne von „mehr desselben" lauten?

Prüfungsfragen und Denkanstöße

(1) Was unterscheidet die systemische Familientherapie von anderen Richtungen der Psychotherapie?

(2) Welche Methoden der systemischen Familientherapie kennen Sie?

(3) Wann ist die systemische Familientherapie besonders gut geeignet?

(4) Halten Sie es für sinnvoll, bei häuslicher Gewalt eine Familientherapie durchzuführen? Bitte begründen Sie Ihre Antwort mit fachlichen Argumenten.

(5) Erstellen Sie ein Genogramm für Ihre eigene Familie und stellen es in Ihrer Lerngruppe vor. Reflektieren Sie gemeinsam die Gedanken und Gefühle, die während dieses Arbeitsprozesses bei Ihnen aufgetaucht sind!

Weiterführende Literatur

▶ Schlippe, A. v. & Schweitzer, J. (2007). Lehrbuch der systemischen Therapie und Beratung (10. Auflage). Göttingen: Vandenhoeck & Ruprecht.
Die Autoren geben einen kompakten Überblick zu den theoretischen Konzepten der systemischen Familientherapie. In lockerer Sprache und doch differenziert erläutern sie Techniken sowie Anwendungsmöglichkeiten und veranschaulichen sie an vielen Beispielen.

▶ Weiss, T. & Haertel-Weiss, G. (2003). Familientherapie ohne Familie: Kurztherapie mit Einzelpatienten (3. Auflage). München: Piper.
Das Buch gilt seit mittlerweile 20 Jahren als Standardwerk. Anhand zahlreicher Fallbeispiele zeigen die Autoren, dass systemische Vorgehensweisen auch im Rahmen von Einzeltherapien gut anwendbar sind.

13 Elternbildung und Elterntraining

Was Sie in diesem Kapitel erwartet

„Eltern werden ist nicht schwer, Eltern sein dagegen sehr." Dieses populäre Sprichwort scheint heute mehr denn je zu gelten. Das Thema Kindererziehung wird heute öffentlich und zum Teil sehr kontrovers diskutiert. Fernsehsendungen wie „Die Super-Nanny" mit der Sozialpädagogin Katharina Saalfrank erreichen ein Millionenpublikum. In jeder Buchhandlung können Eltern Dutzende von Ratgebern zu unterschiedlichen Erziehungsthemen und -problemen erwerben. Titel wie z. B. „Kinder brauchen Grenzen", „Jedes Kind kann schlafen lernen" oder „Das kompetente Kind"

sind seit Jahren auf den Bestsellerlisten. All dies zeigt, dass Erziehung heute zunehmend als anspruchsvolle Herausforderung, manchmal auch als Überforderung wahrgenommen wird. Viele Eltern haben einen großen Informations- und Orientierungsbedarf in Erziehungsfragen. Vor diesem Hintergrund sind in den letzten Jahren zahlreiche neue Angebote der Elternbildung und der Erziehungsberatung entstanden. In diesem Kapitel werden vier der bekanntesten Elternbildungsangebote in Deutschland vorgestellt.

13.1 Bildungs- und Unterstützungsbedarf von Eltern

Die Perspektive der Eltern. Brauchen Eltern professionelle Unterstützung und Orientierung, um ihre Kinder erziehen zu können? Zu dieser Frage gibt es sehr unterschiedliche Auffassungen. Manche Eltern gehen davon aus, dass ihre intuitiven Erziehungskompetenzen, der „gesunde Menschenverstand" und die Orientierung an bewährten Traditionen ausreichen, um die Kindererziehung gut zu bewältigen. Mehr und mehr Eltern empfinden dies jedoch anders: In dem Maße, in dem traditionelle Erziehungswerte an Bedeutung verlieren und eine „Psychologisierung" der Kindererziehung voranschreitet, wird die fachkompetente Vorbereitung und Begleitung der Eltern als sinnvoll angesehen.

Verunsicherung in Erziehungsfragen. Studien zeigen, dass heute fast die Hälfte aller Eltern manchmal unsicher sind, ob sie alles richtig machen, richtig reagieren und die richtigen Entscheidungen treffen (Smolka, 2006). Dabei geht es häufig um grundsätzliche Fragen der Kindererziehung. Wie streng, wie liberal sollten bzw. dürfen Eltern sein? Wie sollte man sich in Konfliktsituationen verhalten? Wie kann man seine Kinder am besten in ihrer Entwicklung fördern? Daneben gibt es bestimmte Themen, bei denen sich Eltern mehr Information und Orientierung wünschen. Hierzu gehören Schule und Ausbildung, bestimmte problematische Entwicklungsphasen (z. B. Säuglingsalter, Trotzalter, Pubertät) sowie Fragen der Gesundheit. Eltern älterer Kinder und Jugendlicher fühlen sich oft in spezifischen Problembereichen verunsichert, wie z. B. beim Umgang mit Drogen, Gewalt und Medien.

Elterliche Informationsstrategien. Am ehesten holen sich verunsicherte Eltern Rat im näheren sozialen Umfeld, vor allem bei Familienangehörigen oder engen Freunden. Nur bei wirklich schwerwiegenden Problemen wird erwogen, professionelle Hilfe in Anspruch zu nehmen. Die

Vorstellung, sich mit Erziehungsfragen an unbekannte Personen zu wenden, ist für die meisten Eltern unangenehm. Sie verbinden damit Schamgefühle und die Vorstellung, versagt zu haben. Viele Eltern nutzen deswegen auch mediale Angebote der Familienbildung, z. B. Ratgeberbücher, Elternzeitschriften oder Internetangebote. Hier können sie sich anonym und unverbindlich über Erziehungsthemen informieren oder mit einem bestimmten Problem befassen (Smolka, 2006).

Familienpsychologische Perspektive. Eltern müssen im Verlauf des Familienlebenszyklus zahlreiche und sich kontinuierlich verändernde Rollenanforderungen bewältigen. So sind sie z. B. bei der Säuglingspflege und -betreuung oder der Gestaltung der Eltern-Kind-Beziehung laufend mit neuen Herausforderungen konfrontiert. Angebote der Elternbildung können eine wichtige externe Ressource sein, wenn sich Eltern zeitweilig oder auf Dauer verunsichert oder ihren Erziehungsanforderungen nicht gewachsen fühlen. Sie können unter anderem sinnvoll sein, um

- ▶ die elterlichen Erziehungskompetenzen zu fördern und zu erweitern,
- ▶ die Eltern-Kind-Beziehung zu stärken,
- ▶ die Erziehungspartnerschaft der Eltern zu unterstützen,
- ▶ die Eltern in ihrem Selbstverständnis und ihrer Elternrolle zu stärken,
- ▶ die Selbstregulationsfähigkeit der Familie zu unterstützen (Hilfe zur Selbsthilfe),
- ▶ möglichen Fehlentwicklungen (Familienkonflikte, häusliche Gewalt etc.) vorzubeugen oder
- ▶ bestehende ungünstige Erziehungs- und Beziehungsmuster zu verändern.

Anforderungen an Elternbildung. Bei der Planung und Konzeption von Elternbildungsangeboten ist es wichtig, grundlegende Zielsetzungen mit den Bedürfnissen, Erwartungen und Befürchtungen von Eltern in Einklang zu bringen. Informations-, Beratungs- und Trainingsangebote für Eltern sollten grundsätzlich

- ▶ niedrigschwellig sein und in einem persönlichen Rahmen erfolgen (kleiner, fester Teilnehmerkreis),
- ▶ auf das Alter bzw. die Entwicklungsstufe der Kinder Bezug nehmen,
- ▶ konkrete Hilfestellungen bei praktischen Erziehungsproblemen bieten,
- ▶ grundsätzliche elterliche Haltungen und Erziehungsstrategien thematisieren,
- ▶ die psychische Situation der Eltern berücksichtigen (Rollenunsicherheit, Überforderungsgefühle, Ängste, Unzufriedenheit etc.).

Zielgruppen der Elternbildung. Seit einigen Jahren werden in Deutschland zahlreiche Elternkurse und -trainings angeboten. Diese Programme sind für unterschiedliche Zielgruppen konzipiert (vgl. Wahl & Sann, 2006) und richten sich an

- ▶ alle Eltern (mit dem Ziel, deren Erziehungskompetenzen zu fördern);
- ▶ Eltern mit spezifischen Erziehungsproblemen, z. B. Eltern hyperaktiver (besonders zappeliger) Kinder;
- ▶ Eltern in belastenden Lebenssituationen (z. B. Hartz-IV-Empfänger; alleinerziehende Eltern);
- ▶ Eltern, die sozialen Randgruppen angehören (z. B. Migranten).

Die Methoden und Durchführungsbedingungen von Elternbildungsangeboten sind vielfältig. Es gibt Kurse für Eltern- und Eltern-Kind-Gruppen. Manche Programme werden individuell vor allem im Rahmen von Hausbesuchen durchgeführt, andere für breite Zielgruppen meist über Bildungsträger wie z. B. Volkshochschulen, Familienzentren oder Beratungsstellen angeboten. Viele Kurse leiten Sozialpädagoginnen oder Psychologen mit einer entsprechenden Fortbildung.

Andere Programme werden von geschulten Laien oder ehrenamtlichen Helfern durchgeführt. Ein Spezialfall sind computergestützte Elterntrainings per CD-ROM oder DVD, die einen besonders niedrigschwelligen Zugang gewährleisten sollen.

Angesichts der großen Zahl existierender Elternbildungskonzepte kann in diesem Kapitel kein umfassender Überblick geleistet werden. Stattdessen beschreiben wir exemplarisch die vier bekanntesten und am häufigsten durchgeführten Bildungsangebote; sie richten sich an *alle* Eltern und haben die vergleichsweise größte berufspraktische Bedeutung.

Leserinnen und Lesern, die sich eingehender über weitere Elternkurskonzepte informieren möchten, sei die ausführliche Übersicht von Tschöpe-Scheffler (2005) empfohlen. In den zu diesem Lehrbuch bereitgestellten Online-Materialien finden sich außerdem eine kompakte tabellarische Darstellung der wichtigsten Programme sowie nützliche Adressen und Weblinks.

13.2 Prager Eltern-Kind-Programm (PEKiP)

Der Name „Prager Eltern-Kind-Programm" geht auf den Prager Kinderpsychologen Jaroslav Koch zurück, der altersgerechte Spielanregungen für Säuglinge und Kleinkinder entwickelte. Auf dieser Grundlage konzipierte das deutsche Ehepaar Ruppelt das sozialpädagogische Gruppenprogramm PEKiP für Eltern und ihre Babys im ersten Lebensjahr. Im gemeinsamen Spiel sollen sich Eltern und Kind besser kennen lernen und sich eine günstige Interaktionsbeziehung erarbeiten (vgl. Höltershinken & Scherer, 2004).

In den letzten Jahren haben sich PEKiP-Kurse zu einem stark nachgefragten Standardangebot der Eltern- und Familienbildung entwickelt. Die Kurse werden von pädagogischen Fachkräften mit einer entsprechenden Zusatzqualifikation geleitet. Seit 1978 bietet der Berufsverband der Sozialarbeiter, Sozialpädagogen und Heilpädagogen eine zertifizierte Fortbildung zur PEKiP-Gruppenleiterin an.

Ziele. PEKiP-Kurse orientieren sich an Zielsetzungen, die auf die kindliche Entwicklung, die Eltern-Kind-Beziehung sowie auf elterliche Bedürfnisse bezogen sind (vgl. Pulkkinen, 2008):

▶ Förderung und Begleitung kindlicher Entwicklungsprozesse durch Bewegungs-, Sinnes- und Spielanregungen,
▶ Stärkung der Eltern-Kind-Beziehung,
▶ Förderung sozialer Kontakte und Erfahrungsaustausch zwischen den Eltern,
▶ Förderung sozialer Kontakte des Babys zu anderen Kindern und anderen Erwachsenen in der Gruppe.

Konzeptuelle Bezüge. Das PEKiP-Konzept ist eng mit bekannten psychologischen und gruppenpädagogischen Konzepten verbunden. Neben Methoden der Themenzentrierten Interaktion (Langmaack, 2004) sind Grundhaltungen und Techniken der personenzentrierten Gesprächsführung (Rogers, 1985) wichtige Grundlagen. Ein weiterer wichtiger Bezug ist das der Bindungstheorie entlehnte Konzept der elterlichen Feinfühligkeit (vgl. Kapitel 5). Die Soziale Gruppenarbeit dient als Basis für einen professionellen Umgang mit gruppendynamischen Prozessen in der Teilnehmergruppe.

Rahmenbedingungen und Durchführung. Das PEKiP-Konzept sieht eine kontinuierliche Entwicklungsbegleitung während des ersten Lebensjahrs vor; die Kinder sollten bei Beginn des

Programms ca. sechs bis acht Wochen alt sein. Die PEKiP-Gruppe besteht aus maximal 8 Eltern und ihren Babys, die etwa gleich alt sein sollten. Die Gruppentreffen finden meist wöchentlich statt und dauern 90 Minuten. Die Babys sind während der Treffen nackt; der Gruppenraum muss deswegen entsprechend ausgestattet und beheizt sein. Wesentliches Merkmal von PEKiP ist ein fester, vertrauter Ablauf. Ritualisierte Bestandteile der Gruppentreffen sind z. B. Aus- und Anziehen der Kinder, Begrüßungs- und Abschiedslied sowie das Rundgespräch mit den Eltern. Herzstück eines jeden Gruppentreffens sind spielerische Wahrnehmungs- und Bewegungs-übungen, welche die Leiterin je nach Entwicklungsstand der Kinder auswählt und an einer Puppe demonstriert (Pulkkinen, 2008).

Abbildung 13.1. In PEKiP-Gruppen werden Eltern angeleitet, die Entwicklung ihres Kindes durch Bewegungs-, Sinnes- und Spielanregungen zu begleiten. Hier lässt die PEKiP-Leiterin eine Klingeltrommel durch den Raum rollen – für die ca. sechs Monate alten Babys eine höchst interessante Angelegenheit!

PEKiP-Gruppen werden von autorisierten PEKiP-Leiterinnnen angeboten, die eine entsprechende Fortbildung absolviert haben. Ergänzend zu den wöchentlichen Gruppentreffen werden oft noch weitere Bausteine angeboten, z. B. Informationsveranstaltungen oder Elternabende zu speziellen Themen.

Positive Effekte von PEKiP. Wissenschaftliche Untersuchungen haben gezeigt, dass Babys in vieler Hinsicht von dem Prager Eltern-Kind-Programm profitieren. So fördert die regelmäßige Teilnahme an einer PEKiP-Gruppe das soziale Interesse und das Kontaktverhalten zu anderen Kindern. Bei den Müttern (Väter nehmen nur sehr selten teil) zeigt sich ein Zuwachs an Aufmerksamkeit, Zuwendungserhalten und Sensibilität für die kindlichen Signale (Scherer, 2006).

Überraschenderweise wurde in der psychologischen Forschung bislang kaum berücksichtigt, dass PEKiP-Gruppen nicht nur den Kindern, sondern auch und gerade den Eltern zugute kommen. Wie die Praxis zeigt, nehmen an PEKiP-Kursen vorwiegend Mütter mit ihrem ersten Baby teil. In dieser Phase erleben junge Eltern oft starke Verunsicherung und haben ein starkes Bedürfnis nach Austausch, Orientierung und Sicherheit in ihrer neuen Elternrolle. Ebenso wie die Teilnahme an Geburtsvorbereitungskursen haben PEKiP-Kurse eine wichtige psychologische Funktion, indem sie die elterliche Kompetenz und Sicherheit stärken. Aus familienpsychologischer Sicht ist PEKiP deswegen ein sinnvolles professionelles Hilfeangebote beim Übergang zur Elternschaft (vgl. Kapitel 4).

13.3 Family Effectiveness Training (FET)

Ein „Klassiker" unter den Elternkursen ist das unter dem Namen Family Effectiveness Training (FET) eingeführte Elterntraining. In Deutschland ist es durch das Buch „Familienkonferenz" von Thomas Gordon (1972) bekannt geworden – daher wird FET auch oft als Gordon-Training bezeichnet. Das FET basiert auf den Grundpositionen der humanistischen Psychologie und vermittelt zentrale Prinzipien eines partnerschaftlichen Erziehungsstils.

Grundhaltungen und Inhalte. Ausgangspunkt ist die Annahme, dass die Grundhaltung der Eltern gegenüber ihren Kindern die Basis für jedes Erziehungsverhalten ist. Entsprechend der Herkunft des Konzepts aus dem personenzentrierten Ansatz von Carl Rogers (1985) werden folgende Grundhaltungen als förderlich angesehen:

(1) **Bedingungsfreie Wertschätzung**: Eltern sollten ihre Kinder ernst nehmen und ihnen zeigen, dass sie sie lieben. Ihre Wertschätzung sollte nicht an Bedingungen geknüpft sein (wie z. B. wünschenswertes Verhalten, gute Leistungen etc.).

(2) **Empathie**: Eltern sollen sich bemühen, ihren Kindern aufmerksam und einfühlsam zuzuhören, um ihre Gefühle zu verstehen.

(3) **Authentizität**: Eltern sollten echte Menschen sein und nicht die Rolle von unfehlbaren Autoritäten spielen.

In den Elternkursen wird anhand konkreter Beispielsituationen besprochen, wie diese Grundhaltungen im Alltag umgesetzt werden können. Dabei geht es z. B. darum, wie die Eltern Grenzen setzen bzw. Regeln festlegen und wie sie an unterschiedliche Probleme herangehen können. Ferner werden die Risiken von Belohnungen und Bestrafungen thematisiert, die gleichermaßen als Ausdruck elterlicher Macht betrachtet werden (Breuer, 2005). Wichtige im FET vermittelte Methoden sind:

▶ **Aktives Zuhören:** Eltern werden angeleitet, ihrem Kind aufmerksam und empathisch zuzuhören, wenn es ein Problem hat. Dadurch zeigen sie dem Kind, dass sie seine Gefühle ernst nehmen und verstehen.

▶ **Ich-Botschaften:** Wenn die Eltern ein Problem mit dem Verhalten ihres Kindes haben, sollten sie das Kind nicht beschuldigen, sondern mit dem eigenen Erleben konfrontieren.

▶ **Niederlagelose Methode:** Die Eltern sollen lernen, in Konflikten mit den Kindern auf Machtausübung weitgehend zu verzichten. Es geht somit nicht darum, sich durchzusetzen, sondern Lösungen auszuhandeln und Kompromisse zu finden, mit denen sowohl die Eltern als auch die Kinder leben können.

Aktives Zuhören und Ich-Botschaften stehen im FET für eine „Sprache der Annahme". Die Eltern sollen einerseits lernen, die Gefühle ihrer Kinder zu verstehen und so zuzuhören, dass ihre Kinder mit ihnen sprechen. Andererseits sollen die Eltern lernen, sich in Problemsituationen adäquat zu verhalten und so zu sprechen, dass ihre Kinder ihnen zuhören (Gordon, 1972).

Beispiel

Aktives Zuhören als „Türöffner"

Frau Kuhn berichtet, dass sie wegen der nachlassenden Schulleistungen ihrer Tochter Laura (15 Jahre) besorgt sei. Laura äußere sich oft geringschätzig über Schule und Lehrer. „Die Schule ist doch für'n Arsch. Man lernt da nur total unwichtiges Zeug." Frau Kuhn versucht, Laura klarzumachen, dass sie sich mit dieser Einstellung ihre Zukunftschancen verbaut. Im Verlauf des FET lernt Frau Kuhn, in dieser Gesprächssituation aktiv

▶

zuzuhören, statt Laura mit Vernunftargumenten zu überzeugen: „Im Moment scheinst Du ja die Nase gestrichen voll von der Schule zu haben." Indem sie auf Lauras Gefühle eingeht und diese akzeptiert, ermutigt sie sie, mehr über ihr Problem zu erzählen und gemeinsam Lösungsmöglichkeiten zu überlegen.

Durchführung. Das FET wird meist als Gruppenkurs mit sechs bis 16 Teilnehmern durchgeführt. Es dauert 18 Stunden, die in der Regel auf sechs Termine verteilt werden. Möglich ist jedoch auch die Durchführung als Blockseminar, z. B. an Wochenenden. Die Kursleiter haben eine Fortbildung in FET abgeschlossen und kommen aus zwei verschiedenen Personengruppen: Zum einen handelt es sich um Eltern, die selbst am FET teilgenommen haben, es in ihrer Familie erfolgreich anwenden und ihre Erfahrungen weitergeben möchten. Zum anderen handelt es sich um Professionelle aus lehrenden, beratenden und helfenden Berufen.

Neben der Wissensvermittlung (z. B. durch Kurzvorträge) spielt die Selbsteinbringung und die Selbsterfahrung der Eltern eine wichtige Rolle im FET. Dies wird über Rollenspiele, Übungen, Analyse schwieriger Erziehungssituationen und Erfahrungsaustausch in Kleingruppen erreicht. Zur Anwendung der Kursinhalte im Alltag werden die Teilnehmer zu unterschiedlichen Einzel- und Gruppenaktivitäten angeregt (Breuer, 2005).

Positive Effekte. Evaluationsstudien haben gezeigt, dass Eltern hinsichtlich ihres Erziehungswissens, ihrer Einstellungen und ihrer Verhaltensweisen von einer Teilnahme am FET profitieren. Die dadurch angestoßenen Veränderungen des elterlichen Erziehungsverhaltens wirken sich positiv auf das Selbstwertgefühl der Kinder aus. Verhaltensänderungen auf Seiten der Kinder treten allerdings oft erst mit einer gewissen zeitlichen Verzögerung auf (Schneewind, 2005).

13.4 „Starke Eltern – starke Kinder"

„Starke Eltern – starke Kinder" ist ein Elternkurs, der ursprünglich in Finnland konzipiert wurde und in Deutschland vom Deutschen Kinderschutzbund verbreitet worden ist. Er umfasst Bausteine der Gesprächspsychotherapie, der Verhaltenstherapie, der modernen Kommunikationstheorie sowie der systemischen Beratung und Familientherapie. Das Kurskonzept orientiert sich an den Grundsätzen des Kinderschutzbundes (vgl. Hokanen-Schoberth, 2005):

▶ **Kindorientierung.** Die Achtung der Grundrechte von Kindern auf Entwicklung, Versorgung, Schutz und Teilhabe wird als zentral erachtet.
▶ **Familienorientierung.** Die Familie wird als primärer Entwicklungs- und Erfahrungsort für Kinder angesehen.
▶ **Lebensweltorientierung.** Die Komplexität der familiären Lebenssituation und der Einfluss der sozialen Kontextbedingungen werden berücksichtigt.
▶ **Ressourcenorientierung.** Die Förderung der Stärken und Kompetenzen von Eltern ist ein wichtiger Grundsatz.

Kursleitung. Um das Programm „Starke Eltern – starke Kinder" anbieten zu können, ist eine eingehende, mindestens dreitägige Schulung nötig. Teilnahmevoraussetzung ist ein Studium bzw. eine Berufsausbildung im psychosozialen Bereich (z. B. Psychologie, Erziehungswissenschaften, Sozialpädagogik). Nach Abschluss der Schulung erhalten die Teilnehmer ein Kursleiterzertifikat und können das Kursleiterhandbuch zu „Starke Eltern – starke Kinder" erwerben.

Zielsetzungen und Inhalte. Der Kurs richtet sich prinzipiell an alle interessierten Eltern. Insbesondere Eltern mit Erziehungs- oder Partnerschaftsproblemen werden dazu ermutigt oder darin unterstützt, an dem Kurs teilzunehmen. „Starke Eltern – starke Kinder" zielt darauf ab, die elterlichen Erziehungskompetenzen zu stärken und die Kommunikation in der Familie zu verbessern. Primäres Anliegen ist es, den Kinderrechten Geltung zu verschaffen und häuslicher Gewalt vorzubeugen. Der Kurs umfasst acht bis zwölf Einheiten zu je zwei bis drei Stunden. Dabei wechselt Theorievermittlung mit praktischen Übungen und Selbsterfahrung. Das Programm ist ressourcenorientiert angelegt und setzt an den positiven Erziehungsleistungen der Eltern an. Dadurch sollen die Eltern befähigt werden, ihre Kinder partnerschaftlich zu erziehen und Konflikte konstruktiv und ohne Gewaltanwendung zu lösen.

Im Verlauf des Kurses wird in fünf aufeinander aufbauenden Stufen das Modell anleitender Erziehung vermittelt: Eltern nehmen ihre Verantwortung als Erziehende wahr, indem sie ihre Kinder leiten und begleiten. Dieses Modell wird mit klar definierten Zielen, Inhalten und Methoden vermittelt bzw. gemeinsam mit den Eltern durchgearbeitet und eingeübt (vgl. Tabelle 13.1).

Ziele	Inhalte und Methoden
Klärung der Wert- und Erziehungsvorstellungen in der Familie	Bewusstmachung eigener Erziehungsvorstellungen; Sensibilisierung für Vorbildfunktion
Festigung der Identität als Erziehende	Feedback geben und empfangen
Stärkung des Selbstvertrauens	Aktives Zuhören; gemeinsame Suche nach Lösungen; Ermutigung; Anerkennung; Reflexion des Themas Vertrauen
Bestimmung von klaren Kommunikationsregeln in der Familie	Übungen zu authentischen Gefühlsäußerungen; konstruktive Kritik; „Nein" sagen lernen; Regeln und Entscheidungen begründen
Befähigung zur Problemerkennung und -lösung	Verhandeln und Kompromisse schließen; getroffene Vereinbarungen einhalten

Tabelle 13.1. Die Zielsetzungen von „Starke Eltern – starke Kinder" ziehen sich wie ein roter Faden durch den Kurs. Die jeweiligen Inhalte werden durch Rollenspiele, Übungen und Elemente der Selbsterfahrung konkretisiert und vertieft

Durchführung. An den einzelnen Kursabenden werden zu Beginn theoretische Inputs gegeben, z. B. mit Hilfe von Folien, Textmaterial und Beispielen aus dem Erziehungsalltag. Danach sollen die Teilnehmer diese theoretischen Inhalte in Kleingruppen mit ihren eigenen Erfahrungen in Verbindung bringen und reflektieren. Durch Rollenspiele und Selbsterfahrungsübungen werden die Inhalte weiter vertieft. In der darauf folgenden Woche soll das Erarbeitete bewusst in Alltagssituationen mit den Kindern und dem Partner ausprobiert und angewendet werden.

Positive Effekte. Evaluationsstudien haben ergeben, dass die Erziehungskompetenzen der Eltern nach Besuch der Kurse sowohl von den Eltern als auch von ihren Kindern als verbessert eingeschätzt werden. Die Kurseltern versuchen, weitgehend auf problematisches Erziehungsverhalten wie z. B. Ohrfeigen, Beleidigungen oder Zwang zu verzichten und stattdessen partnerschaftliche

Methoden einzusetzen (z. B. loben, Vereinbarungen aushandeln, Kinder einbeziehen). Kinder beurteilten die Erziehung ihrer Eltern nach dem Besuch der Kurse deutlich besser (Note 2+) als vor dem Kurs (Note 3). Sie bemerkten vor allem, dass die Eltern mehr Geduld hatten und weniger gestresst waren. Sie unternahmen mehr mit den Kindern, schimpften weniger und redeten häufiger „vernünftig" mit ihnen (Hokanen-Schoberth, 2005).

13.5 Triple P – Positive Parenting Program

Der in Australien entwickelte Elternkurs Triple P (Positive Parenting Program) basiert auf dem aktuellen Forschungsstand und nimmt Bezug auf entwicklungspsychologische und lerntheoretische Erkenntnisse (Dirschner et al., 2005). Zielgruppe sind Eltern von Kindern im Säuglings- bis zum Grundschulalter. Darüber hinaus wurde ein spezielles Kursprogramm für Eltern von Jugendlichen entwickelt. Die Kurse werden von ausgebildeten Triple P-Trainern angeboten (Psychologinnen, Sozialpädagogen, Kinderärzten, Erzieherinnen etc.). Der Elternkurs besteht aus vier zweistündigen Gruppentreffen und vier sich anschließenden individuellen Telefonkontakten. Die Eltern bekommen zusätzlich durch Broschüren („Kleine Helfer") schriftliche Instruktionen für spezifische Problemsituationen und Altersgruppen an die Hand. Anders als das FET und „Starke Eltern – starke Kinder" umfasst Triple P keine Selbsterfahrungsanteile (Tschöpe-Scheffler, 2005).

Tabelle 13.2. Triple P zielt darauf ab, eine positive Erziehungshaltung mit der Anwendung lerntheoretischer Erziehungsmethoden zu verbinden

Ziele	Inhalte und Methoden
Eine positive Beziehung zum Kind entwickeln	▶ „Wertvolle Zeit" mit dem Kind verbringen (d. h. dem Kind volle Aufmerksamkeit schenken; lieber häufiger kurz als selten lang) ▶ Mit dem Kind reden: verbale und emotionale Zuwendung ▶ Zuneigung zeigen – nonverbal und verbal ▶ Für anregende Entwicklungsbedingungen sorgen und Möglichkeiten eigenständigen Lernens schaffen
Wünschenswertes Verhalten durch Nutzung von Lernprinzipien fördern	▶ Aufmerksamkeit: Das Kind bei erwünschtem bzw. angemessenem Verhalten loben (statt nur für unerwünschtes Verhalten tadeln) ▶ Kontingente Verstärkung von konstruktiven Anstrengungen/Erfolgen durch Loben ▶ Lernen am Modell: Sich selbst ebenfalls an die aufgestellten Regeln halten ▶ Benutzung von Punktekarten, bei der das Kind sich durch das Sammeln von Punkten (Stempeln, Aufklebern etc.) Belohnungen verdienen kann
Umgang mit Problemverhalten	▶ Familienregeln: Kinder sollten bei der Aufstellung von Familienregeln beteiligt werden. Auf Regelverletzungen sollten Konsequenz folgen ▶ Das Kind direkt ansprechen: Erklären, was das Problem ist und warum. Dem Kind sagen, was es konkret stattdessen tun soll ▶ Bei leichtem Problemverhalten: Ignorieren ▶ Logische Konsequenzen einsetzen (z. B. herumgeworfenes Spielzeug wegnehmen) ▶ Beschäftigung des Kindes in der Problemsituation unterbrechen (z. B. Fernseher ausstellen) ▶ Bei schwerwiegenderem Problemverhalten sog. „Stiller Stuhl" (Auszeit) als time-out und milde Form der Bestrafung

Ziele und Inhalte. Das übergeordnete Ziel von Triple P ist es, eine positive Eltern-Kind-Beziehung zu fördern, ungünstiges Erziehungsverhalten durch günstiges zu ersetzen und Fehlentwicklungen vorzubeugen. Im Mittelpunkt der Kurseinheiten stehen weitere auf den Erziehungsalltag bezogene Zielsetzungen, die mit konkreten Erziehungsmethoden und -kompetenzen korrespondieren (vgl. Tabelle 13.2).

Evaluation. Die Wirkungsweise und die positiven Effekte von Triple P sind wissenschaftlich sehr gut untersucht. Bei den teilnehmenden Eltern sind durchgehend verbesserte Erziehungskompetenzen und eine große Zufriedenheit mit dem Elternkurs zu beobachten. Bei den Kindern zeigen sich weniger Verhaltensauffälligkeiten. Triple P scheint auch für Familien mit niedrigem sozioökonomischen Status geeignet zu sein. Auch diese Eltern empfinden das Training als hilfreich, sind zufrieden und geben an, dass sich die Beziehung zum Kind verbessert habe (Dirschner et al., 2005).

Zusammenfassung

▶ Elternbildungsangebote sind eine wichtige externe Ressource, wenn sich Eltern verunsichert oder den Erziehungsanforderungen nicht gewachsen fühlen. Elternkurse können z. B. sinnvoll sein, um elterliche Erziehungskompetenzen zu fördern, die Eltern-Kind-Beziehung zu stärken und die Eltern in ihrem Selbstverständnis und ihrer Elternrolle zu unterstützen. Ferner ist es möglich, mögliche Fehlentwicklungen (z. B. häusliche Gewalt) vorzubeugen oder ungünstige Erziehungsmuster zu verändern.

▶ Bei der Konzeption von Informations-, Beratungs- und Trainingsangeboten für Eltern müssen deren Bedürfnisse, Erwartungen und Befürchtungen berücksichtigt werden. Zu beachten ist vor allem, dass das Angebot niedrigschwellig ist. Ferner sollten Angebote konkrete Hilfestellungen für den Erziehungsalltag und altersspezifische Erziehungsprobleme bieten. Grundsätzlich sollte immer auch die psychische Situation der Eltern thematisiert werden.

▶ Die in Deutschland angebotenen curricularen Elternkurse sind für unterschiedliche Zielgruppen konzipiert. Neben breit angelegten Programmen für alle Eltern gibt es Angebote für Eltern mit spezifischen Erziehungsproblemen. Ferner werden Kurse für Eltern angeboten, die unter belastenden Bedingungen leben oder sozialen Randgruppen angehören.

▶ PEKiP (Prager Eltern-Kind-Programm) ist ein Kursangebot für Eltern und ihre Kinder im ersten Lebensjahr. Das Programm umfasst unterschiedliche Bewegungs-, Sinnes- und Spielanregungen und soll die elterliche Kompetenz bei der Wahrnehmung und Befriedigung kindlicher Bedürfnisse trainieren. PEKiP zielt primär auf eine Förderung der kindlichen Entwicklung und der Eltern-Kind-Beziehung. Ein wichtiger Nebeneffekt besteht in der Stärkung des elterlichen Selbstkonzepts als kompetente Mutter bzw. kompetenter Vater beim Übergang zur Elternschaft.

▶ Das Family Effectiveness Training (FET) basiert auf einer personenzentrierten Grundhaltung und vermittelt Prinzipien eines partnerschaftlichen Erziehungsstils. Dabei werden Wertschätzung, Authentizität und Empathie als wesentliche Merkmale eines positiven Erziehungsverhaltens angesehen. In den Elternkursen wird anhand konkreter Beispielsituationen besprochen, wie dies im Alltag umgesetzt werden kann. Wichtige Techniken sind dabei das Aktive Zuhören, Ich-Botschaften und die niederlagelose Methode.

- Das Kursangebot „Starke Eltern – starke Kinder" wurde vom Deutschen Kinderschutzbund entwickelt und verbreitet. Es umfasst Bausteine der Gesprächspsychotherapie, der Verhaltenstherapie, der Kommunikationstheorie und der systemischen Familientherapie. Primäres Ziel ist es, die Erziehungsfähigkeit der Eltern zu stärken, den Kinderrechten Geltung zu verschaffen und häuslicher Gewalt vorzubeugen. Das Programm ist ressourcenorientiert angelegt und setzt an den positiven Erziehungsleistungen der Eltern an.
- Das Elternprogramm Triple P (Positive Parenting Program) verbindet eine partnerschaftliche Erziehungshaltung mit lerntheoretischen Erziehungsmethoden. Wesentliche Aspekte sind (1) eine positive Beziehung zum Kind entwickeln; (2) wünschenswertes Verhalten durch Nutzung von Lernprinzipien fördern; (3) adäquater Umgang mit Problemverhalten. Mithilfe von Gruppenseminaren, Telefonberatungen und schriftlichen Anweisungen (Kleine Helfer) werden Eltern dabei unterstützt, eine positive Beziehung zum Kind aufzubauen und in schwierigen Erziehungssituationen konstruktive Lösungen zu finden.

Praxisübung

Luis und die Tischsitten

Frau Hacke, eine allein erziehende Mutter, kommt auf Empfehlung des Kinderarztes in die Erziehungsberatung. Ihr Sohn Luis (fünf Jahre alt) ist ein fröhlicher, aufgeweckter Junge. Doch zu Hause gibt es fast jeden Tag Streit, besonders bei den Mahlzeiten. Luis mäkelt am Essen herum, isst nur ein paar Bissen und möchte eigentlich nur Nachtisch haben. Außerdem spielt er mit dem Essen, macht „Faxen" und schneidet Grimassen. Am späten Abend bekommt Luis häufig Heißhunger und verschlingt in kurzer Zeit zwei bis drei belegte Brote. Frau Hacke ärgert sich manchmal so über diese „Unsitten", dass sie Luis wütend anschreit. Bisweilen sei ihr auch schon mal „die Hand ausgerutscht", ge-steht sie. Frau Hacke fragt sich, ob sie als Mutter etwas falsch macht, zumal sie beobachtet hat, dass Luis im Kindergarten ganz ordentlich am Tisch sitzt und ohne Murren seinen Teller leer isst.

- Entwickeln Sie Hypothesen, warum sich Luis bei den Mahlzeiten zu Hause anders verhält als im Kindergarten!
- Welche Argumente sprechen dafür, Frau Hacke die Teilnahme an einem Elternkurs zu empfehlen?
- Denken Sie, dass im vorliegenden Fall eines der in diesem Kapitel vorgestellten Programme besonders geeignet wäre? Warum?

Prüfungsfragen und Denkanstöße

(1) Bitte nennen Sie die wichtigsten präventiven Programme der Elternbildung in Deutschland! Welches der Programme sagt Ihnen persönlich am meisten zu? Warum?

(2) Welche psychologische Bedeutung hat das Prager Eltern-Kind-Programm (PEKiP) für junge Mütter und Väter beim Übergang zur Elternschaft?

(3) Welche grundlegenden elterlichen Haltungen werden im FET-Konzept als Basis eines positiven Erziehungsverhaltens angesehen?

(4) Welche Möglichkeiten werden im Triple-P-Programm eingeübt, um mit Problemverhalten von Kindern umzugehen?

(5) Bitte diskutieren Sie mit Ihrer Lerngruppe: Inwieweit bietet die TV-Sendung „Die Super-Nanny" Chancen und positive Impulse im Hinblick auf die Erziehungskompetenz von Eltern? Welche negativen Aspekte und Risiken sehen Sie?

▶ Tschöpe-Scheffler, S. (Hrsg.) (2005). Konzepte der Elternbildung. Eine kritische Übersicht. Opladen: Budrich.
Das Buch bietet im ersten Teil eine kompakte Übersicht zu 15 Elternbildungsprogrammen. Im zweiten Teil werden die dargestellten Konzepte differenziert analysiert und hinsichtlich unterschiedlicher Kriterien miteinander verglichen.

▶ Wahl, K. & Hees, K. (Hrsg.) (2006). Helfen „Super Nanny" und Co.? Ratlose Eltern – Herausforderung für die Elternbildung. Weinheim: Beltz.
Die Autoren analysieren, wie heute in Familien erzogen wird und welchen Orientierungsbedarf Eltern haben. Sie bewerten die mediale Inszenierung der RTL-Serie „Die Super-Nanny" und informieren über seriöse Elternbildungsangebote. Empfehlenswert sowohl für Eltern als auch für Studierende und Fachkräfte in der Eltern- und Familienbildung.

▶ Schneewind, K.A. (2007). Freiheit in Grenzen. Interaktive DVD zur Stärkung elterlicher Kompetenzen. Universität München.
Ein innovatives, computergestütztes Elterntrainingsprogramm. Anhand typischer Erziehungssituationen, die von Schauspielern dargestellt werden, können Eltern zu Hause am PC oder am Fernseher Probleme und Lösungsvarianten „durchspielen" und reflektieren. Bislang liegen DVDs für Eltern von Vorschulkindern, Schulkindern und Jugendlichen vor.

Glossar

Die Pfeile (→) verweisen auf andere Glossarbegriffe, die entweder in der Kurzfassung hier im Buch oder in der ausführlichen Fassung des Glossars in den zu diesem Lehrbuch bereitgestellten Online-Materialien (vgl. www.beltz.de – Bücher – Psychologie – Jungbauer, Familienpsychologie kompakt) zu finden sind

Adoption. Rechtliche Annahme eines nicht leiblichen Kindes als eigenen Sohn oder eigene Tochter. Die leiblichen Eltern müssen der Adoption in der Regel zustimmen. Bei grober Verletzung der elterlichen Pflichten kann das Vormundschaftsgericht die fehlende Einwilligung durch einen Beschluss ersetzen. In → Stieffamilien ist eine Stiefkindadoption durch den nicht-leiblichen Elternteil möglich.

Approbation. Staatliche Erlaubnis zur Ausübung der Heilkunde. Für den Bereich der → Psychotherapie legt das → Psychotherapeutengesetz (PsychThG) die Voraussetzungen dafür fest, wer eine Approbation erwerben kann.

Binukleare Familien. Bezeichnung für Familiensysteme mit zwei „Kernen". Vor allem nach einer Trennung bzw. Scheidung der Eltern wachsen Kinder in zwei Kernfamilien bzw. Haushalten auf.

Double bind (englisch: Doppelbindung). Bezeichnung für die widersprüchliche → Kommunikation in einer emotional engen Beziehung. Nach der Double-bind-Hypothese (Bateson, 1969) sind psychische Erkrankungen wie z. B. Schizophrenie durch die Allgegenwart paradoxer Kommunikationsmuster bedingt. Diese Theorie ist allerdings empirisch nicht belegt und gilt als umstritten.

Empowerment (englisch: Selbstbefähigung). Prozess, in dem sich Menschen aus eigener Kraft weiterentwickeln und ihr Leben gestalten. Eine empowerment-orientierte Grundhaltung beinhaltet die Unterstützung der vorhandenen Fähigkeiten und Ressourcen von Klienten, damit diese Probleme und Belastungen möglichst selbstständig meistern können (Hilfe zur Selbsthilfe).

Entwicklungsstörungen. Zusammenfassender Begriff für alle von der normalen kindlichen Entwicklung abweichenden Verläufe und Zustände, die klinisch relevant sind und eine Intervention erfordern. Entwicklungsstörungen können die gesamte Entwicklung betreffen oder auf einzelne Entwicklungsbereiche beschränkt sein.

Erziehungsberatung. Erziehungsberatung wird meist von öffentlichen Beratungsstellen angeboten. Die gesetzliche Grundlage in Deutschland ist § 27 des Kinder- und Jugendhilfegesetzes (KJHG)/SGB VIII im Allgemeinen und § 28 SGB VIII im Besonderen. Ratsuchende Eltern, Kinder und Jugendliche, Erzieher und Lehrer können sich unmittelbar an eine Beratungsstelle vor Ort wenden. Die Beratung ist persönlich, vertraulich und kostenfrei.

Familienrecht. Das deutsche Familienrecht enthält die Gesamtheit der auf Ehe und Verwandtschaft beruhenden rechtlichen Regelungen. Zentrale Rechtsgrundlage aller familienrechtlichen Regelungen bildet Art. 6 Grundgesetz (GG). Aus Art. 6 GG ergibt sich die Aufgabe des Staates, die Ehe und Familie zu schützen und zu fördern, ohne die Familienautonomie zu stören.

Frustrations-Aggressions-Hypothese. Hypothese, die davon ausgeht, dass einer frustrierenden Erfahrung (z. B. wenn eigene Bedürfnisse auf Dauer unbefriedigt bleiben) immer aggressive Gedanken und Gefühle (z. B. Ärger, Empörung, Wut) folgen. Diese können aggressives Verhalten und gewalttätige Übergriffe nach sich ziehen, aber auch unterdrückt oder kognitiv bewältigt werden.

Hilfen zur Erziehung. Familienunterstützende oder familienersetzende Maßnahmen mit dem Ziel, eine positive Entwicklung des Kindes zu gewährleisten. Das System der Hilfen zur Erziehung (HzE) ist ein Rechtsanspruch für Eltern, die eine dem Wohl des Kindes oder Jugendlichen entsprechende Erziehung nicht gewährleisten können. Hierbei werden ambulante Hilfen (z. B. → Erziehungsberatung), teilstationäre Hilfen (z. B. Tagesgruppen) und stationäre Hilfen (z. B. Heimerziehung) unterschieden.

Ko-Evolution. Vom → Paartherapeuten Jürg Willi eingeführter Begriff für gemeinsame und aufeinander bezogene Entwicklungs- und Wachstumsprozesse in Paarbeziehungen und → Familiensystemen.

Kommunikation. Die Übermittlung von Informationen zwischen zwei oder mehreren Personen, wobei es zu → Rückkoppelung (Feedback) kommt. In der Psychologie werden zum einen Inhalts- und Beziehungsaspekte von Kommunikation betrachtet, zum anderen unterschiedliche Kommunikationsformen (z. B. verbale und non-verbale Kommunikation).

Konfluenzmodell. Intelligenztheorie des amerikanischen Psychologen Zajonc, nach der sich das Intelligenzniveau in einer Familie aus den individuellen Intelligenzquotienten der Familienmitglieder zusammensetzt. Danach entwickeln sich z. B. Zweitgeborene zunächst langsamer als die erstgeborenen Geschwister im gleichen Alter.

Lebenspartnerschaftsgesetz. Gesetz, das es homosexuellen Paaren ermöglicht, analog zur Eheschließung eine eingetragene Lebenspartnerschaft einzugehen. Seit 2005 haben gleichgeschlechtliche Lebenspartner und Lebenspartnerinnen ein Anrecht auf eine Witwen- bzw. Witwerrente. Auch die Stiefkindadoption der leiblichen Kinder des Partners ist seitdem innerhalb der Lebenspartnerschaft möglich.

Lese-Rechtschreib-Schwäche (auch: LRS, Legasthenie). Erhebliche und lang andauernde Störung beim Erwerb der Schriftsprache. Den betroffenen Personen fällt es schwer, gesprochene in geschriebene Sprache zu übertragen und umgekehrt. Die Intelligenz ist in der Regel normal entwickelt.

Patientenverfügung. Schriftliche Willenserklärung für den Fall, dass keine eigene Entscheidung bezüglich der medizinischen Behandlung mehr getroffen werden kann. Meist erstellen ältere Menschen eine Patientenverfügung, oft aus Angst, als Sterbender oder Pflegefall einer ungewollten Behandlung (z. B. künstliche Beatmung, Sondenernährung) ausgeliefert zu sein.

Pflegefamilie. Wenn Einzelpersonen oder Paare ein Kind längerfristig zur Pflege annehmen, werden sie als Pflegeeltern bezeichnet. Eine Vollzeitpflege wird in der Regel vom Jugendamt organisiert, z. B. bei dauerhafter Erziehungsunfähigkeit der leiblichen Eltern. Rechtlich gesehen handelt es sich um eine → Hilfe zur Erziehung; die elterliche Sorge für das Pflegekind verbleibt bei den leiblichen Eltern, sofern es nicht entzogen und auf einen Vormund übertragen wurde.

Psychotherapie. Heilbehandlung von Personen mit → psychischen oder psychosomatischen Erkrankungen bzw. Störungen. Es gibt unterschiedliche Arten von Psychotherapie, z. B. Verhaltenstherapie, Psychoanalyse, Gesprächspsychotherapie oder → Systemische Familientherapie. Eine Psychotherapie darf in Deutschland nur von → approbierten psychologischen oder ärztlichen Psychotherapeuten durchgeführt werden. Sozialpädagogen/Sozialarbeiter mit Diplom- oder Masterabschluss können eine Approbation in Kinder- und Jugendlichenpsychotherapie erwerben.

SOS-Kinderdorf-Familien. In einem SOS-Kinderdorf finden Kinder, die nicht bei ihren Eltern aufwachsen können, ein neues Zuhause. In einer SOS-Kinderdorf-Familie leben fünf bis sechs Kinder zusammen mit der SOS-Kinderdorfmutter bzw. dem SOS-Kinderdorfvater in einem Haushalt. Ziel ist es, den oft traumatisierten Kindern einen familiären Beziehungskontext bereitzustellen und eine bestmögliche emotionale und soziale Entwicklung zu ermöglichen.

Soziale Lerntheorie. Theorie, die besagt, dass Verhalten durch Beobachtung und Nachahmung sozialer Rollenmodelle erlernt wird. Unter bestimmten Bedingungen ist es besonders wahrscheinlich, dass beobachtetes Verhalten übernommen wird. Etwa dann, wenn das Rollenmodell positiv und in verschiedener Hinsicht als ähnlich wahrgenommen wird, oder wenn die beobachtete Person (z. B. der Vater) mit dem Verhalten erfolgreich ihren Willen durchsetzt.

Sozialpädagogische Familienhilfe (SPFH). Die Sozialpädagogische Familienhilfe (§ 31 SGB VIII/KJHG) gehört rechtlich gesehen zu den → Hilfen zur Erziehung (§ 27 SGB VIII). Es handelt sich damit schwerpunktmäßig um eine Jugendhilfemaßnahme. Durch die intensive Beratung und Begleitung der Familie werden Lösungen von Alltagsproblemen und Konfliktbewältigung probiert und geübt. In der Regel ist eine SPFH für einen längeren Zeitraum (ein bis zwei Jahre) konzipiert.

Sozialpädiatrisches Zentrum (SPZ). Einrichtung der ambulanten Versorgung von Kindern und Jugendlichen, die von → Entwicklungsstörungen bedroht oder betroffen sind. In einem SPZ werden Diagnostik und Therapie vorgenommen, um auf die Störungen der Kinder und Jugendlichen zu reagieren und die Entwicklung auf diese Weise zu fördern. In einem SPZ arbeiten Angehörige verschiedener Berufe (Mediziner, Psychologen, Heilpädagogen, Physiotherapeuten, Sozialarbeiter etc.) in einem interdisziplinären Team.

Themenzentrierte Interaktion (TZI). Konzept der Gruppenarbeit, das von der Psychoanalytikerin und Psychologin Ruth Cohn entwickelt wurde. Vier Faktoren werden als zentral für die TZI betrachtet: (1) ICH, d. h. die einzelnen Personen mit ihren Anliegen und Befindlichkeiten; (2) WIR, d. h. die Gruppe, ihre → Gruppendynamik und die → Kommunikation zwischen den Teilnehmern; (3) ES, d. h. die Aufgabe, das Thema oder das Ziel der Gruppe sowie (4) GLOBE, d. h. das organisatorische, soziale, politische, kulturell engere und weitere Umfeld der Gruppe.

Zerrüttungsprinzip. Nach § 1565 BGB kann eine Ehe geschieden werden, wenn sie gescheitert ist. Dies ist der Fall, wenn die Lebensgemeinschaft der Ehegatten nicht mehr besteht und nicht erwartet werden kann, dass die Ehegatten sie wiederherstellen. Das Zerrüttungsprinzip hat im Jahr 1977 das Schuldprinzip im Ehescheidungsrecht abgelöst.

Hinweise zu den Online-Materialien

Zu diesem Lehrbuch gibt es umfangreiche Zusatzmaterialien auf unserer Website www.beltz.de. Die Materialien sind über die Produktseite des Lehrbuchs erreichbar, z.B. über die Eingabe des Buchtitels oder der ISBN im Suchfeld oder über den Pfad Psychologie – Lehrbücher – Jungbauer.

Lernen Sie online weiter mit den folgenden Elementen:

▶ **Glossar:** Über 150 Fachbegriffe kurz und anschaulich erläutert
▶ **Kommentierte Links** zu jedem Buchkapitel: So finden Sie den Einstieg zu zahlreichen interessanten Seiten im Internet rund um das Thema Familienpsychologie – Informationen, Materialien, Podcasts und Videoclips
▶ **Lösungshinweise zu den Praxisübungen:** Zu den Praxisübungen am Ende jedes Kapitels finden Sie hier umfangreiche, detaillierte Hilfestellungen. – So prüfen Sie, ob Sie auf der richtigen Fährte sind
▶ **Angebote der Elternbildung:** Übersicht über allgemeine Trainingsprogramme sowie Programme für besondere Elterngruppen
▶ **Kapitelzusammenfassungen:** Für den schnellen Überblick beim Lernen finden Sie hier die Zusammenfassungen aller Buchkapitel
▶ **Liste der weiterführenden Literatur:** Vom Autor kommentierte weiterführende Literatur hier als Gesamtliste zusammengefasst

Literatur

Adler, A. (1994). Menschenkenntnis (28. Auflage). Frankfurt a. M.: Fischer.

Ainsworth, M.D.S., Blehar, M.C., Waters, E. & Wall, S. (1978). Patterns of attachment. A psychological study of the strange situation. Hillsdale, N.J.: Erlbaum.

Ahrons, C.R. (1980). Divorce: A crisis of family transitions and change. Family Relations, 29, 533–540.

Andritzky, W. (2002). Verhaltensmuster und Persönlichkeitsstruktur entfremdender Eltern. Psychosoziale Diagnostik und Orientierungskriterien für Interventionen. Psychotherapie, 7, 166–182.

Andritzky, W. (2003). Parental Alienation Syndrome: Nicht instrumentalisieren lassen. Deutsches Ärzteblatt PP, 2, 81.

Angermeyer, M.C. & Schulze, B. (1998). Psychisch Kranke – eine Gefahr? Psychiatrische Praxis, 25, 211–220.

Amann, G & Wipplinger, R. (Hrsg.). (2005). Sexueller Missbrauch. Überblick zu Forschung, Beratung und Therapie. Ein Handbuch. Tübingen: dgvt.

Armbrust, J. (2007). Streit unter Geschwistern: So lösen Eltern erfolgreich Konflikte. Freiburg: Urania.

Arnett, J.J. (2004). Adolescence and Emerging Adulthood. A Cultural Approach. Upper Saddle River, NJ: Pearson.

Aronson, E., Wilson, T.D. & Akert, R.M. (2004). Sozialpsychologie (4., aktualisierte Auflage). München: Pearson.

Bank, S.P. & Kahn, M.D. (1994). Geschwister-Bindung. Frankfurt a. M.: dtv.

Bank, S.P. & Kahn, M.D. (2003). The Sibling Bond (Anniversary Edition). New York: Basic Books.

Banzet, N. (2006). Eingewöhnungskonzepte in der Praxis. Eine empirische Untersuchung und Schlussfolgerungen für die frühe Tagesbetreuung. Aachen: Diplomarbeit im Fachbereich Sozialwesen der Kath. Hochschule Nordrhein-Westfalen.

Basile, R. (1974). Lesbian mothers. Women's Rights Law Reporter, 2, 3–18.

Baum, S. (1988). Der verborgene Tod. Auskünfte über ein Tabu. Frankfurt a. M.: Fischer.

Beck-Gernsheim, E. (1997). Die Kinderfrage. Frauen zwischen Kinderwunsch und Abhängigkeit. München: C.H. Beck.

Beck-Gernsheim, E. (1998). Was kommt nach der Familie? Einblicke in neue Lebensformen. München: C.H. Beck.

Beckmann, S. & Hafner, G. (2007). Fathering after violence – Evaluation von Sozialen Trainingskursen in Deutschland und internationale Konzepte für Gruppenarbeit zum Abbau von Gewalt gegen Frauen. In B. Kavemann & U. Kreyssig (Hrsg.), Handbuch Kinder und häusliche Gewalt (2. Aufl.). Wiesbaden: Verlag für Sozialwissenschaften.

Berk, L.E. (2005). Entwicklungspsychologie (3. Aufl.). München: Pearson.

Bernstein, A.C. (1990). Die Patchworkfamilie. Wenn Väter oder Mütter in neuen Ehen weitere Kinder bekommen. Zürich: Kreuz.

Bernstein, A.C. (1993). Deine, meine und unsere Kinder. Die Patchworkfamilie als gelingendes Miteinander. Freiburg: Herder.

Bigner, J.J. & Bozett, F.W. (1990). Parenting by gay fathers. In F.W. Bozett & M.B. Sussman (eds.), Homosexuality and family relations (pp. 155–176). New York: Harrington Park Press.

Bliersbach, G. (2007). Leben in Patchwork-Familien. Halbschwestern, Stiefväter und wer sonst noch dazugehört. Gießen: Psychosozial.

Bodenmann, G. (2000). Stress und Coping bei Paaren. Göttingen: Hogrefe.

Bodenmann, G. (2002). Beziehungskrisen: Erkennen, verstehen und bewältigen. Bern: Huber.

Bodenmann, G. (2004). Stress und Partnerschaft. Den Alltag gemeinsam bewältigen (3. Aufl.). Bern: Huber.

Böhnisch, L. & Winter, R. (1993). Männliche Sozialisation. Bewältigungsprobleme männlicher Geschlechtsidentität im Lebenslauf. Weinheim: Juventa.

Bohannan, P. (1970). Divorce and after: An analysis of the emotional and social problems of divorce. Garden City, NY: Anchor.

Bowlby, J. (1986). Bindung. Eine Analyse der Mutter-Kind-Beziehung (3. Aufl.). Frankfurt a.M.: Fischer.

Bowlby, J. (2008). Bindung als sichere Basis. Grundlagen und Anwendung der Bindungstheorie. München: Reinhardt.

Breuer, K. (2005). Thomas Gordon's Family Effectiveness Training. In S. Tschöpe-Scheffler (Hrsg.), Konzepte der Elternbildung. Eine kritische Übersicht (S. 26–39). Opladen: Budrich.

Brendebach, C.M. (2000). Gewalt gegen alte Menschen in der Familie. Bonner Schriftenreihe Gewalt im Alter, Bd. 6. Bonn: Mabuse.

Bronfenbrenner, U. (1981). Die Ökologie der menschlichen Entwicklung. Stuttgart: Klett-Cotta.

Browne, A. (2003). Violence against women by male partners. Prevalence, outcomes, and policy implications. American Psychologist, 48, 1077–1087.

Buchner, G., Cizek, B., Gössweiner, V., Kapella, O., Pflegerl, J. & Steck, M. (2001). Gewalt gegen Kinder. In Bundesministerium für Soziale Sicherung und Generationen (Hrsg.), Gewalt in der Familie (S. 75–259). Wien: Forschungsbericht.

Bundesministerium für Familie, Senioren, Frauen und Jugend (Hrsg.). (2003). Lebenssituation, Sicherheit und Gesundheit von Frauen in Deutschland. Eine repräsentative Untersuchung zu Gewalt gegen Frauen in Deutschland. Bonn: Informationsbroschüre des BFSFJ.

Buss, D.M. (2004). Evolutionäre Psychologie (2. Aufl.). München: Pearson.

Carter, B. & McGoldrick, M. (1989). The changing family life cycle: a framework for family therapy. In B. Carter & M. McGoldrick (eds.), The Changing Family Life Cycle (pp. 3–28). Boston: Allyn & Bacon.

Cassidy, J. & Berlin, L.J. (1994). The insecure/ambivalent pattern of attachment. Theory and research. Child Development, 65, 971–991.

Cicirelli, V.G. (1995). Sibling relationships across the life span. New York: Plenum Press.

Coley, R.L. & Chase-Lansdale, P.L. (1998). Adolescent pregnancy and parenting: Recent evidence and future directions. American Psychologist, 53, 152–163.

De Shazer, S. (2003). Wege der erfolgreichen Kurzzeittherapie (8. Aufl.). Stuttgart: Klett-Cotta.

Deutscher Bundestag (1999). Antwort der Bundesregierung auf die Kleine Anfrage der Abgeordneten Christina Schenk und der Fraktion der PDS: Kosten der häuslichen Gewalt von Männern gegen Frauen. Berlin: Deutscher Bundestag, Bundesdrucksache 14/693.

Deutscher Bundestag (2002). Bericht über die Lebenssituation junger Menschen und die Leistungen der Kinder- und Jugendhilfe in Deutschland (elfter Kinder- und Jugendbericht). Berlin: Deutscher Bundestag, Bundesdrucksache 14/8181.

Deutsche Hospiz Stiftung (2008). Hospizliche Begleitung und Palliative-Care-Versorgung in Deutschland 2007. Info-Brief/Sonderinformation der Deutschen Hospiz Stiftung.

Dirscher, T., Obermann, D. & Hahlweg, K. (2005). Liebend gern erziehen. Prävention mit Triple P. In S. Tschöpe-Scheffler (Hrsg.), Konzepte der Elternbildung. Eine kritische Übersicht (S. 51–66). Opladen: Budrich.

Dorbritz, J., Ette, A., Gärtner, K. Grünheid, E., Mai, R., Micheel, R., Naderi, R., Pfaff, H., Roloff, J. Sauer, L., Scharein, M., Schulz, R., Sommer, R. & Swiaczny, F. (2008). Bevölkerung. Daten, Fakten, Trends zum demographischen Wandel in Deutschland. Wiesbaden: Bundesinstitut für Bevölkerungsforschung.

Eibl-Eibesfeldt, I. (1997). Die Biologie des menschlichen Verhaltens. Grundriss der Humanethologie (3. Aufl.). Weyarn: Seehamer.

Engfer, A. (2002). Misshandlung, Vernachlässigung und sexueller Missbrauch von Kindern. In R. Oerter & L. Montada (Hrsg.), Entwicklungspsychologie (S. 800–835). 5. Aufl. Weinheim: Beltz PVU.

Eras, F. (2008). Nur drei Tage. Zwischen Tod und Bestattung: Leitfaden für die nächsten Angehörigen (2. Aufl.). München: Claudius.

Faltermaier, T., Mayring, P. & Saup, W. (2002). Entwicklungspsychologie des Erwachsenenalters (2. Aufl.). Stuttgart: Kohlhammer.

Felser, G. (2007). Entwicklung in Partnerschaften. In J. Brandtstädter & U. Lindenberger (Hrsg.), Entwicklungspsychologie der Lebensspanne. Ein Lehrbuch (S. 446–482). Stuttgart: Kohlhammer.

Fletcher, G.J.O., Tither, J.M., O'Loughlin, C., Friesen, M. & Overall, N. (2004). Warm and homely or cold and beautiful? Sex differences in trading off traits in mate selection. Pers Soc Psychology Bull, 30, 659–672.

Freud. S. (1981). Trauer und Melancholie. In: Gesammelte Werke. Werke aus den Jahren 1913–1917, Bd. 10 (8. Aufl.). Frankfurt a. M.: Fischer.

Fthenakis, W. (1996). Trennung, Scheidung und Wiederheirat: Wer hilft dem Kind? Weinheim: Beltz.

Fthenakis, F. (2000): Gleichgeschlechtliche Lebensgemeinschaften und kindliche Entwicklung. In J. Basedow, K.J. Hopt & H. Kötz (Hrsg.), Die Rechtsstellung gleichgeschlechtlicher Lebensgemeinschaften (S. 351–389). Tübingen: Mohr Siebeck.

Fthenakis, W.E., Kalicki, B. & Peitz, G. (2002). Paare werden Eltern. Die Ergebnisse der LBS-Familienstudie. Opladen: Leske + Budrich.

Gardner, R.A. (1998). The Parental Alienation Syndrome. A Guide for Mental Health and Legal Professionals (2nd Ed.). Creskill, NJ: Creative Therapeutics.

Gelles, R.J. (1997). Intimate Violence in Families. London: Sage.

Gloger-Tippelt, G. (1988). Schwangerschaft und erste Geburt. Psychologische Veränderungen der Eltern. Stuttgart: Kohlhammer.

Gloger-Tippelt, G. (2005). Psychologischer Übergang zur Elternschaft. In L. Thun-Hohenstein (Hrsg.), Übergänge. Wendepunkte und Zäsuren in der kindlichen Entwicklung (S. 55–73). Göttingen: Vandenhoeck & Ruprecht.

Goldner, V., Penn, P., Sheinberg, M. & Walker, G. (1992). Liebe und Gewalt: Geschlechtsspezifische Paradoxe in instabilen Beziehungen. Familiendynamik, 17, 109–140.

Goodwin, M.P. & Roscoe, B. (1990). Sibling violence and agonistic interactions among middle adolescents. Adolescence, 25, 451–467.

Gordon, T. (1972). Familienkonferenz. Die Lösung von Konflikten zwischen Eltern und Kind. Hamburg: Hoffmann & Campe.

Gottman, J.M. & Silver, N. (2000). Die 7 Geheimnisse der glücklichen Ehe. Berlin: von Schröder.

Grob, A. & Jaschinski, U. (2003). Erwachsen werden. Entwicklungspsychologie des Jugendalters. Weinheim: Beltz PVU.

Grossmann, K. (2004). Bindungen – das Gefüge psychischer Sicherheit. Stuttgart: Klett-Cotta.

Havighurst, R.J. (1972). Developmental Tasks and Education (3rd ed.). Harlow, Essex: Longman.

Haynes, J. E., Bastine, H. E. & Link, G. (2002). Scheidung ohne Verlierer. Familienmediation in der Praxis. München: Kösel.

Heilmann-Geideck, U. & Schmidt, H. (1996). Betretenes Schweigen. Über den Zusammenhang von Männlichkeit und Gewalt. Ostfildern: Grünewald.

Hellinger, B. (2001). Ordnungen der Liebe (7. Aufl.). Heidelberg: Carl-Auer.

Henning, C. & Knödler, U. (1998). Problemschüler – Problemfamilien. Ein praktisches Lehrbuch zum systemischen Arbeiten mit schulschwierigen Kindern (5. Aufl.). Weinheim: Beltz PVU.

Herman, J.L. (2003). Die Narben der Gewalt. Traumatische Erfahrungen verstehen und überwinden. Paderborn: Junfermann.

Herriger, N. (2006). Empowerment in der Sozialen Arbeit: Eine Einführung (3. Aufl.). Stuttgart: Kohlhammer.

Herrlein, P. (2008). Auf dem Weg zur spezialisierten ambulanten Palliativversorgung (SAPV): Das Saarbrücker Modell. Angewandte Schmerztherapie und Palliativmedizin, 3, 10–11.

Hetherington, E.M. & Kelly, J. (2003). Scheidung. Die Perspektiven der Kinder. Weinheim: Beltz.

Hilsberg, R. (2000). Schwangerschaft, Geburt und erstes Lebensjahr. Ein Begleiter für werdende Eltern. Reinbek: Rowohlt.

Höhn, C., Ette, A. & Ruckdeschel, K. (2006). Kinderwünsche in Deutschland. Konsequenzen für eine nachhaltige Familienpolitik. Wiesbaden: Bundesinstitut für Bevölkerungsforschung.

Höltershinken, D. & Scherer, G. (2004). Die theoretischen Grundlagen des PEKiP und ihre Weiterentwicklung. Ein Überblick. In D. Höltershinken & G. Scherer (Hrsg.), PEKiP. Das Prager Eltern-Kind-Programm. Theoretische Grundlagen, Ursprung und Weiterentwicklung (S. 16–29). Bochum: projekt.

Honig, M.S. (1992). Verhäuslichte Gewalt. Frankfurt a. M.: Suhrkamp.

Honkanen-Schoberth, P. (2005). Starke Eltern – starke Kinder. Elternkurse des Deutschen Kinderschutzbundes – mehr Freude, weniger Stress mit Kindern. In S. Tschöpe-Scheffler (Hrsg.), Konzepte der Elternbildung. Eine kritische Übersicht (S. 42–49). Opladen: Budrich.

Jansen, E. & Steffens, M.C. (2006). Lesbische Mütter, schwule Väter und ihre Kinder im Spiegel psychosozialer Forschung. Verhaltenstherapie und psychosoziale Praxis, 38, 643–656.

Jungbauer, J. & Lenz, A. (2008). Psychische Krankheit, Partnerschaft und Elternschaft. Perspektiven für Forschung und Praxis. In A. Lenz, A. & J. Jungbauer (Hrsg.), Kinder und Partner psychisch kranker Menschen. Belastungen, Hilfebedarf, Interventionskonzepte (S. 7–35). Tübingen: dgvt.

Kachler, R. (2005). Meine Trauer wird dich finden. Ein neuer Ansatz in der Trauerarbeit. Zürich: Kreuz.

Kaluza, G. (2004). Stressbewältigung. Trainingsmanual zur psychologischen Gesundheitsförderung. Berlin: Springer.

Kast, V. (2002). Trauern. Phasen und Chancen des psychischen Prozesses (23. Aufl.). Zürich: Kreuz.

Kasten, H. (2003). Geschwister. Vorbilder, Rivalen, Vertraute (5. Aufl.). München: Reinhardt.

Klass, D., Silverman, P., & Nickman, S. (Eds.). (1996). Continuing Bonds: New Understandings of Grief. Washington, DC: Taylor & Francis.

Koch, I.L. & Koch, R. (2003). Sag nie, ich bin zu alt dafür. Erotik und Sex ab Fünfzig. München: Schwarzkopf & Schwarzkopf.

Krampen, B. & Reichle, B. (2002). Frühes Erwachsenenalter. In R. Oerter & L. Montada (Hrsg.), Entwicklungspsychologie (S. 335–345). Weinheim: Beltz PVU.

Kreppner, K. (1988). Changes in parent-child relationships with the birth of the second child. Marriage and Family Review, 12, 157–181.

Kreppner, K., Paulsen, S. & Schütze, Y. (1982). Infant and family development: From triads to tetrads. Human Development, 25, 373–391.

Kruse, A. (2005). Produktives Leben im Alter. Der Umgang mit Verlusten und der Endlichkeit des Lebens. In R. Oerter & L. Montada (Hrsg.), Entwicklungspsychologie (S. 983–995). Weinheim: Beltz PVU.

Kübler-Ross, E. (2001). Interviews mit Sterbenden. München: Droemer Knaur.

Laewen, H.-J., Hédervári, E. & Andres, B. (2006a). Die ersten Tage: Ein Modell zur Eingewöhnung in Krippe und Tagespflege (4. Aufl.). Berlin: Cornelsen Scriptor.

Laewen, H.-J., Andres, B. & Hédervári, E. (2006b). Ohne Eltern geht es nicht. Die Eingewöhnung von Kindern in Krippen und Tagespflegestellen (4. Aufl.). Weinheim: Beltz.

Lamnek, S., Luedke, J. & Ottermann, R. (2006). Tatort Familie. Häusliche Gewalt im gesellschaftlichen Kontext (2. Aufl.). Wiesbaden: Verlag für Sozialwissenschaften.

Langmaack, B. (2004). Einführung in die Themenzentrierte Interaktion TZI. Leben rund ums Dreieck (3. Aufl.). Weinheim: Beltz.

Largo, R.H. (2008). Babyjahre. Entwicklung und Erziehung in den ersten vier Jahren. München: Piper.

Largo, R. & Czernin, M. (2003). Glückliche Scheidungskinder. Trennungen und wie Kinder damit fertig werden. München: Piper.

Lehr, U. (2003). Psychologie des Alterns. Wiebelsheim: Quelle & Meyer.

Lenz, A. (2007). Interventionen bei Kindern psychisch kranker Eltern. Grundlagen, Diagnostik und therapeutische Maßnahmen. Göttingen: Hogrefe.

Lindau, S.T., Schumm, P., Laumann, E.O., Levinson, W., O'Muirchetaigh, C.A. & Waite, C.A. (2007). A study of sexuality and health among older adults in the United States. New England Journal of Medicine, 357, 762–774.

Lorenz, K. (1978): Vergleichende Verhaltensforschung oder Grundlagen der Ethologie. Wien: Springer.

LSVD (Hrsg.). (2007). Regenbogenfamilien – alltäglich und doch anders. Beratungsführer für lesbische Mütter, schwule Väter und familienbezogenes Fachpersonal. Köln: LSVD.

Luhmann, N. & Baecker, D. (2006). Einführung in die Systemtheorie. Heidelberg: Carl-Auer.

Maar, N. & Ballhaus, V. (1998). Papa wohnt jetzt in der Heinrichstraße. München: Atlantis

Main, M. & Solomon, J. (1990). Procedures for identifying infants as disorganized/disoriented during the Ainsworth Strange Situation. In M.T. Greenberg, D. Cichetti & E.M. Cummings (eds.), Attachment in the Preschool Years (pp. 121–160). Chicago: University Press..

Mary, M. (2008). Erlebte Beratung mit Paaren. Stuttgart: Klett-Cotta.

Masters, W.H. & Johnson, J.J. (1984). Die sexuelle Reaktion. Reinbek: Rowohlt.

Mattejat, F. & Remschmidt, H. (2008). Kinder psychisch kranker Eltern. Deutsches Ärzteblatt PP, 7, 312–317.

Mietzel, G. (2002). Wege in die Entwicklungspsychologie (4. Aufl.). Weinheim: Beltz PVU.

Morgan, H.J. & Shaver, P.R. (1999). Attachment processes and commitment to romantic relationships. In J.M. Adams & W.H. Jones (eds.), Handbook of interpersonal commitment and relationship stability (pp. 109–124). New York: Kluwer.

Napp-Peters, A. (1995). Familien nach der Scheidung. München: Kunstmann.

Nave-Herz, R. (2006). Ehe- und Familiensoziologie. Eine Einführung in Geschichte, theoretische Ansätze und empirische Befunde (2. Aufl.). Weinheim: Juventa.

NICHD (National Institute of Child Health and Human Development) (1997). The effects of infant child care on infant-mother attachment security: Results of the NICHD study of early child care. Child Development, 68, 860–879.

Nuland, S.B. (1996). Wie wir sterben. Ein Ende in Würde? München: Droemer Knaur.

Oeppen, J. & Vaupel, J.W. (2002). Broken limits to life expectancy. Science, 296, 1029–1031.

Patterson, C.J. (1995) Lesbian and gay parenthood. In M.H. Bornstein (ed.), Handbook of parenting. Vol III: Status and social conditions of parenting (pp. 255–274). Mahwah, CJ: Erlbaum.

Petzold, M. (1999). Entwicklung und Erziehung in der Familie. Familienentwicklungspsychologie im Überblick. Baltmannsweiler: Schneider.

Petzold, M. (2008). Neue Väter bei der Geburt. Düsseldorfer Studien und neuere Erkenntnisse. In E. Schäfer, Abou-Dakn, M. & Wöckel, A. (Hrsg.), Vater werden ist nicht schwer? (S. 57–72). Gießen: psychosozial.

Peuckert, R. (2008). Familienformen im sozialen Wandel (7. Aufl.). Wiesbaden: Verlag für Sozialwissenschaften.

Pfeiffer, C., Wetzels, P. & Enzmann, D. (1999). Innerfamiliäre Gewalt gegen Kinder und Jugendliche und ihre Auswirkungen. Forschungsbericht Nr. 80 des Kriminologischen Forschungsinstituts Niedersachsen (KFN).

Pötzsch, O. (2007). Geburten in Deutschland. Wiesbaden: Statistisches Bundesamt.

Pulakos, J. (1989). Young adult relationships: Siblings and friends. Journal of Psychology, 123, 237–244.

Pulkkinen, A. (2008). PEKiP: Babys spielerisch fördern. München: Graefe+Unzer.

Puttkamer, S.v. (2001). Was bringt das Lebenspartnerschaftsgesetz für Regenbogenfamilien? In Senatsverwaltung für Arbeit, Soziales und Frauen (Hrsg.), Regenbogenfamilien. Wenn Eltern schwul, lesbisch, bi- oder transsexuell sind. Berlin: Informationsbroschüre.

Rauchfleisch, U. (1997): Alternative Familienformen. Eineltern, gleichgeschlechtliche Paare, Hausmänner. Göttingen: Vandenhoeck & Ruprecht.

Rauchfleisch, U. (2001). Schwule, Lesben, Bisexuelle. Lebensweisen, Vorurteile, Einsichten (3. Aufl.). Göttingen: Vandenhoeck & Ruprecht.

Rauh, H. (2008). Vorgeburtliche Entwicklung und frühe Kindheit. In R. Oerter & L. Montada (Hrsg.), Entwicklungspsychologie (6. Aufl.). (S. 149–224). Weinheim: Beltz PVU.

Ritzenfeldt, S. (1998). Kinder mit Stiefvätern. Familienbeziehungen und Familienstruktur in Stiefvaterbeziehungen. Weinheim: Juventa.

Rogers, C.R. (1985). Die nicht-direktive Beratung (12. Aufl.). Frankfurt a. M.: Fischer.

Rufo, M. (2006). Geschwisterliebe – Geschwisterhass. Die prägendste Beziehung unserer Kindheit. München: Piper.

Rusbult, C. E. (1988). Commitment in close relationships: The Investment Model. In L.A. Peplau, D.O. Sear, S.E. Taylor &

J.L. Freedman (eds.), Readings in Social Psychology (pp. 147–157). Englewood Cliffs: Prentice Hall.

Rutter, M. (1990). Psychosocial resilience and protective mechanisms. In J. Rolf, A.S. Masten, D. Chicchetti, K.H. Nuechterlein & S. Weintraub (eds.), Risk and Protective Factors in the Development of Psychopathology (p. 181–214). Cambridge: University Press.

Sander, E. (2002). Scheidungsforschung im Rahmen einer Klinischen Entwicklungspsychologie der Familie. In B. Rollett & H. Werneck (Hrsg.), Klinische Entwicklungspsychologie der Familie (S. 266–296). Göttingen: Hogrefe.

Scheib, J.E., Riordan M., & Rubin, S. (2003). Choosing identity-release sperm donors: the parents perspective 13–18 years later. Human Reproduction, 18, 1115–1127.

Scheib, J.E., Riordan M. & Rubin, S. (2005). Adolescents with open-identity sperm donors: reports from 12–17 year olds. Human Reproduction, 20, 239–252.

Scherer, G. (2006). Empirische Untersuchungen und Einzelfallstudien. In D. Höltershinken & G. Scherer (Hrsg.), PEKiP. Das Prager Eltern-Kind-Programm. Theoretische Grundlagen, Ursprung und Weiterentwicklung (S. 30–72). Bochum: projekt.

Schlippe, A.v. & Schweitzer, J. (2007). Lehrbuch der systemischen Therapie und Beratung (10.Aufl.). Göttingen: Vandenhoeck & Ruprecht.

Schmauch, U. (2008). Lesbische Familien. Familiendynamik, 33, 289–307.

Schmidt, M. (2003). Systemische Familienrekonstruktion. Göttingen: Hogrefe.

Schmidt-Denter, U. (2000). Entwicklung von Trennungs- und Scheidungsfamilien. Kölner Längsschnittstudie. In K.A. Schneewind (Hrsg.), Familienpsychologie im Aufwind. Brückenschläge zwischen Forschung und Praxis (S. 203–221). Göttingen: Hogrefe.

Schmidt-Denter, U. (2005). Soziale Beziehungen im Lebenslauf: Lehrbuch der sozialen Entwicklung (4. Aufl.). Weinheim: Beltz PVU.

Schneewind, K. (2002). Familienentwicklung. In R. Oerter & L. Montada (Hrsg.), Entwicklungspsychologie (S. 105–127). Weinheim: Beltz PVU.

Schneewind, K.A. (2005). Familienpsychologie (2. Auflage). Stuttgart: Kohlhammer.

Schneewind, K.A. (2007). Freiheit in Grenzen. Interaktive DVD zur Stärkung elterlicher Kompetenzen. Universität München.

Schneider, N.F., Hartmann, K., Eggen, K. & Fölker, B. (2000): Wie leben die Deutschen? Lebensformen, Familien- und Haushaltsstrukturen in Deutschland; Sonderauswertungen mit den Daten des Mikro-Zensus 1998, hrsg. v. Bundesministerium für Familie, Senioren, Frauen und Gesundheit, Materialien zur Familienpolitik Nr. 10. Mainz.

Scholz, A. (1995). Zur Identitätsproblematik von Adoptierten. In R. Bott (Hrsg.), Adoptierte suchen ihre Herkunft (S. 52–76). Göttingen: Vandenhoeck &Ruprecht.

Schulze, M. & Scheuß, C. (Hrsg.). (2007). Alles was Familie ist. Die neue Vielfalt: Patchwork-, Wahl- und Regenbogenfamilien. Berlin: Schwarzkopf & Schwarzkopf.

Schweidtmann, W. (1996). Sterbebegleitung. Menschliche Nähe am Krankenbett (3. Aufl.). Zürich: Kreuz.

Schweitzer, J. (1995). Kundenorientierung als systemische Dienstleistungsphilosophie. Familiendynamik, 20, 292–313.

Schweitzer-Rothers, J. (2000). Systemische Familientherapie: Wie wirkt sie? In K.A. Schneewind (Hrsg.), Familienpsychologie im Aufwind. Brückenschläge zwischen Forschung und Praxis (S. 233–244). Göttingen: Hogrefe.

Seginer, R. (1998). Adolescents' perceptions of relationships with older siblings in the context of other close relationships. Journal of Research on Adolescence, 8, 287–308.

Seiffge-Krenke, I., Shulman, S. & Klessinger, N. (2001). Adolescent precursors of romantic relationships in young adulthood. Jl of Social and Personal Relationships, 18, 327–346.

Simon, F.B. & Retzer, A. (1998). Bert Hellinger und die systemische Familientherapie: Zwei Welten. Psychologie heute, 7, 64–69.

Smeding, R. & Heitkönig-Wilp, M. (2005). Trauer erschließen. Eine Tafel der Gezeiten. Wuppertal: hospiz verlag.

Smolka, A. (2006). Welchen Orientierungsbedarf haben Eltern? In K. Wahl & K. Hees, (Hrsg.), Helfen „Super Nanny" und Co.? Ratlose Eltern – Herausforderung für die Elternbildung (S. 44–58). Weinheim: Beltz.

Statistisches Bundesamt (Hrsg.). (2006). Leben in Deutschland. Haushalte, Familien und Gesundheit. Ergebnisse des Mikrozensus 2005. Wiesbaden: Statistisches Bundesamt.

Sternberg, R. (1988). The triangle of love. New York: Basic Books.

Streib, U. (Hrsg.). (2007). Das lesbisch-schwule Babybuch. Ein Ratgeber zu Kinderwunsch und Elternschaft. Berlin: Querverlag.

Streib-Brzič, U. & Gerlach, S. (2006). Und was sagen die Kinder dazu? Gespräche mit Töchtern und Söhnen lesbischer und schwuler Eltern. Berlin: Quer-Verlag

Stroebe, M.S., Hansson, R.O. & Schut, H. (2008). Handbook of Bereavement Research and Practice: Advances in Theory and Intervention. Washington DC: American Psychological Association.

Strunk, G. & Schiepank, G. (2007). Systemische Psychologie. München: Elsevier.

Student, J.-C., Mühlum, A. & Student, U. (2007). Soziale Arbeit in Hospiz und Palliative Care (2. Auflage). München: Ernst Reinhardt/UTB.

Sydow, K.v. (1994). Die Lust auf Liebe bei älteren Menschen. München: Reinhardt.

Tausch, R. (1996). Hilfen bei Stress und Belastung. Was wir für unsere Gesundheit tun können. Reinbek: Rowohlt.

Tausch, A.-M. & Tausch, R. (1991). Sanftes Sterben. Was der Tod für das Leben bedeutet (8. Aufl.). Reinbek: Rowohlt.

Teubner, M.J. (2002). Wie viele Stieffamilien gibt es in Deutschland? In W. Bien, A. Hartl & M. Teubner (Hrsg.), Stieffamilien in Deutschland. Eltern und Kinder zwischen Normalität und Konflikt. Familien-Survey des Deutschen Jugend-Instituts, Bd. 10 (S. 23–50). Verlag für Sozialwissenschaft.

Teubner, M.J. (2005). Brüderchen komm tanz mit mir... Geschwister als Ressource für Kinder? In C. Alt (Hrsg.), Kinderleben – Aufwachsen zwischen Familie, Freunden und Institutionen. Bd. 1 Aufwachsen in Familien (S. 63–98). Wiesbaden: Verlag für Sozialwissenschaften.

Thomas, C. (1994). Berührungsängste? Vom Umgang mit der Leiche. Köln: Egmont vgs.

Toevs, K. & Brill, S. (2002). The Essential Guide to Lesbian Conception, Pregnancy and Birth. Los Angeles: alyson books.

Toman, W. (2002). Familienkonstellationen. Ihr Einfluss auf den Menschen (7. Aufl.). München: C.H. Beck.

Toprak, A. (2005). Das schwache Geschlecht – die türkischen Männer. Zwangsheirat, häusliche Gewalt, Doppelmoral der Ehre. Freiburg: Lambertus.

Tschöpe-Scheffler, S. (Hrsg.). (2005). Konzepte der Elternbildung. Eine kritische Übersicht. Opladen: Budrich.

Wahl, K. (1990). Studien über Gewalt in Familien. Gesellschaftliche Erfahrung, Selbstbewusstsein, Gewalttätigkeit. Frankfurt a. M.: Deutsches Jugendinstitut.

Wahl, K. & Sann, A. (2006). Resümee und Ausblick: Welche Kriterien sollten kompetente Angebote der Elternbildung erfüllen? In K. Wahl & K. Hees (Hrsg.), Helfen „Super Nanny" und Co.? Ratlose Eltern – Herausforderung für die Elternbildung (S. 139–154). Weinheim: Beltz.

Wahl, K. & Hees, K. (Hrsg.). (2006). Helfen „Super Nanny" und Co.? Ratlose Eltern – Herausforderung für die Elternbildung. Weinheim: Beltz.

Wass, H. (1995). Death in the lives of children and adolescents. In H. Wass & R.A. Neimeyer (eds.), Dying: Facing the Facts (pp. 269–301). Washington, DC: Taylor & Francis.

Watzlawick, P. (2005). Wie wirklich ist die Wirklichkeit? Wahn, Täuschung, Verstehen (6. Aufl.). München: Piper.

Watzlawick, P., Beavin, J.H. & Jackson, D.D. (1969). Menschliche Kommunikation. Formen, Störungen, Paradoxien. Bern: Huber.

Welter-Enderlin (1999). Leidenschaft und lange Weile. Frauen und Männer in Zeiten des Übergangs. München: Piper.

Wetzels, P. (1997). Gewalterfahrungen in der Kindheit, sexueller Missbrauch, körperliche Misshandlung und deren langfristige Konsequenzen. Baden-Baden.

Willi, J. (2007). Die Kunst gemeinsamen Wachsens: Ko-Evolution in Partnerschaft, Familie und Kultur. Freiburg: Herder.

Wirsing (2000). Psychologisches Grundwissen für Altenpflegeberufe (5. Aufl.). Weinheim: Beltz PVU.

Worden, J.W. (2006). Beratung und Therapie in Trauerfällen. Ein Handbuch (3. Aufl.). Bern: Huber.

Wunderer, E. & Schneewind, K.A. (2008). Liebe ein Leben lang? Was Paare zusammenhält. München: dtv.

Zajonc, R.B. & Markus, G.B. (1975). Birth order and intellectual development. Psychological Review, 82, 74–88.

Ziegenhain, U. (2001). Anwendungsgebiete der Bindungstheorie. Neue Praxis, 31, 481–491.

Ziegenhain, U., Fries, M., Bütow, B. & Derksen, B. (2004). Entwicklungspsychologische Beratung für junge Eltern: Grundlagen und Handlungskonzepte für die Jugendhilfe. Weinheim: Juventa.

Zimbardo, P.G. & Gerrig, R.J. (2003). Psychologie. Berlin: Springer.

Sachwortverzeichnis

Das bewährte deutschsprachige Lehrbuch in neuer Auflage am Puls der Zeit – inhaltlich und didaktisch auf dem neuesten Stand ...

Rolf Oerter • Leo Montada (Hrsg.)
Entwicklungspsychologie
6., vollst. überarb. Aufl. 2008
XXXII, 1078 Seiten. Gebunden
ISBN 978-3-621-27607-8

... alle klassischen Entwicklungsthemen über den gesamten Lebenslauf

▶ alle Lebensalter, von der vorgeburtlichen Entwicklung bis ins hohe Alter
▶ die wesentlichen Einflussgrößen auf menschliche Entwicklung
▶ alle Bereiche psychischer, geistiger und sozialer Entwicklung
▶ wichtige Anwendungsbereiche der Entwicklungspsychologie wie etwa die schulische Förderung

Neu in der 6. Auflage:
Neue Themen, u. a.

▶ neurologische Grundlagen
▶ Bindung, Bindungsstörungen in der frühen Kindheit
▶ Elternschaft und Betreuung kleiner Kinder
▶ Lernstörungen in Teilleistungsbereichen
▶ Umgang mit Medien
▶ Delinquenz und antisoziales Verhalten
▶ moralische Entwicklung und Sozialisation
▶ Entwicklung des Denkens
▶ Integration von Migranten
▶ Hochbegabung

Neue didaktische Elemente

▶ Denkanstöße und kniffelige Fragen in jedem Kapitel zum Nach- und Weiterdenken
▶ zentrale Botschaften auf einen Blick und Zusammenfassungen am Kapitelende
▶ umfangreiches Glossar für wichtige Begriffe
▶ CD-ROM mit Informationen, Definitionen, Zusammenfassungen und Fragen

Verlagsgruppe Beltz · Postfach 100154 · 69441 Weinheim · www.beltz.de